U0959037

应用文写作

主　编　肖华平

科　学　出　版　社
北　京

内 容 简 介

本教材严格遵循2012年4月16日印发的《党政机关公文处理工作条例》《党政机关公文格式》写作，教材内容全面、系统地研究和讲解了应用文写作的基本理论和要求、党政机关公文写作的理论与技巧、新时代经济社会发展中频繁使用的应用文写作的理论与技巧、申论写作要求等，内容体系完整、丰富，实用性、规范性特别强。

本教材通过范文、点评、交流等方式，较好地为学生理解和巩固应用文写作理论提供帮助，是高校研究生、本科生学习应用文写作的基础教材，也是高校学生、社会人员参加各类研究生入学考试、公务员招录考试、事业单位招聘考试的必备教材。

图书在版编目（CIP）数据

应用文写作 / 肖华平主编.—北京：科学出版社，2019.6
ISBN 978-7-03-061154-3

I. ①应… II. ①肖… III. ①汉语－应用文－写作 IV. ①H152.3

中国版本图书馆 CIP 数据核字（2019）第 084437 号

责任编辑：郝 静 / 责任校对：王丹妮
责任印制：张 伟 / 封面设计：蓝正设计

科 学 出 版 社 出版
北京东黄城根北街 16 号
邮政编码：100717
http://www.sciencep.com
北京凌奇印刷有限责任公司印刷
科学出版社发行 各地新华书店经销
*
2019 年 6 月第 一 版 开本：787×1092 1/16
2025 年 7 月第九次印刷 印张：18 3/4
字数：445 000
定价：58.00 元
（如有印装质量问题，我社负责调换）

前　言

何为文章？文章或指文采，或指文辞，或指礼乐法度，或指曲折隐蔽，后渐指独立成篇而篇幅不甚长的文字，“积句而成章，积章而成篇”“言出为论，下笔成章”“千古文章未尽才”“文章千古事”“板凳要坐十年冷，文章不写一句空”等，都是现在所说的文章的意思。当然更广义的文章也包含“学问”“奥秘”等意思，如“世事洞明皆学问，人情练达即文章”。

何为应用文？文章的文体表现形式各异，如诗歌、戏剧、小说、科学论文、记叙文、议论文、说明文、应用文等。按文章的内容、性质和宗旨的角度，大概可以区分为艺术之文、实用之文。应用文是文章中的一类，是以“分析情况、解决问题、推动工作”为己任的实用工具，是实用文。

应用文的产生与发展，与人类社会产生与发展的历史紧密相连。自人类社会出现，交流、记事的方式就成为必然和需要，语言的出现和应用文的出现也就成为必然。生产力越发展，包括阶级分化和社会管理在内的社会实践活动就越丰富、复杂，应用文的文种、内涵、适用范围、行文规范等方面会有新的发展变化。很明显，应用文是社会实践的需要，也是社会实践的产品，具有明显的时代性、实践性。

应用文是党政机关、企事业单位、社会团体与个人实施领导和指导、履行职责、处理公务、交流信息的重要工具，写好高质量的、规范的应用文，有利于推动经济社会的发展，有利于促进机关单位的工作，也是为机关领导提供优质服务的重要形式。因此，对于新时代大学生而言，学习应用文的基本规范，提升应用文写作的能力和素养，是全面提升自身综合素养的必然，也是参加各类就业招考、满足社会需求的必然。

本书主编肖华平博士是江西师范大学马克思主义学院副院长、副教授，在江西师范大学、江西财经大学、江西科技师范大学等高校教授应用文写作、申论等专业课程十余年，对应用文写作的本质、特点、规范等有着深切的认识。2014 年主编的《应用文写作》（中山大学出版社）被全国十余所高校选用，该书的诸多核心内容为本书的编写提供了参考，在此特对原书的相关编者表示感谢。

肖华平

2019 年 4 月 18 日

目　录

第一章

应用文写作概论

本章导读

什么是应用文？如何理解应用文的内涵、特点、作用和类型？

如何写好应用文？应用文的主旨、材料、结构、语言风格有何特征？

第一节　应用文概述

学习目标

1. 以应用文的内涵为核心，全面了解应用文的特征、作用和类型；
2. 掌握应用文的种类，能辨析不同文种及其适用情形。

知识链接

一、应用文的历史

应用文是人类在长期的社会实践活动中形成的一种文体。自从人类有了最初的社会实践活动之后，相互之间的沟通交流便成为一种需要；而随着社会实践活动在深度上和广度上的进一步发展，口头语言的交流便力不从心，于是人类创造出文字；文字的出现就是为了传达号令和记载事项，如我国最早的文字——甲骨文，都是一些记载殷商王朝各种活动的“卜辞”，而绝大多数“卜辞”的结构都包括前辞（占卜前的情况交代）、命辞（占卜的事项或主题）、占辞（占卜的情况和结论）、验辞（日后的事实对占辞的检验）四个部分，具有应用文的雏形。因此，我们经常把甲骨文看作最早的应用文。

为何应用文会在殷商王朝时期出现？这与“生产的继续发展，阶级的出现，文字的出现，国家的产生，国家进行管理工作需要比较有条理的文书”紧密关联。

到了先秦时期，应用文的发展已经非常迅速了，文种体系也初具规模。以西周时期的《尚书》为例，这是一部我国现存最早、保存最完整的应用文总集，已经出现“典、谟、训、诰、誓、命、令、贡、教”等应用文文种。春秋战国时期，生产力得到了较大的发展，也引起了生产关系和社会制度的系列变革，社会动荡、诸侯雄起，个人、社会、国家的关系复杂化，推动应用文文种得到新发展，出现了“檄书、移书、盟书、上书、玺书、判书”等新文种，较好地满足了当时的管理需要。

秦汉时期是应用文制度的正式确立时期。秦灭六国，一统天下，“一法度衡石丈尺，车同轨，书同文”，为应用文的确立和成熟创造了条件。秦朝时期的应用文出现了历史上最早的上行文“书”“奏”，也建立了“避讳”制度、“抬头”制度、“用印”制度等。到了汉朝，随着封建专制制度的进一步发展，应用文出现了新文种，法律文书、经济文书，特别是私人应用文都有了较大发展，在表述上也采用了相对固定的格式，为公务文书走向程式化开了先河。

唐宋时期是我国封建社会最繁盛的时代，也是应用文发展的鼎盛时期。在应用文文种上，出现了完整的上行文、下行文和平行文。“唐宋八大家”不仅是著名的文学家，还有诸多应用文精品，他们的应用文“不重用典，明白晓畅，浅显易懂”。辛亥革命后，我国应用文的发展开始发生重大变革，与封建专制制度相关联的应用文文种和写作要求均被废止，白话文逐步成为应用文的主要表达方式。

1921 年，中国共产党成立后迅速制定了自己的应用文处理办法。中华人民共和国成立后，中国共产党的应用文处理办法历经了 1951 年、1957 年、1981 年、1993 年、2000 年、2012 年的大调整、大修订。当前执行的公文标准文件是 2012 年 4 月 16 日颁布的《党政机关公文处理工作条例》（以下简称《条例》）（2012 年 7 月 1 日实施）和 2012 年 6 月 29 日 颁布的《党政机关公文格式》（2012 年 7 月 1 日实施）。

二、应用文的内涵

应用文是党政机关、企业事业单位、社会组织或者个人在社会实践活动中形成并使用的，以分析或解决社会实践问题为主要内容的，用于反映问题、传递信息、处理事务、解决纠纷、记载事项、交流感情的一种具有特定体式、特定效用的书面文字材料。

（1）从形式上看，应用文必须是书面文字材料，除此不能称为应用文。

（2）从范畴上看，应用文应当是在社会实践活动中形成并使用的，其形成于社会实践活动，并且使用于社会实践活动。

（3）从内容上看，应用文以分析或解决社会实践问题为主要内容，要起到反映问题、传递信息、处理事务、解决纠纷、记载事项、交流感情等效用。

（4）从要求上看，应用文具有特定的文体与格式，甚至还要使用惯常的语言，并以此更为顺畅、更为规范地进行表达。

（5）从作者上看，应用文既可以由各级各类社会组织形成并使用，也可以由个人形成并使用；不过，个人不能形成并使用应用文中的公务文书和某些特定组织的专用文书。

三、应用文的特点

应用文是一种特定的书面文字材料，与其他的书面文字材料相比较而言，应用文具有以下六个方面的显著特点。

（1）实用性。人们在社会实践活动中形成并使用的应用文，其目的就是解决社会实践活动中的各种实际问题，强调的就是实践应用，追求的就是实际效用，都是以实用为出发点。可以说，实用性是应用文在目的上最本质的特点。

（2）真实性。应用文要切实地解决社会实践活动中的各种实际问题，其内容就必须针对真实的事实、反映真实的情况、表达真实的意图、传递真实的信息、留存真实的记录。可以说，真实性是应用文在内容上最基本的特点。

（3）权威性。绝大多数应用文出自各级各类社会组织，是这些社会组织有效地开展工作、实施管理的重要工具，代表其法定的权威，并在其职权范围内必须切实地贯彻执行。可以说，权威性是应用文在效力上最基本的特点。

（4）时效性。应用文要起到反映问题、传递信息、处理事务、解决纠纷等效用，在写作时就要迅速及时，在处理时就应适时合拍，也只有这样才能真正地发挥应用文的实际效用。可以说，时效性是应用文在效用上最基本的特点。

（5）规范性。应用文作为一种特定的文体，与其他的文体相比较而言，更应当具有标准的格式、规范的体例、得体的结构、惯常的用语等，以便于更为顺畅的表达和理解。可以说，规范性是应用文在体式上最基本的特点。

（6）专业性。应用文广泛地应用于各种社会实践活动，而这些社会实践活动又都有自身的专业特点和内容，因而应用文也就应当从专业的角度、以专业的眼光、用专业的方法去反映这些社会实践活动。可以说，专业性是应用文在性质上最基本的特点。

四、应用文的作用

应用文是社会实践活动的产物，同时它也对社会的发展进步起到了极其重要的促进作用。当今社会是一个发展有序的社会，人们通过应用文的形成并使用，来反映问题、传递信息、处理事务、解决纠纷、记载事项、交流感情，进而更好地来规范人们的行为，使人们共同遵守秩序，最终实现社会的高效管理。因此，应用文具有以下五个方面的作用。

（1）指挥管理作用。应用文是管理社会事务的重要工具。特别是应用文中的公文，更是“传达贯彻党和国家的方针政策，公布法规和规章，指导、布置和商洽工作，请示和答复问题，报告、通报和交流情况等的重要工具”。如上级机关发布的决定、意见、通知，都起着管理、约束的作用，下级机关对此必须遵照执行，或根据本地区的实际情况参照执行。只有这样，上级机关的方针政策，才能逐层下达到下级机关甚至基层组织和人民群众之中，并化为开展各项社会工作的自觉行动。相反，下级机关的请示、报告等，则应及时反映基层的各种情况，为上级机关提供正确决策和及时指导工作的依据。由此可知，应用文是社会管理工作中不可缺少的有机组成部分，发挥着指挥管理的作用。

（2）布政明法作用。自古以来，应用文就有发布法律和行政法规的作用，进入现代社会以来，国家立法机关针对社会的实际需要出台更多、更细致的法律法规，以达到依法治国的目的。国家立法机关制定的各种法律、法规，行政机关的条例，以及各企业事业单位制定的规章、制度等都要通过一种公文形式来颁布。这些法律文书、规章制度都属于应用文的范畴，一经公布，有很强的约束力，任何人都要自觉遵守，不得违反，否则将会受到不同程度的处罚。应用文布政明法，在加强社会主义法制、维护社会秩序的稳定方面，有着功不可没的重要作用。

（3）宣传教育作用。行政公文的发布，绝大多数是向广大的人民群众宣传党和国家的方针、政策，宣传单位的典型经验和个人的先进事迹，起着教育群众的作用。法律文书的发布，警示、规范人们的行为，起着教育人民、打击犯罪的作用。特别是在市场经济条件下，应用文的宣传教育作用又有了新的发展，各企业运用应用文这一工具，宣传企业文化、企业的经营理念、企业的形象，以此来扩大企业的知名度和美誉度，赢得社会的信任和支持，提高经济效益。

（4）沟通协调作用。现代社会里，人们参与各类活动的范围更加广泛，彼此之间的合作交流日益增多，人与人之间，地区与地区之间，乃至国家与国家之间都存在着千丝万缕的关系，都需要进行信息传递，加强沟通与联系，共创和谐的人际关系，这是工作得以顺利发展的重要前提。应用文在沟通上下左右关系、交流信息、联系情感、协商事宜、协调行动、相互支持等方面有重要的作用。公关礼仪文书，能起到沟通感情、促进协调、互为发展的作用；广告类文书可以起到传播信息、服务公众的作用；合同类经济文书，可以起到协调关系、保障当事人双方利益的作用。

（5）凭证依据作用。应用文的凭证依据作用，在不同的文种中都有着程度不同的表现。就行政公文而言，下级机关要根据上级机关下达的公文来传达方针、政策，安排工作任务，部署开展工作。而上级机关则要根据下级机关的公文所提供的情况、反映的问题来进行决策，以便更科学、更合情合理地指导下级工作。平行机关之间，可以根据往来的公文知照情况，商洽工作。由此可见，公文是施政的依据和准绳。它可以约束行政行为，使管理的各个环节得以正常有序地开展。就凭据文书而言，其凭证作用更为明显，如协议书、合同书等都规定了当事人双方的权利与义务，以此为凭证，如有任何一方违约，都要以此追究责任。概而言之，应用文是办事的，有着极强的时效性，某件事处理之后，其作用也随之消失。但是有些应用文，它不仅有现实的作用，而且还是真实的历史记录，并根据有关规定立卷、整理、归档，作为文献资料供后人参阅，起凭证作用。

五、应用文的种类

应用文的种类繁多，根据不同的划分标准，可以划分出不同的种类。考虑到应用文是各项社会实践活动的重要工具，而且也已经适用于社会实践活动的各个方面，因而，我们以应用文的适用情况作为分类标准，将常用的应用文划分为以下八个大类一百余种。

（1）公务文书。公务文书包括决议、决定、命令（令）、公报、公告、通告、意见、通知、通报、报告、请示、批复、议案、函、纪要，共十五种。

（2）事务文书。事务文书包括计划、总结、简报、大事记、备忘录、启事、公示、告示、调查报告、述职报告、章程、条例、办法、规则、规程、制度、守则、细则、公约、会议计划、会议报告、会议记录、讲话稿、开幕词、闭幕词、倡议书、决心书等。

（3）商务文书。商务文书包括市场调查计划书、市场调查问卷、市场调查报告、市场预测报告、市场可行性研究报告、市场分析报告、意向书、协议书、合同、招标书、投标书、商品广告、海报、财务分析报告、预算书、决算书、审计报告、询价函、确认函、催款函、索赔函、产品说明书、用户手册等。

（4）礼仪文书。礼仪文书包括请柬、邀请函、欢迎词、祝酒词、答谢词、欢送词、贺信、贺电、感谢信、表扬信、慰问信、喜报、对联、讣告、悼词、唁电、介绍信、证明、推荐信、求职信、应聘书等。

（5）新闻文书。新闻文书包括消息、通讯、新闻特写、新闻公报、专访、社论、述评、编辑部文章、评论员文章等。

（6）法律文书。法律文书包括起诉状、答辩状、反诉状、授权委托书、代理词、判决书、上诉状、申诉状、再审申请书、仲裁书、公证书等。

（7）教育科研文书。教育科研文书包括人才培养方案、教学设计、教案、说课稿、教学小结、毕业论文、毕业设计报告、科研项目申报书、科研实验报告等。

（8）申论。

当然，这种划分也只是相对合理的。应用文书浩如烟海，实在不可能罗列齐全。例如法律文书就有广义和狭义之分。广义的法律文书是指一切具有法律意义和价值的文书的总称，它是具有普遍约束力的规范性的各种法律、行政法规、地方性法规及规章等，其具体包括哪些文种，恐怕无人能述一二；而狭义的法律文书是指不具有普遍约束力的非规范性法律文件，是指国家司法机关、律师及律师事务所等依法制作的各种具有法律效力或法律意义的非规范性文件的总称，包括侦查文书、检察文书、诉讼文书、狱政管理文书、公证文书、仲裁文书、律师实务文书七大类，其具体包括哪些文种，恐怕也无人能述一二。我们在此列举的法律文书共十一种，也只是人们在社会实践活动中常用的而已。

第二节 应用文写作的技巧

学习目标

1. 了解应用文写作的概念、特点及作用，以加深对应用文写作的理解；

2. 全面了解应用文的主旨、材料、结构、语言风格，为写好应用文奠定基础；

3. 熟悉应用文各个基本要素，掌握这些要素在写作中的要求和技巧，为日后学习各种应用文文种的写作奠定良好基础。

知识链接

应用文写作具有四大要素：主旨、材料、结构、语言。我们要掌握应用文的写作技巧，就应当分别从这四个方面来加以具体的探讨。

应用文写作，指的是应用文的起草与修改，是作者代机关立言，体现机关领导意图和愿望的写作活动。与文学作品写作相比较，应用文写作具有独特的要求：一是被动写作，遵命性强；二是对象明确，针对性强；三是明确实用，内容真实；四是急迫之作，时限性强；五是讲究格式，规范性强。与此相适应，应用文写作在主旨、材料、结构、语言风格等方面也有独特的要求。

一、应用文主旨的写作技巧

（一）应用文主旨的概念

应用文的主旨，又称主题、题旨等，具体地说，就是应用文的作者通过具体的材料所表达出来的中心思想、基本观点，或者所要说明的主要问题、工作意图等，是应用文的作者在社会活动中所要达到的目的的集中体现。

主旨是应用文的“灵魂”，对行文起着以下两方面的作用。

第一，引领作用。主旨是行文目的的集中体现。为了更有效地达到行文目的，应用文的作者在行文伊始就应当确立好主旨，并在此基础上形成恰当的观点，进而正确地引导收集材料、安排结构、组织语言等。

第二，制约作用。应用文的主旨一经确立，应用文的作者在行文时对材料的选择、结构的展开、语言的运用等都必须围绕着确立好的主旨来进行。就此意义而言，主旨对行文又起着制约作用。

（二）应用文对主旨的要求

应用文的主旨要准确地表达中心思想、基本观点，要清晰地说明主要问题、工作意图，原则上必须达到以下要求。

（1）正确。应用文的主旨要求正确，是应用文写作的生命线。其含义大致包括两个方面：其一，应用文的作者在确立主旨时，必须遵循党的方针、政策，必须符合国家法律、法规，甚至还必须遵照上级机关的各项规章、决定。只有如此，该份应用文才有存在的可能；否则，不仅该份应用文无法得以存在，就连该份应用文的作者也将承担相应的责任。其二，应用文的作者在确立主旨时，必须一切从实际出发，必须实事求是地反映客观事实、全面公正地分析实际情况、切实可行地制订工作措施，所确立的主旨还要能反映出社会实践活动的规律性，才能真正地解决相关的社会问题。

（2）鲜明。应用文的主旨要求鲜明，是应用文写作的底线。其含义包括两个方面：其一，应用文要及时、有效地解决社会问题，必须建立在对方能迅速、准确地理解其主旨的基础上。因而，应用文在行文时，体现其主旨的各个观点应当突出、不能隐藏；要做到开门见山、直诉其意，切不可藏山匿水、闪烁其词。其二，应用文的主旨要求鲜明，还要求界定准确不模糊。也就是说，当应用文的主旨涉及一定的政策或规定时，界限一定要清晰，不能留下可钻的空子；当应用文的主旨在对某一问题做结论时，定性一定要表达准确，不能引起理解上的歧义。

（3）集中。应用文的主旨要求集中，是应用文写作的基础。其含义包括两个方面：其一，在众多的应用文中，除了像决议、报告、纪要、计划、总结等文种可能涉及一些综合性的内容之外，绝大多数文种基本上都是专题性的内容，也都要求在阐述主旨时一定做到“一文一事”，即一份应用文只有一个主题，而且绝对不能离题。其二，应用文一旦确立了主旨，在行文时，就应当就事论事不言其他，即要时刻围绕着主旨的阐述来提供材料、进行分析，而不能妄顾左右、旁生枝节、引入歧途。即使是确有必要补充说明一些问题，也应采用随文附件的形式加以妥善处理。

（4）体现机关意志。应用文的主旨要求体现机关意志，是应用文写作的宗旨。其含义也包括两个方面：其一，应用文是社会实践工作的重要工具，而所有的社会实践工作都必须遵循正常的组织领导秩序。因而，应用文的主旨必须符合机关确立的工作指导思想，以维护机关工作的有序开展、社会工作的有序进行，也使各种社会问题得到有序的解决。其二，在众多的应用文中，有绝大部分像公务文书、事务文书等文种，其作者都应当是各级各类社会组织及其领导人员，而草拟该应用文的相关人员其实都是在代机关立言、替领导讲话。因而，在阐述应用文的主旨时，应当符合机关意志、领导意图，以达到发文目的。

（三）应用文主旨确定的方式

应用文的主旨所要体现的是作者在社会活动中所要达到的目的。要达到何种目的？怎样确定主旨？一般而言，应用文主旨确定的方式大致有以下四种。

（1）领导确定主旨。即某份应用文在确定主旨时，要么依据了领导的指导思想，要么遵照了领导的发文要求，要么服从了领导的审核意见，甚至有时候领导在审定文稿时亲自对主旨做了修改，都可视为领导确定主旨。如决定、请示、批复、纪要等公务文书以及单位的计划、总结、规章等事务文书，其主旨一般都要由领导确定。

（2）事实概括主旨。即某份应用文在确定主旨时，是在对社会实践活动中的客观实际情况进行了科学的调查、收集、整理、分析、研究之后而确定的。如通告、情况报告、市场调查报告、通讯、实验报告以及起诉状等，其主旨一般都是由事实概括出来的。

（3）问题引出主旨。即某份应用文在确定主旨时，是针对现实社会或实际工作中存在的亟待解决的问题而提出的，目的是使有关单位或人们更好地了解、认识、对待和处理这些重大性、普遍性、倾向性、苗头性的社会问题。如调查报告、会议报告、经济活动分析报告、科研项目申请书以及申论等，其主旨一般都是由问题引出的。

（4）目的悟出主旨。即某份应用文在确定主旨时，是根据发文所要达到的目的或者所要实现的意图而领悟出来的。如通知、通报、函、协议书、求职信等，其主旨一般都是由发文目的和意图悟出的。

（四）应用文显示主旨的主要方法

应用文在文中显示主旨，应当达到鲜明、集中的要求，可采用的方法有以下四种。

（1）标题点旨。应用文的标题，正是应用文的主旨。在写作应用文时，要高度重视标题的拟制，要求能够旗帜鲜明地代表应用文主旨，统领本篇。如在《国务院关于大兴安岭特大森林火灾事故的处理决定》的标题中，“关于大兴安岭特大森林火灾事故的处理”就是这份公文的主旨。

（2）导语点旨。应用文的正文导语部分，是应用文的先导之语，一般要求点明主旨。

如某份《决定》的开头是：“近几年来，党中央、国务院针对一些地区和部门出现的乱收费、乱罚款和各种摊派（以下简称‘三乱’）的情况，曾多次发布文件严加制止……‘三乱’屡禁不止，日趋严重，已成为一个尖锐的社会问题，群众对此反应十分强烈。在当前纠正行业不正之风的同时，必须下大决心对‘三乱’进行综合治理。为此，特作如下决定：……”不难看出这份《决定》的主旨就是要坚决制止“三乱”现象。

导语点旨一般体现在导语的结束位置，是承接正文的关键点，其常用的方式就是使用“目的句”，如某份执行类的《通知》中有这样的表述：“根据《××市人民政府关于深化第八轮行政审批制度改革全面简政放权的决定》（×府发〔2013〕22号），我市决定向县区（含开发区、新区）下放行政审批事项共240项。为了做好事项下放后的及时承接和规范管理，促进我市行政审批权力‘放得下、接得住、管得好’，现就有关事项通知如下：……”。其中“为了……”既起到了承接作用，又显示了主旨。

（3）文中点旨。在写作一些综合性的应用文时，一般会将全文分成若干部分，其实就是将主旨分成若干个论点，并以小标题的方式显示在文中。这些论点是应用文的框架，也体现应用文的逻辑结构，更是对应用文主旨的直观体现。如在某篇学术论文中，作者分别用了“远取譬式的‘无理而妙’”“串珠式的繁复密集”“蒙太奇式的变幻组合”等小标题来显示该论文的主旨“罗门诗歌意象审美特征”。

（4）文末点旨。在正文的结尾之处概括出全文的主旨，以此与正文导语产生呼应，更加突出主旨。如某篇《欢迎词》在结尾之处写道：“各位朋友，我们真诚希望您能够通过这次会议认识××，了解××，关心××，希望短暂的××之行能给您留下深刻的印象，也希望通过会议，我们能结下友谊，成为知己。祝您××之行生活愉快、万事如意！”就非常清晰地概括出“希望能结下友谊，成为知己”的主旨。

二、应用文材料的写作技巧

（一）材料的概念

应用文的材料，就是应用文的作者为了表达中心思想和基本观点，而收集、整理并最终能运用到写作过程中去的，能对主旨的阐述起解释说明、分析启示、对策实践等积极影响的各种事实、情况、数据，以及可以引用的理论、言论、资料等。材料是应用文的“血肉”，对主旨起到以下两点作用。

第一，基础作用。按通常的理解来说，一篇应用文的主旨的确定，基本上都应当建立在对各种材料的充分占用和科学分析的基础上，也只有这样才有可能真正地概括、提炼出符合实际、实事求是的主旨。因此，材料是主旨的基础。

第二，证明作用。从另一个角度看，一篇应用文的主旨一经确定，为了进一步地阐述其观点的正确与客观，又需要运用各种具体的、恰当的材料来加以说明或论证。因此，材料对主旨起着证明作用。

（二）材料的收集要求

应用文所需的材料名目繁多、千变万化，各种不同的文种、不同目的的文种，其收集材料的标准亦不尽相同，但总体的要求大致包括以下五点。

（1）真实。应用文所收集的材料，首先要求准确无误，不能有任何客观上或者主观上的错误和虚假；其次还要求完整齐全，任何片面的、残缺的材料都不可能反映出全面真实的情况，甚至有断章取义、粉饰太平的嫌疑。

（2）切题。应用文在收集材料时，首先必须紧扣主旨，收集那些最能够说明或证明主旨的材料，才可能真正做到相互映衬、相得益彰；其次所收集的材料还必须明确突出，其含义必须明确，其观点必须突出，切不可含糊其词，更不能混淆视听。

（3）恰当。应用文在收集材料时，必须注重点面结合、对比鉴别，还应当恰当地选择那些正反互衬的材料，甚至还要注意定性说明的材料和定量说明的材料之间的相互配合，以使所证明的主旨更加具备公正性和说服力。

（4）新颖。应用文所收集的材料，首先应当是最新的情况，只有最新的情况才能反映出某一社会问题的现状，才能形成正确的主旨，才能制订出切实的措施；其次还应当特别关注那些见解独到的材料，因为这些材料不随波逐流、人云亦云，反倒能切实地给我们提供一些有实际参考价值的情况和观点。

（5）简要。应用文写作引用的材料与文学写作引用的材料相比较，力求简洁、有力，以说明事实、解释要点、提供对策为准，不必繁杂。

（三）材料的整理方法

面对各种各样纷繁复杂、良莠不齐、杂乱无序的材料，我们在应用文写作时，切不可不分青红皂白，随意用之。要真正地达到应用文写作选择材料的相关要求，我们还应当在对材料的整理过程中，妥善地使用好以下几种方法。

（1）筛选法。即对所收集到的各种材料，通过科学的对比、鉴定等，进行去伪存真、去粗存精，并进一步筛选优劣，力保所收集到的各种材料的真实性和优质性。

（2）类比法。即对已经筛选的各种材料，通过科学的分类、比较等，梳理出这些材料之间的有机联系，并进一步将这些材料整理成一个条理清晰、层次分明的有机系统。

（3）截取法。即对需要整理的各种材料，通过科学的选择、截取等，详略得当地从浩瀚的各种材料中去选用切题的、恰当的片段，既不能长篇累牍，也不能断章取义。

（4）撮要法。即对需要整理的各种材料，通过科学的概括、归纳等，进行删繁就简、取其精华，以使这些材料内容更为简洁、观点更为鲜明，更好地为我所用。

（四）材料的组织形式

材料的收集、整理固然重要，但更为重要的是如何组织好这些材料。材料是为主旨服务的，应当围绕着主旨的阐述来妥善地组织好材料。因而，我们在具体的应用文写作时，可以按以下三种形式来组织好材料，使其更好地为主旨服务。

（1）先列材料，后亮观点。即先叙后议，将各种事实、情况、数据等材料，依据主旨阐述的需要，分层次、按逻辑、有条理地进行陈述或说明，在对这些材料进行充分的议论、分析、论证后，再鲜明地提出符合主旨的观点或主张。这样既能做到逻辑严明、层层递进，又能达到事实胜于雄辩的效果。例如《起诉状》采用的就是这种组织材料的形式。

（2）先亮观点，再列材料。即先议后叙，先将有关于某一项工作的意义、目的、意图等开门见山地阐述于应用文的开头部分，再分条列项地将各种工作情况、要求、措施等陈述或说明于后。这样可以先统一认识、形成共识，在此基础上对后面的各种工作情况、要求、措施等就能顺利地接受了。例如贯彻类的《决定》就常常采用这种组织材料的形式。

（3）边列材料，边亮观点。即夹叙夹议，也就是在一些综合性的应用文的写作中，由于所述的事项过多，只能一边陈述或说明相关的材料，一边提出符合主旨的观点或主张。这样做可以收到世事洞明、有理有据的效果。例如某一年度的《工作总结》就应当采用这种组织材料的形式。

三、应用文结构的写作技巧

（一）应用文结构的概念

应用文的结构，也称谋篇布局，是应用文的作者根据阐述主旨与安排材料的需要而精心设计的内容上的层次和表达上的条理。它既是应用文的作者写作思路的客观反映，也是主旨和材料在文章构造上的具体体现。而这种反映和体现，有的曲折迂回，如小说；有的深藏含蓄，如诗歌；有的直接呈现，如应用文。

结构是应用文的“骨骼”，对主旨和材料起到以下两点作用。

第一，布局作用。应用文既要有主旨，也要有材料，还要有合理的结构将主旨和材料进行布局，以使主旨和材料之间能够更好地相辅相成。因此，结构对主旨和材料起着布局作用。

第二，规范作用。不同的应用文选用了不同的结构来布局，反过来又是对其主旨的阐述和材料的安排进行规范的过程，并使其更具有层次性和条理性。因此，结构对主旨和材料有规范的作用。

（二）应用文对结构的要求

应用文以实用为目的、以简洁为要求，强调层次分明、条理清晰、逻辑严明，因而应用文的结构必须直接呈现、规范布局，要符合以下四点基本要求。

（1）结构要取决于内容。应用文的结构必须为主旨和材料服务，要根据主旨的阐述和材料的安排的需要来选用结构。

（2）结构要适合于体式。应用文的结构必须为文体和格式服务，不同的文体、不同的格式，都应当选用适合的结构。

（3）结构要具有逻辑性。应用文的结构必须为表达和理解服务，怎样的结构利于表达，怎样的结构便于理解，就选用怎样合乎逻辑的结构。

（4）结构要得体恰当。应用文的结构必须为行文对象服务，行文对象的不同决定了文种的不同，而不同的文种所选用的结构亦不尽相同，都应当选用得体的结构。

（三）应用文结构的层次类型

应用文的结构首先要妥善解决的是层次问题。一篇应用文大都只有一个主旨，但可能同时需要好几个层次。这些层次该如何安排？其常用的层次类型大致有以下六种。

（1）递进式。在应用文的写作中，先将主旨的阐述划分为几个相互联系的层次，再采用分层递进、循序渐进的方式来展开各个层次的内容。例如：写作单项工作的《计划》，可以先提出总的目标和任务，再按该项工作的时间、地点、人员、步骤、方法、措施等层次，循序渐进地展开该计划的具体内容或要求。

（2）并列式。在应用文的写作中，先将主旨的阐述划分为几个平行并列的层次，再采用分条列项、分头阐述的方式来展开各个层次的内容。例如：写作《年度工作总结》，可以先将全年所完成的若干主要工作分成平行并列、互不交叉的几个部分，再分条列项地用一个部分对一项工作进行总结，以推进全文的展开。

（3）比较式。在应用文的写作中，先将所收集到的相关材料按照一定的标准进行分类，再采用相互比较、准确鉴定的方式展开各个层次的内容。例如：写作《市场分析报告》，就可以先将有关市场的各方面情况、数据进行合理的分类，再逐一进行比较、分析，找出这些情况之间的关系、规律，从而得出科学的结论，完成比较全面的分析报告。

（4）推理式。在应用文的写作中，先将所收集到的相关材料按照一定的逻辑次序进行组合，再采用归纳共性、演绎特性的方式展开各个层次的内容。例如：写作《可行性研究报告》，就可以先将有关市场的各种材料加以整理、归纳，得出普遍性的规律，再将相关的设计或方案按照这种规律去加以演化，分析其可行性的程度，得出科学的研究结论。

（5）总分式。在应用文的写作中，先将相关的宗旨、原则等采用总体概括的方式加以阐述，再用分条列项的方式展开各个层次的内容。例如：写作《章程》，就可以先在开篇总体地概述清楚该组织的性质、宗旨、目标、形式等，然后再分章、条、款将有关的组织成员、组织活动、组织领导、权利义务等内容清晰说明。

（6）因果式。在应用文的写作中，先将相关的事实与理由罗列清楚，再采用由因探果或由果溯因的方式展开各个层次的内容。例如：写作《起诉状》，就可以先将涉案的有关事实陈述清楚，再阐述相关的理由或法律依据，进而提出相应的诉讼请求。

（四）应用文结构的段落形式

应用文的结构也包括段落的安排，其常见的段落形式大致有以下十种。

（1）完段式，也称篇段合一式。某份应用文的整篇就只有一段。如某些单位内部的事务性《通知》，只需一段，将所要通知的各项事项陈述清楚即可。

（2）两段式。在某份应用文的正文中，一段缘由和事项，一段要求或希望。如表彰性或批评性的《通报》，前一段说明受表彰或批评的有关人员、情况以及所做出的相关处理，后一段提出一些要求或希望，作为全文的结束。

（3）三段式。在某份应用文的正文中，一段缘由，一段事项，一段结束语。如下级机关上报的《请示》，通常都是先用一个段落说明请示的缘由，再用一个段落提出请示的事项，最后以一句“以上事项，敬请核准！”等作为结束语。

（4）多段式。在某份应用文的正文中，既有前言，又有主体，主体又分若干段。如《专项工作报告》，可以先在前言部分概述该工作的依据、概况、成效，然后分多段阐述该工作的具体情况、主要成绩、经验教训、今后打算等内容。

（5）分部式。在某份应用文的正文中，正文分成若干部分，甚至还有序号或小标题。如某份《年度工作总结》，可以先将全年所完成的若干主要工作分成平行并列、互不交叉的几个部分，再分条列项地用一个部分对一项工作进行总结。

（6）贯通式。在某份应用文的正文中，按某种事理或认知顺序进行说明。如某份有关药品的《产品说明书》，就可以按照名称、成分、性状、功能、主治、规格、用法用量、禁忌、注意事项的顺序，贯通式地说明相关的内容。

（7）条款式，也称章断条连式。在某份应用文的正文中，虽有每一章的断开，但每一条却都依次相连。如《条例》就是采用这种章断条连式的方法，来组织全文的内容。

（8）条文式，也称总分条文式。在某份应用文的正文中，先总体概述，再分条列项地说明各个方面的内容。如《中国共产党章程》就是采用这种总分条文式的方法，来组织全文的内容。

（9）表格式。在某份应用文的正文中，用表格的形式来进行列举或说明。如《订货单》《统计报表》《日程表》等都是采用表格式的方法。

（10）不成文式。在某份应用文的正文中，无须用文章的外在结构形式来进行表达。如《海报》《启事》等，都是采用不成文式的方法，来组织全文的内容。

四、应用文语言的写作技巧

语言是所有写作活动最基本的要素。虽然说写作是一种文字运用的活动，但文字的组合必须遵循语言的规律和要求，否则就有可能会出现文不对题、词不达意的情况。如果在写作过程中，只注重文字的运用，而不顾及语言的规律，就不可能完成写作，只是写字而已。因而，写作活动实际上也是一种语言运用的活动，必须要符合语言的要求。

（一）应用文的语言风格

应用文作为一种实用的文体，其语言的基本要求与其他文体如文艺文体有着巨大的差异，更为强调的是实用性、准确性、概括性、规范性、得体性、质朴性。

（1）实用性。应用文的语言要符合实用性的要求，首先就必须只表达“实用”的内容，其他与主旨的阐述无关紧要的内容则无须表达；其次在具体运用时，还要做到简洁、明了、实在、清楚，尽可能用最简洁的语言去表达最明白易懂的内容。

（2）准确性。应用文的语言要符合准确性的要求，首先就必须在表达的时候做到界定准确，不能引起理解上的歧义；其次为了有效地减少理解上的费时费力，还应当运用直白的语言去直接叙述、直接证明，以保证表达的准确性。

（3）概括性。应用文的语言要符合概括性的要求，首先就必须在内容上抓住关键、只谈要点，其他需要补充说明的内容可以通过随文附件的形式加以处理；其次还必须在写法上实行概括叙述、概要说明，而无须做详尽描写，避免旁生枝节。

（4）规范性。应用文的语言要符合规范性的要求，首先就必须学会使用一些规范化的词组和语句，如“请予接洽为荷！”“恳请函复为盼！”“妥否？请予明示！”等，以增强表达的简洁性与严肃性；其次还要学会灵活地运用各种专用语、专业术语等，如“特此通知！”“211 工程”“9・11 事件”等，以使表达更为简洁明了。

（5）得体性。应用文的语言要符合得体性的要求，首先就必须做到文实相符，把握不同文种的适用与特点，并根据不同的文种确定好恰当的表达方式；其次还要做到针对不同的收文对象，注意适当地调整好表达时的语气，做到语言得体、符合身份。

（6）质朴性。应用文的宗旨是要使受文单位或人民群众尽快把握应用文的主旨和意图，语言风格朴实无华，应力求通俗易懂，“以真挚明显为要。凡艰涩语句，孤僻典故，及虚伪誉词，应一律免用”。

（二）应用文的说明技巧

1. 说明的概念

所谓说明，就是用简明扼要的文字（说明的方式），对客观事物或事理（说明的对象）的状态、性质、特点、功能、成因、关系、效用等属性（说明的内容），加以客观地解释和介绍（说明的要求）的一种表达方式。

在应用文中，说明的作用大致有以下两个方面。

第一，铺垫作用。应用文常常采用说明的手法，先介绍一些写作该文的背景材料或工作环境，为下一步展开叙述或论证做好铺垫。

第二，依据作用。应用文有时也会在叙述或论证的同时，运用说明的手法来交代一些相关的情况、说明一些相应的事理，为叙述或论证提供充分的依据。

2. 应用文常用的说明方法

说明的方法纷繁复杂，但在应用文的写作中，常用的说明方法大致有以下七种。

（1）比较说明。比较说明是在进行应用文写作时，通过对相同事物之间的比较、不同事物之间的比较，找出它们之间的异同，进而说明该事物的属性、特征的方法。

（2）举例说明。举例说明是在进行应用文写作时，通过对某一类事物进行典型性举例或列举性举例，用于说明该事物所具备的代表性、普遍性的方法。

（3）分类说明。分类说明是在进行应用文写作时，通过对某一类或某几类事物制定统一标准、进行准确分类，以说明某一类事物的共同特点的方法。

（4）数字说明。数字说明是在进行应用文写作时，通过提供相关的准确数据、可比性数据，在进行定量分析的基础上，说明某一事物量化关系的方法。

（5）定义说明。定义说明是在进行应用文写作时，通过给予某一事物的定义或概念，用以明确地阐述该事物的外延上的范畴特征和内涵上的本质属性的方法。

（6）图形说明。图形说明是在进行应用文写作时，通过对某一事物采用附加图形标注的做法，以便更强调直观、更注重深刻地介绍该事物外在特征的方法。

（7）引用说明。引用说明是在进行应用文写作时，通过对某一事物恰当地、有针对性地引用一些相关的名言、公理、谚语等，以便更为直截了当地、不容置疑地进行说明的方法。

（三）应用文的议论技巧

1. 议论的概念

所谓议论，就是通过对某种事物或某个问题（议论的对象），进行分析、推理、评论（议论的方法），来准确、鲜明地（议论的要求）表明自己的立场、观点、意见（议论的目的）的一种表达方式。

在应用文中，议论的作用大致有以下两个方面。

第一，评判作用。在应用文中，人们可以通过议论的手法，来对相关的人、事、物做出相应的评价、判断，以帮助主旨恰当的确立和人们准确的理解。

第二，阐明作用。在应用文中，还可以通过议论的手法，来具体地阐述清楚自己的观点、原则、主张，以便更好地实现发文意图、达到发文目的。

2. 应用文议论的构成

应用文的议论无外乎也是由论点、论据和论证三要素构成的。

（1）论点。论点是应用文的作者在应用文中提出的各种观点、看法、主张、见解、态度等。

（2）论据。论据是应用文的作者在应用文中引用的各种材料，包括各种事实、情况、数据、理论、言论、资料等依据。

（3）论证。论证是应用文的作者在应用文中运用论据去证明论点的过程或方法，其中包括立论（用论据直接或间接证明自己论点的方法——绝大部分应用文采用立论的方法）

和驳论（用论据反驳对方的论点或论据的方法——如《答辩状》采用的就是驳论的方法）两种具体的论证方法。

3. 应用文常用的议论方法

议论的方法有很多，但在应用文的写作中，常用的议论方法大致包括以下六种。

（1）例证法。例证法是在应用文的写作中，通过运用实际案例、依据相关数据作为论据，进而直接或间接证明自己论点的方法。

（2）对比法。对比法是在应用文的写作中，通过进行正反比较、差异比较来找到所需证据，进而直接或间接证明自己论点的方法。

（3）引证法。引证法是在应用文的写作中，通过引用名言、公理、谚语等作为论据，进而直接或间接证明自己论点的方法。

（4）因果法。因果法是在应用文的写作中，通过采用由因及果、由果溯因来找到所需论据，进而直接或间接证明自己论点的方法。

（5）喻证法。喻证法是在应用文的写作中，通过运用比方、借用常识等作为论据，进而直接或间接证明自己论点的方法。

（6）归谬法。归谬法是在应用文的写作中，通过采用将错就错、引出荒谬的策略，进而反驳对方的论点或论据的方法。

（四）应用文叙述的技巧

1. 叙述的概念

所谓叙述，就是指有次序、有层次地（叙述的要求）叙说、介绍（叙述的方法）人物（叙述的对象）的经历、言行（叙述的内容）或事物（叙述的对象）的变化过程（叙述的内容）的一种表达方式。叙述的基本要素有时间、地点、人物、事件、起因、结果。

在应用文中，叙述的作用大致有以下两个方面。

第一，介绍作用。应用文可以通过运用叙述，概括地介绍相关的人、事、物及其概况、发展、关系等，以便人们进一步加深对该人、事、物的正确认识。

第二，依据作用。应用文还可以通过运用叙述，具体地叙说某一事物的发生、发展以及变化的过程，为议论、说明提供更多的事实依据。

2. 应用文叙述的方法

叙述的方法有很多，有顺叙、倒叙、插叙，有概述、详述，等等。应用文写作一般只采用顺叙和概述的方法。

（1）顺叙。顺叙是在应用文的写作中，根据人物经历或事件发生发展的自然时序而进行的叙述。应用文的叙述均应采用顺叙的方法，而不能采用倒叙或插叙的方法。

（2）概述。概述是在应用文的写作中，要对一定的人或事进行叙述，大多数情况下都只能进行概要叙述，只要交代清楚叙述的要素即可。即使是要叙述相关的经过，也只需概述几个关键性的环节和大致过程，而不需对细节进行详尽描写。

3. 应用文叙述的人称

叙述存在人称的问题。在一般的文体中，我们基本上都是运用“我、你、他”，但在应用文的写作中，人称的运用就要有所改变。

（1）第一人称。在应用文中采用第一人称进行叙述，一般都是主观性叙述，能给阅读对象以真实、亲切的感受，如撰写总结、拟订计划、汇报工作等，如“我校”“本院”等。

（2）第三人称。在应用文中采用第三人称进行叙述，一般都是客观性叙述，可不受时空或是否亲身经历的限制，叙述面较广，比较自由，如撰写市场调查报告、情况报告等，如“该市”“该局”“该区”“该公司”等。

（3）第二人称。在应用文中采用第二人称进行叙述，一般都是交流性叙述，有直接对话的亲临感。如拟写信函、贺信、感谢信等，如对下级机关或单位可称“你市”“你单位”“你公司”等，对平行的机关或单位可称“贵局”“贵处”“贵校”“贵公司”等，但切不可对上级党委和政府妄称“贵党”“贵政府”。

五、应用文写作的基本步骤

一般来说，应用文写作要遵循明确主旨、准备材料、构思提纲、起草正文、检查修改的基本步骤，以保证应用文写作不偏离方向。

1. 明确主旨

一是要明确应用文的中心内容。如布置工作，要提出主要抓哪些问题，指导思想是什么，解决问题的措施有哪些。如汇报工作，打算重点反映什么问题，主要成绩及存在问题，下一步的打算。

二是要根据应用文内容，确定应用文文种。如汇报工作情况，是写专题报告还是写情况简报；针对下级机关来文所反映的问题，是写普发性的指示还是在文件上写一个批示。

三是要根据应用文目的，确定发送范围和阅读对象。如是向上级汇报工作还是向有关单位推广和介绍经验；是给领导、有关部门人员阅读，还是向全体人员进行传达。

四是要根据应用文任务，明确发文的具体要求。如应用文内容是只要求对方机关干部了解，还是要求对方机关给予答复或者批转；是要求对方贯彻执行还是仅供对方参考。

2. 准备材料

如前文所述，材料是应用文的“血肉”，承载着应用文的主旨主题。如何让材料承载好主旨主题？前提是要掌握事实、掌握数据、掌握政策、掌握案例等。因此，明确应用文主旨后，率先要开展的是材料的准备工作。

（1）收集、阅读和研究有关的文件材料。如写一份贯彻上级文件的通知，首先要对上级文件进行仔细阅读，认真研究，领会其精神实质，在文稿中才能全面、准确地体现其内容。

（2）深入基层，收集有关的实际材料。如写上面的贯彻性通知，除了掌握上级的文件精神外，还要对本单位的实际情况进行调查研究，收集和掌握一些实际工作材料，才能提出中肯的、有针对性的意见。

3. 构思提纲

构思是对整个应用文的布局、顺序、层次、段落、观点、材料、开头与结尾等关键要素的基本考虑，是写应用文不可缺少的准备过程。只有潜心构思，才能确保写作时从全局着眼，明确层次和重点，以保证应用文的思路流畅、逻辑清晰。另外，构思提纲还可以把作者的写作计划和主要思想用文字固定下来，做到目标明确、思路清晰，也有利于在写作过程中进一步完善和修订。

拟定提纲的方式，主要有两种：一种是标题式提纲。以简明的标题形式，把文章的内容概括出来，用最简明的语句，把某段落或某部分的主要内容标示出来。写作过程中，可根据实际情况，标注出一级标题提纲、二级标题提纲，甚至还会标注三级标题提纲。另一种是提要式提纲，这是在标题式提纲的基础上较具体较明确地提要式地概括出各个层次的基本内容，实际是应用文内容的缩写。

4. 起草正文

起草正文是应用文写作的重要任务和内容，是全面、具体、准确贯彻落实应用文主题和提纲的写作过程，写作时应注意以下几个方面。

（1）把握应用文主题，选好用好材料。应用文的主题往往是经领导确定或集体研究过的，应用文作者的责任就是在行文中，把握住公文的主题，把已经确定的主题突出出来，不可任意发挥。“一文一事”，主旨要单一，开门见山。

（2）观点正确，情况确实。正文反映的情况、问题、数据都必须真实可靠，提出的措施和办法，应切合工作实际、切实可行。

（3）内容涉及的有关部门要经过会商，取得一致意见。相关部门必须就应用文相关内容进行协调商议，以达成共识。否则，只会造成职责不清、分工不明，以致互相推诿、办事拖拉。

（4）文字表述要简练，交代问题要清楚。

5. 检查修改

应用文写作的最后一个步骤，就是检查修改，这个环节是对写作是否全面贯彻落实主题、是否符合写作规范的全面审视和完善。检查修改可以从以下几个方面着手。

（1）修改主题。对应用文主题要进行全面审视，看主题思想是否鲜明，主题论述是否集中，主题挖掘是否深刻，是否符合党和国家的方针政策与法律法规，是否符合客观实际以及所涉及部门的工作实际，材料与主题、内容与标题中的事由是否统一，等等。

（2）修改观点。关于观点的修改主要考虑观点是否正确，表达有无问题。凡属思想不健康，看法不够全面，提法不够妥当，概念模糊，以及推理、论证不合逻辑的地方，都要进行修改。

（3）修改材料。要看材料是否真实可靠，要看材料是否最适合表现主旨，要看材料是否典型、充实。不足的予以补充，可有可无的删去，不合适的则予以更换。

（4）修改结构。修改应用文的结构，包括应用文总体结构的修正，起承转合的调整，层次位置的改变，以及详略的更动，等等。

（5）修改文字。应用文的思想内容是通过语言文字表达出来的，语言文字的修改要反复推敲，以保证语言规范、准确。

思考与练习

1. 什么是应用文？如何理解应用文？
2. 应用文有哪些特点？
3. 应用文显示主旨的主要方法有哪些？
4. 应用文结构中常用的层次类型有哪些？
5. 应用文有哪些常用的说明方法？
6. 应用文有哪些常用的议论方法？
7. 简述应用文写作的步骤及每个步骤的要求。

第二章

党政机关公文写作（1）

本章导读

全面把握党政公文的内涵、特点和作用，把握党政机关公文的构成要素和文面格式，对写好公文、应用文具有基础性的作用。学习命令（令）、决定、决议、意义、议案的内涵和写作。

第一节　党政机关公文概述

学习目标

1. 了解党政机关公文的概念、种类、特点及作用，全面把握党政机关公文的本质；
2. 熟悉党政机关公文构成要素和文面格式，全面把握党政机关公文的格式规范；
3. 学习党政机关公文起草的要求，深刻领悟党政机关公文写作的要点和规律。

知识链接

一、公文的概念

2012年4月16日，中共中央办公厅和国务院办公厅联合发布《党政机关公文处理工作条例》，其中第一章总则的第三条明确规定：党政机关公文是党政机关实施领导、履行职能、处理公务的具有特定效力和规范体式的文书，是传达贯彻党和国家的方针政策，公布法规和规章，指导、布置和商洽工作，请示和答复问题，报告、通报和交流情况等的重要工具。

《条例》关于党政机关公文的规定明确了以下要点。

（1）党政机关公文是公务应用文，作者应当是各级各类党政机关、企事业单位、群众团体及其领导人员，个人无权制发公文。

（2）党政机关公文是党政机关实施领导、履行职能、处理公务的工具。

（3）党政机关公文具有特定效力和规范体式。

二、公文的种类

何为文种？文种是应用文名称的总称。学习应用文写作，必须总体了解应用文的文种分类，尤其要总体把握每一个文种的内涵，这是写作应用文的前提。

《条例》的第二章第八条规定了党政机关公文的种类，主要有十五种：决议、决定、命令（令）、公报、公告、通告、意见、通知、通报、报告、请示、批复、议案、函、纪要。

《条例》还规定了每个文种的适用情形。

（1）决议，适用于会议讨论通过的重大决策事项。

（2）决定，适用于对重要事项做出决策和部署、奖惩有关单位和人员、变更或者撤销下级机关不适当的决定事项。

（3）命令（令），适用于公布行政法规和规章、宣布施行重大强制性措施、批准授予和晋升衔级、嘉奖有关单位和人员。

（4）公报，适用于公布重要决定或者重大事项。

（5）公告，适用于向国内外宣布重要事项或者法定事项。

（6）通告，适用于在一定范围内公布应当遵守或者周知的事项。

（7）意见，适用于对重要问题提出见解和处理办法。

（8）通知，适用于发布、传达要求下级机关执行和有关单位周知或者执行的事项，批转、转发公文。

（9）通报，适用于表彰先进、批评错误、传达重要精神和告知重要情况。

（10）报告，适用于向上级机关汇报工作、反映情况，回复上级机关的询问。

（11）请示，适用于向上级机关请求指示、批准。

（12）批复，适用于答复下级机关请示事项。

（13）议案，适用于各级人民政府按照法律程序向同级人民代表大会或者人民代表大会常务委员会提请审议事项。

（14）函，适用于不相隶属机关之间商洽工作、询问和答复问题、请求批准和答复审批事项。

（15）纪要，适用于记载会议主要情况和议定事项。

三、公文的特点

党政机关公文是公务应用文中的一种，相对于其他公务应用文，它总体呈现以下特征。

1. 作者法定

公文的作者，指的是发文的名义。党政机关的公文，代表法律、法规、章程赋予党政机关的权力、职责和义务，只能以党政机关或党政机关领导的名义来制发。相反，未能获得法定权力、职责和义务的单位或个人，均不能私自制发公文。对此，要强调以下两点。

一是某个党政机关制发公文的范围法定。每一个公文都有特定的适用范围，当党政机关没有获得相应的法定权力、职责和义务时，就不能使用某个特定的文种，如命令（令）的使用权限就有严格的限制，并不是每一个党政机关都能颁发命令（令）。

二是以党政机关领导人名义发文法定。每一个党政机关领导，代表的不是领导个人，而是党政机关。因此，即便是依法以领导个人的名义行文，一般也会在领导姓名前签署机关名称和领导职务。

2. 权威法定

公文由党政机关、企事业单位、群众团体制发，因而就代表了该机关、单位、团体固有的权威。然而，党政机关、企事业单位、群众团体的权威从何而来？机关权威法定，因此党政机关公文权威法定，其权威受相应的法律、法规、章程的保护与支持，具有强制力。

例如，中共中央下发的文件，全国各级党组织都必须无条件贯彻执行，原因是《中国共产党章程》规定“全党各个组织和全体党员服从党的全国代表大会和中央委员会”。

又如，国务院下发的文件，全国各级人民政府必须无条件贯彻执行，原因是《中华人民共和国宪法》（以下简称《宪法》）规定：“中华人民共和国国务院，即中央人民政府，是最高国家权力机关的执行机关，是最高国家行政机关。”

3. 效用特定

党政机关公文是党政机关、企事业单位、群众团体实施领导、履行职责、处理公务的实用性工具，实用性是其重要的特征。

（1）制发公文，要有“感”而发、有“难”而发、有“用”而发，任何公文都要有主题、有任务、有目的。凡无实质内容和任务的公文，不发；凡可发可不发的公文，不发。

（2）公文的特定效用，是公文制发机关的法定地位所赋予的，代表它的制发机关所赋予的法定效力和作用。因此，党政领导机关发出的每一项指示、每一项决定，要求所属机关认真贯彻、坚决执行，即使是一份通知，也同样要求地方收文机关阅知和办理；下级机关的一份报告、一份请示也同样要求上级领导机关阅知或批复等。

（3）公文的特定效用是有一定的时间性的。任何公文都不是永远有效的。

4. 规范的体式

公文不仅有规范的文体，而且还有规定的格式。其文体应当是一种兼有叙述、说明、议论三种语言表达形式的应用文体，其格式则必须遵守《党政机关公文格式》中的具体要求，规范地编排每一份公文在版头、主体、版记等各部分的每一个格式要素。

四、公文的作用

党政机关的公文是一种重要工具，可以用于传达贯彻党和国家方针政策，公布法规和规章，指导、布置和商洽工作，请示和答复问题，报告、通报和交流情况等，目的是党政机关能更为有效地实施领导、履行职能、处理公务，其重要作用可以归纳为如下几方面。

（1）领导指导作用。各级各类机关、单位可以通过命令（令）宣布施行重大强制性措施，通过决定对重要事项做出决策和部署、奖惩有关单位和人员，对下级机关实施有效的领导，还可以通过意见对重要问题提出见解和处理办法等，对下级机关的工作进行有效的指导。

（2）传达贯彻作用。各级各类机关、单位可以通过决议传达会议讨论通过的重大决策事项，通过通报传达重要精神和告知重要情况，通过通知传达要求下级机关执行和有关单位执行的事项，既起到了传达重要精神、重大事项的作用，又能借此提出相关的贯彻、执行的要求，发挥贯彻的作用。

（3）公布知照作用。各级各类机关、单位可以通过公报公布重要决定或者重大事项，通过公告向国内外宣布重要事项或者法定事项，通过通告公布应当遵守或者周知的事项，通过通知传达要求有关单位周知或者执行的事项等。既起到了公布重大事项、重要事项的作用，同时也是对相关方面应当周知的情况和事项进行知照。

（4）联系交流作用。各级各类机关、单位可以通过报告向上级机关汇报工作、反映情况、回复询问，通过函在不相隶属机关之间商洽工作、询问和答复问题，通过通知传达要求有关单位周知的事项等。既便于在各种相关机关、单位之间交流情况，又能加强这些机关、单位之间的工作联系，起到联系交流作用。

（5）请示批复作用。各级各类机关、单位可以通过请示向上级机关请求指示和批准，通过批复答复下级机关请示事项，还可以通过函在不相隶属机关之间请求批准和答复审批事项等，以此来完善各种不同的机关、单位之间请求指示和批准、答复审批事项的正确关系，发挥请示批复的作用。

五、公文的格式

党政机关公文的格式，指的是党政机关、企事业单位、群众团体公文的构成要求和文面格式。党政机关公文的格式相对于其他应用文的格式而言，具有权威性和参考性，是其他公务应用文格式的依据和参考。

《条例》第三章第九条规定：公文一般由份号、密级和保密期限、紧急程度、发文机关标志、发文字号、签发人、标题、主送机关、正文、附件说明、发文机关署名、成文日期、印章、附注、附件、抄送机关、印发机关和印发日期、页码等组成。

一份具有完整要素的公文，从结构上可以划分为三大部分，即版头、主体和版记部分，版头包括份号、密级和保密期限、紧急程度、发文机关标志、发文字号、签发人。主体包括标题、主送机关、正文、附件说明、发文机关署名、成文日期、印章、附注、附件。版记包括抄送机关、印发机关和印发日期、页码。

版头中的分隔线、版记中的分隔线将公文的三部分区分开来。版头中的分隔线在发文字号之下 4 毫米处居中，印一条与版心等宽的红色分隔线。版记中的分隔线与版心等宽，首条分隔线和末条分隔线用粗线（推荐高度为 0.35 毫米），中间的分隔线用细线（推荐高度为 0.25 毫米）。首条分隔线位于版记中第一个要素之上，末条分隔线与公文最后一面的版心下边缘重合。

1. 份号

份号，即公文份数序号，是指同一文件在其总印数中逐份所给的顺序编号。一份文件一个号，依次流水编列，以便查对和清退。如需标注份号，一般用 6 位 3 号阿拉伯数字，顶格编排在版心左上角第一行。份号使用 6 位阿拉伯数字，份号如果不足 6 位，则需要在份号前用“0”补齐 6 位，如“000268”。

2. 密级和保密期限

《中华人民共和国保守国家秘密法》规定：“国家秘密的密级分为绝密、机密、秘密三级。”涉密公文应当根据涉密程度分别标注“绝密”“机密”“秘密”和保密期限。密级和保密期限一般用 3 号黑体字，顶格编排在版心左上角第二行；保密期限中的数字用阿拉伯数字标注。

如需同时标识秘密等级与保密期限、解密时间、解密条件，秘密等级和保密期限、解密时间、解密条件用“★”隔开，此时密级字间不空，标志形式为“密级★保密期限”“密级★解密时间”或者“密级★解密条件”。如只需要标密级，不标注保密期限，则密级字间空一格，如：“秘□密”。

国家秘密的保密期限，应当根据事项的性质和特点，按照维护国家安全和利益的需要，限定在必要的期限内；不能确定期限的，应当确定解密的条件。《中华人民共和国保守国家秘密法》规定：国家秘密的保密期限，除另有规定外，绝密级不超过三十年，机密级不超过二十年，秘密级不超过十年。国家秘密具体的保密期限一般应当以日、月或者年计；不能确定具体的保密期限的，应当确定解密时间或者解密条件。国家秘密的解密条件应当明确、具体、合法。除保密事项范围有明确规定外，国家秘密的保密期限不得确定为长期。

3. 紧急程度

党政机关公文的紧急程度指的是公文送达和办理的时限要求。根据紧急程度，紧急公文应当分别标注“特急”“加急”，电报应当分别标注“特提”“特急”“加急”“平急”。

如需标注紧急程度，一般用 3 号黑体字，顶格编排在版心左上角；如需同时标注份号、密级和保密期限、紧急程度，按照份号、密级和保密期限、紧急程度的顺序自上而下分行排列。

4. 发文机关标志

发文机关标志表明公文的作者，是发文机关制作公文时使用的、规范版式的文件版头，通常称“文头”。由发文机关全称或者规范化简称加“文件”二字组成，也可以使用发文机关全称或者规范化简称。联合行文时，发文机关标志可以并用联合发文机关名称，也可以单独用主办机关名称。

发文机关标志红色套印居中排布，上边缘至版心，上边缘为 35 毫米，推荐使用小标宋体字，颜色为红色，以醒目、美观、庄重为原则。

联合行文时，如需同时标注联署发文机关名称，一般应当将主办机关名称排列在前；如有“文件”二字，应当置于发文机关名称右侧，以联署发文机关名称为准上下居中排布。

5. 发文字号

发文字号是发文机关按照发文顺序编排的顺序号。由发文机关代字、年份、发文顺序号组成。联合行文时，使用主办机关的发文字号。

编排在发文机关标志下空二行位置，居中排布。年份、发文顺序号用阿拉伯数字标注；年份应标全称，用六角括号“〔〕”括入；发文顺序号不加“第”字，不编虚位（1 不编为 01），在阿拉伯数字后加“号”字。

上行文的发文字号居左空一字编排，与最后一个签发人姓名处在同一行。

6. 签发人

签发人是在上报的公文中批准印发的领导人姓名。只用于上行文。上行文应当标注签发人姓名。由“签发人”三字加全角冒号和签发人姓名组成，居右空一字，编排在发文机关标志下空二行位置。“签发人”三字用3号仿宋体字，签发人姓名用3号楷体字。

如有多个签发人，签发人姓名按照发文机关的排列顺序从左到右、自上而下依次均匀编排，一般每行排两个姓名，回行时与上一行第一个签发人姓名对齐。

7. 标题

党政机关公文的标题体现的是公文的关键信息，完整的标题由发文机关名称、事由和文种组成。对外发出的公文、正式的公文、重要的公文一般要求使用完整的标题结构。

党政机关公文标题经常出现非完整结构的形式。规范性公文、有版头的公文、内部印发的公文，经常可以省略发文机关；公文内容简单直观、一目了然，经常可以省略发文事由；宣传性、公告式、具体事务性公文，经常可以同时省略发文机关和事由。不管任何情况，公文标题都不能省略发文文种。

党政机关的标题一般用2号小标宋体字，编排于红色分隔线下空二行位置，分一行或多行居中排布；回行时，要做到词意完整、排列对称、长短适宜、间距恰当，标题排列应当使用梯形或菱形。

8. 主送机关

主送机关指公文的主要受理机关，应当使用机关全称、规范化简称或者同类型机关统称。不同行文关系的主送机关，标注方式不同。上行文的主送机关，原则上只有一个，即发文机关的直接上级机关；下行文的主送机关，与发文内容性质、发文单位的级别有关，经常可以有多个主送机关；平行文的主送机关主要与发文内容有关，谁受理，就标注谁。

主送机关编排于标题下空一行位置，居左顶格，回行时仍顶格，最后一个机关名称后标全角冒号。主送机关名称过多导致公文首页不能显示正文时，应当将主送机关名称移至版记。

9. 正文

公文的正文，是公文结构的核心部分，用来表述公文的内容，表达发文意图，使受文单位都对公文所表述的信息获得具体、明确的认识。公文正文在写作时，一般会区分为正文导语、正文主体和正文结束语三个部分。

正文导语是正文的先导之语，其目的是交代发文的缘由，包括背景、原因、目的、依据等，在此基础上一般要求点明发文主旨，然后以规范的形式过渡。

正文主体是公文的核心内容部分，一般围绕发文主旨展开分析并提出决定、请求、希望或说明情况、事实，这是公文的作者围绕或根据公文的主旨而展开的内容、叙述的情况、分析的问题、提出的做法、确定的措施、执行的方案等，是每一篇公文的重点，也是公文必不可少的模块。它集中体现了制发机关对某项工作而采取的具体行动措施或立场态度。最后，公文一般还会针对或围绕“事项”而规定要求、提出希望、补充号召、强调问题，以及面向全局做出指示等，如“鉴于以上情况，现要求各有关单位……”“望各部门认真贯彻执行。”等。

正文结束语一般由期待式、请求式、号召式、激励式语言组成，也可以直接由公文规范结束用语组成。

公文首页必须显示正文。一般用3号仿宋体字，编排于主送机关名称下一行，每个自然段左空二字，回行顶格。文中结构层次序数依次可以用“一、”“(一)”“1.”“(1)”标注；一般第一层用黑体字，第二层用楷体字，第三层和第四层用仿宋体字标注。

10. 附件说明

附件说明是对有附件的公文附件的顺序号和名称的说明。

附件说明，在正文下空一行左空二字编排“附件”二字，后标全角冒号和附件名称。如有多个附件，使用阿拉伯数字标注附件顺序号（如“附件：1. ××××××”）；附件名称后不加标点符号。附件名称较长需回行时，应当与上一行附件名称的首字对齐。

11. 发文机关署名、成文日期和印章

发文机关署名表明了发文机关，一般署发文机关全称或者规范化简称。成文日期表明了正式发文时间，一般署会议通过或者发文机关负责人签发的日期。联合行文时，署最后签发机关负责人签发的日期。印章是单位法定权威的标志，是正式公文的生效标志，公文中有发文机关署名的，应当加盖发文机关印章，并与署名机关相符。有特定发文机关标志的普发性公文和电报可以不加盖印章。不同公文，发文机关署名方式不同，成文日期和印章的标注也会有所不同。

加盖印章的公文。成文日期一般右空四字编排，印章用红色，不得出现空白印章。单一机关行文时，一般在成文日期之上、以成文日期为准居中编排发文机关署名，印章端正、居中下压发文机关署名和成文日期，使发文机关署名和成文日期居印章中心偏下位置，印章顶端应当上距正文（或附件说明）一行之内。联合行文时，一般将各发文机关署名按照发文机关顺序整齐排列在相应位置，并将印章一一对应、端正、居中下压发文机关署名，最后一个印章端正、居中下压发文机关署名和成文日期，印章之间排列整齐、互不相交或相切，每排印章两端不得超出版心，首排印章顶端应当上距正文（或附件说明）一行之内。

不加盖印章的公文。单一机关行文时，在正文（或附件说明）下空一行右空二字编排发文机关署名，在发文机关署名下一行编排成文日期，首字比发文机关署名首字右移二字，如成文日期长于发文机关署名，应当使成文日期右空二字编排，并相应增加发文机关署名右空字数。联合行文时，应当先编排主办机关署名，其余发文机关署名依次向下编排。

加盖签发人签名章的公文。单一机关制发的公文加盖签发人签名章时，在正文（或附件说明）下空二行右空四字加盖签发人签名章，签名章左空二字标注签发人职务，以签名章为准上下居中排布。在签发人签名章下空一行右空四字编排成文日期。联合行文时，应当先编排主办机关签发人职务、签名章，其余机关签发人职务、签名章依次向下编排，与主办机关签发人职务、签名章上下对齐；每行只编排一个机关的签发人职务、签名章；签发人职务应当标注全称。签名章一般用红色。

成文日期中的数字，用阿拉伯数字将年、月、日标全，年份应标全称，月、日不编虚位（1不编为01）。当公文排版后所剩空白处不能容下印章或签发人签名章、成文日期时，可以采取调整行距、字距的措施解决。

12. 附注

附注指的是公文印发传达范围等需要说明的事项。附注不是对公文的内容做出解释或注释。附注一般是对公文的发放范围、使用时需注意的事项加以说明。

如有附注，居左空二字加圆括号编排在成文日期下一行。

13. 附件

公文正文的说明、补充或者参考资料。

附件应当另面编排，并在版记之前，与公文正文一起装订。“附件”二字及附件顺序号用 3 号黑体字顶格编排在版心左上角第一行。附件标题居中编排在版心第三行。附件顺序号和附件标题应当与附件说明的表述一致。附件格式要求同正文。如附件与正文不能一起装订，应当在附件左上角第一行顶格编排公文的发文字号并在其后标注“附件”二字及附件顺序号。

14. 抄送机关

除主送机关外需要执行或者知晓公文内容的其他机关，应当使用机关全称、规范化简称或者同类型机关统称。抄送机关仅限于同文件内容有关、需要对方知晓或协助办理的机关，不能滥，也不能漏。

如有抄送机关，一般用 4 号仿宋体字，在印发机关和印发日期之上一行、左右各空一字编排。“抄送”二字后加全角冒号和抄送机关名称，回行时与冒号后的首字对齐，最后一个抄送机关名称后标句号。

如需把主送机关移至版记，除将“抄送”二字改为“主送”外，编排方法同抄送机关。既有主送机关、又有抄送机关时，应当将主送机关置于抄送机关之上一行，之间不加分隔线。

15. 印发机关和印发日期

公文的送印机关和送印日期。

印发机关和印发日期一般用 4 号仿宋体字，编排在末条分隔线之上，印发机关左空一字，印发日期右空一字，用阿拉伯数字将年、月、日标全，年份应标全称，月、日不编虚位（1 不编为 01），后加“印发”二字。

版记中如有其他要素，应当将其与印发机关和印发日期用一条细分隔线隔开。

16. 页码

公文页数顺序号。

一般用 4 号半角宋体阿拉伯数字，编排在公文版心下边缘之下，数字左右各放一条一字线；一字线上距版心下边缘 7 毫米。单页码居右空一字，双页码居左空一字。公文的版记页前有空白页的，空白页和版记页均不编排页码。公文的附件与正文一起装订时，页码应当连续编排。

六、公文的起草

公文是一种规范体式的文书，在整体的起草和写作过程中都有严格的要求。为此，《条例》中的第十九条，明确规定了公文的起草应当做到以下几点。

（1）符合国家法律法规和党的路线方针政策，完整准确体现发文机关意图，并同现行有关公文相衔接。

（2）一切从实际出发，分析问题实事求是，所提政策措施和办法切实可行。

（3）内容简洁，主题突出，观点鲜明，结构严谨，表述准确，文字精练。

（4）文种正确，格式规范。

（5）深入调查研究，充分进行论证，广泛听取意见。

（6）公文涉及其他地区或者部门职权范围内的事项，起草单位必须征求相关地区或者部门意见，力求达成一致。

（7）机关负责人应当主持、指导重要公文起草工作。

例文评析

例文 2.1

××市××局于2013年12月8日收到该市人民政府办公厅《关于报送〈2013年度国有资产统计报表〉的通知》（×府办发〔2013〕235号），但该局近期一直忙于整体搬迁工作，无法进行国有资产的统计调查。经局长办公会议研究通过，该局局长李华决定于近日向上发文请求延缓时日，待2014年元月初搬迁工作结束以后，尽快做好国有资产的统计调查，再行补报。

该局新任秘书王×现已草拟该文（如下）。

××市××局文件

×政文发（二〇一三）080号

关于延缓报送《2013年度国有资产统计报表》的决定

市政府办公厅：

近日，我局收到贵厅《关于报送〈2013年度国有资产统计报表〉的通知》，由于我局近期一直忙于整体搬迁工作，无法进行国有资产的统计调查。经局长办公会议研究决定，特请求延缓时日，待2014年元月初我局搬迁工作结束以后尽快做好国有资产的统计调查，再行补报。特此通知！

××市××局

二〇一三年十二月十五日

抄送：胡市长、王副市长、市政府、市政府办公厅

××市××局办公室　　2013年12月15日

评析：该例文共有 15 处错误。

（1）发文字号的标识错误。

校正：应当标识为×政文发〔2013〕80 号。

（2）发文字号的位置错误。

校正：本文件的发文字号应当在发文机关标识的下二行、居左空一字。

（3）该文件缺少“签发人”。

校正：应当在发文机关标识的下二行、居右空一字标识“签发人：李　华”。

（4）文件标题中的文种名称“决定”错误。

校正：应改为“请示”。

（5）文件标题中的“《　　》”错误。

校正：应删除“《　　》”号。

（6）该文件的主送机关错误。

校正：主送机关应改为“××市人民政府”。

（7）正文中的“贵厅”运用第二人称错误。

校正：应改为第三人称“市政府办公厅”。

（8）正文中没有引用发文字号错误。

校正：应在引用文件标题之后再引用发文字号。

（9）正文最后的结束用语“特此通知”错误。

校正：应改为“特此请示，敬请批准”。

（10）发文时间的标识方法错误。

校正：应改为“2013 年 12 月 15 日”。

（11）该文件缺少“附注”项。

校正：应在“附注”项中标明“联系人：王×；联系电话：×××××××”。

（12）该文件无须抄送机关。

校正：应删除“抄送：”一栏。

（13）该文件的印发机关的标识位置错误。

校正：应在文件最后一行居左空一字的位置上。

（14）该文件的印发日期的标识位置错误。

校正：应在文件最后一行居右空一字的位置上。

（15）该文件的印发日期的标识内容错误。

校正：应在“2013 年 12 月 15 日”之后加上“印发”二字。

第二节　命　　令（令）

学习目标

1. 掌握命令（令）的内涵、特点、类型等基本常识；
2. 掌握命令（令）的结构与写法；

3. 鉴赏例文，练习写作。

知识链接

一、命令（令）的概念与种类

（一）命令（令）的概念

命令（令）是法律规定的有关机关及其领导人发布的指挥性和强制性的公文。

《条例》规定，命令（令）适用于公布行政法规和规章、宣布施行重大强制性措施、批准授予和晋升衔级、嘉奖有关单位和人员。

《宪法》对命令（令）的制发机关有着严格的限定。

（1）《宪法》第八十条规定：中华人民共和国主席根据全国人民代表大会的决定和全国人民代表大会常务委员会的决定，公布法律，任免国务院总理、副总理、国务委员、各部部长、各委员会主任、审计长、秘书长，授予国家的勋章和荣誉称号，发布特赦令，宣布进入紧急状态，宣布战争状态，发布动员令。

（2）《宪法》第八十九条规定：国务院行使下列职权：（一）根据宪法和法律，规定行政措施，制定行政法规，发布决定和命令。

（3）《宪法》第九十条规定：国务院各部部长、各委员会主任负责本部门的工作；召集和主持部务会议或者委员会会议、委务会议，讨论决定本部门工作的重大问题。各部、各委员会根据法律和国务院的行政法规、决定、命令，在本部门的权限内，发布命令、指示和规章。

（4）《宪法》第一百零七条规定：县级以上地方各级人民政府依照法律规定的权限，管理本行政区域内的经济、教育、科学、文化、卫生、体育事业、城乡建设事业和财政、民政、公安、民族事务、司法行政、计划生育等行政工作，发布决定和命令，任免、培训、考核和奖惩行政工作人员。乡、民族乡、镇的人民政府执行本级人民代表大会的决议和上级国家行政机关的决定和命令，管理本行政区域内的行政工作。

党委机关一般不会单独发布命令（令），必要时可以与有权限的行政机关联系发布命令（令）；军事化、半军事化部门有在职权范围内颁布命令（令）的权限。

（二）命令（令）的种类

根据《条例》对命令（令）适用范围的规定，可以将命令（令）分为以下类型。

（1）公布令：也称作发布令、颁布令。它是国家领导机关和有关部门用来公布法律、发布行政法规和规章的命令。它一经发布，就要求全体公民、有关单位和人员无条件地遵照执行，具有极强的规定性和支配力，不容违抗和抵制。命令（令）后附上法律、法规和规章的全文，即“令出法随”，公布令也就成为这些法规文件的运行载体，是一种载体性公文。

（2）行政令：是国务院及其各部门、县以上地方各级人民政府宣布施行重大强制性行政措施时发布的命令。

（3）任免令：用于发布重要任免事项。

（4）嘉奖令：是领导机关或领导人为嘉奖有关人员或有功集体而发布的命令。嘉奖令正文一般由嘉奖原因、嘉奖内容和嘉奖希望构成，具有极强的号召力。由于命令（令）是极具庄重性的公文名称，惩戒令一般很少使用。领导机关对有关人员的惩戒往往使用通报或决定等文种行文。

（三）命令（令）的特点

命令（令）具有如下几个特点。

（1）强制性。命令（令）是行政公文中最具有强制性特征的文种，一经发布，受令者必须无条件地绝对服从，迅速坚决地执行，不得做任何变更或变通处理。

（2）权威性。根据《宪法》的规定，只有中华人民共和国主席、国务院总理、国务院各部部长、各委员会主任以及县以上各级地方人民政府才可以依据法律规定的权限发布命令（令），其他任何单位和个人均不得发布命令（令）。在实际工作中，各级地方政府都很少使用命令（令）这一文种，国家高级领导机关和主要领导人才较多使用。因此，命令（令）具有很强的权威性，命令（令）一旦发布，别的单位或个人都不得修改或歪曲，如果别的公文的内容与命令（令）的有关精神相抵触的，也一律以命令（令）的为准。

（3）重要性。命令（令）所涉及的事项，有的是发布行政法规和规章，有的是宣布施行重大强制性行政措施，这些都是重要的内容。运用命令（令）来奖惩有关人员，往往也是在全国或某一地区影响较大的。如果是一般性的表彰先进或批评错误，就不用命令（令）而用通报等别的公文文种。

（4）指挥性。命令（令）的内容具有指挥下级机关或有关人员行动的功能。

二、命令（令）的结构与写作

命令（令）的主体结构包括标题、编号、受令机关、正文、署名和日期等要素。

（一）标题的写作

命令（令）的标题一般由发布机关名称、事由和文种三部分构成，不同种类的命令（令）标题有所不同。公布令的标题使用时只写明发文机关与文种即可，如“中华人民共和国国务院令”“中华人民共和国全国人民代表大会常务委员会委员长令”等；行政令、任免令、嘉奖令的标题则经常三要素俱全，不可简略，如“国务院关于授予×××等同志海关关衔的命令”等。

（二）正文的写作

1. 公布令

公布令的正文一般很简短，主要写明经过了什么机关或会议，在什么日期通过批准了何种法令文件，开始生效与执行的日期。属于修订的文件，也应在正文中说明。

例文评析

例文 2.2

中华人民共和国国务院令

第 645 号

《国务院关于修改部分行政法规的决定》已经 2013 年 12 月 4 日国务院第 32 次常务会议通过，现予公布，自公布之日起施行。

总理　李克强

2013 年 12 月 7 日

评析：

这是一份比较常规的命令，该命题因正文内容一目了然而删除了标题中的事由，正文内容语言简洁，思路清晰，在说清依据的基础上，点明发布的对象和相关要求。

例文 2.3

国务院关于修改部分行政法规的决定

为了依法推进行政审批制度改革和政府职能转变，发挥好地方政府贴近基层的优势，促进和保障政府管理由事前审批更多地转为事中事后监管，进一步激发市场、社会的创造活力，根据 2013 年 7 月 13 日国务院公布的《国务院关于取消和下放 50 项行政审批项目等事项的决定》和 2013 年 11 月 8 日国务院公布的《国务院关于取消和下放一批行政审批项目的决定》，国务院对取消和下放的 125 项行政审批项目涉及的行政法规进行了清理。经过清理，国务院决定：对 16 部行政法规的部分条款予以修改。

一、将《中华人民共和国城镇土地使用税暂行条例》第七条中的“由省、自治区、直辖市税务机关审核后，报国家税务局批准”修改为“由县以上地方税务机关批准”。

二、删去《外国商会管理暂行规定》第七条。

第九条改为第七条，修改为：“成立外国商会，应当向中华人民共和国民政部（以下称登记管理机关）提出书面申请，依法办理登记。登记管理机关应当自收到本规定第八条规定的全部文件之日起 60 日内作出是否准予登记的决定，准予登记的，签发登记证书；不予登记的，书面说明理由。外国商会经核准登记并签发登记证书，即为成立。”

第十一条改为第十条，修改为：“外国商会应当于每年 1 月向登记管理机关提交上一年度的活动情况报告。

“中国国际贸易促进委员会应当为外国商会设立、开展活动和联系中国有关主管机关提供咨询和服务。”

第十二条改为第十一条，修改为："外国商会需要修改其章程，更换会长、副会长以及常务干事或者改变办公地址时，应当依照本规定第七条、第八条规定的程序办理变更登记。"

第十四条改为第十三条，并删去第一款中的"并报审查机关备案"。

三、将《中华人民共和国水生野生动物保护实施条例》第十六条修改为："外国人在中国境内进行有关水生野生动物科学考察、标本采集、拍摄电影、录像等活动的，必须经国家重点保护的水生野生动物所在地的省、自治区、直辖市人民政府渔业行政主管部门批准。"

四、将《食盐专营办法》第五条第二款修改为："食盐定点生产企业由省、自治区、直辖市人民政府盐业主管机构审批。"

第六条中的"国务院盐业主管机构"修改为"省、自治区、直辖市人民政府盐业主管机构"。

删去第十八条第一款中的"国务院盐业主管机构或者其授权的"。

五、将《广播电视管理条例》第十三条第一款修改为："广播电台、电视台变更台名、台标、节目设置范围或者节目套数的，应当经国务院广播电视行政部门批准。但是，县级、设区的市级人民政府广播电视行政部门设立的广播电台、电视台变更台标的，应当经所在地省、自治区、直辖市人民政府广播电视行政部门批准。"

第四十五条修改为："举办国际性广播电视节目交流、交易活动，应当经国务院广播电视行政部门批准，并由指定的单位承办。举办国内区域性广播电视节目交流、交易活动，应当经举办地的省、自治区、直辖市人民政府广播电视行政部门批准，并由指定的单位承办。"

六、删去《饲料和饲料添加剂管理条例》第十五条第一款；第二款改为第一款，并将其中的"申请设立其他饲料生产企业"修改为"申请设立饲料、饲料添加剂生产企业"。

删去第十六条中的"国务院农业行政主管部门核发的"。

七、将《音像制品管理条例》第二十一条第一款修改为："申请设立音像复制单位，由所在地省、自治区、直辖市人民政府出版行政主管部门审批。省、自治区、直辖市人民政府出版行政主管部门应当自受理申请之日起 20 日内作出批准或者不批准的决定，并通知申请人。批准的，发给《复制经营许可证》，由申请人持《复制经营许可证》到工商行政管理部门登记，依法领取营业执照；不批准的，应当说明理由。"

八、将《中华人民共和国文物保护法实施条例》第二十七条修改为："从事考古发掘的单位提交考古发掘报告后，经省、自治区、直辖市人民政府文物行政主管部门批准，可以保留少量出土文物作为科研标本，并应当于提交发掘报告之日起 6 个月内将其他出土文物移交给由省、自治区、直辖市人民政府文物行政主管部门指定的国有的博物馆、图书馆或者其他国有文物收藏单位收藏。"

第三十五条修改为："为制作出版物、音像制品等拍摄馆藏三级文物的，应当报设区的市级人民政府文物行政主管部门批准；拍摄馆藏一级文物和馆藏二级文物的，应当报省、自治区、直辖市人民政府文物行政主管部门批准。"

第四十条修改为："设立文物商店，应当向省、自治区、直辖市人民政府文物行政主管部门提出申请。省、自治区、直辖市人民政府文物行政主管部门应当自收到申请之日起

30个工作日内作出批准或者不批准的决定。决定批准的，发给批准文件；决定不批准的，应当书面通知当事人并说明理由。”

九、将《中华人民共和国进出口关税条例》第三十九条中的“经海关总署批准”修改为“经海关批准”。

十、删去《危险废物经营许可证管理办法》第七条第二款；第五款改为第四款，并删去其中的“第四款”。

十一、将《著作权集体管理条例》第十五条修改为：“著作权集体管理组织修改章程，应当依法经国务院民政部门核准后，由国务院著作权管理部门予以公告。”

十二、将《麻醉药品和精神药品管理条例》第二十六条第一款中的“国务院药品监督管理部门批准”修改为“企业所在地省、自治区、直辖市人民政府药品监督管理部门批准。审批情况由负责审批的药品监督管理部门在批准后5日内通报医疗机构所在地省、自治区、直辖市人民政府药品监督管理部门”。

十三、删去《大中型水利水电工程建设征地补偿和移民安置条例》第五十一条第二款。

十四、将《中华人民共和国船员条例》第十三条中的“签发相应的批准文书”修改为“出具相应的证明文件”。

第七十条修改为：“引航员的培训和任职资格依照本条例有关船员培训和任职资格的规定执行。具体办法由国务院交通主管部门制订。”

十五、删去《防治船舶污染海洋环境管理条例》第十三条第一款中的“并通过海事管理机构的专项验收”。

第二十四条第二款中的“由国家海事管理机构认定的评估机构”修改为“委托有关技术机构”。

删去第四十七条。

十六、将《危险化学品安全管理条例》第六条第五项中的“铁路主管部门负责危险化学品铁路运输的安全管理，负责危险化学品铁路运输承运人、托运人的资质审批及其运输工具的安全管理”修改为“铁路监管部门负责危险化学品铁路运输及其运输工具的安全管理”。

第五十三条第二款中的“应当经国家海事管理机构认定的机构进行评估”修改为“货物所有人或者代理人应当委托相关技术机构进行评估”。

此外，对相关行政法规的条文顺序作了相应调整。

本决定自公布之日起施行。

评析：

这是一份非常标准规范的公布令，文字简明扼要，篇幅简短，语气坚决肯定地传达了领导机关的决定，同时明确表明了施行日期。在公布令正文之后，必须附上所颁布的法制文书，公布令的附件应随令文同时公布。

2. 行政令

行政令的正文一般先写发令缘由，后列具体内容、实施的起始时间和范围，最后写明对违令者的处罚。正文中的具体法令事项，要写得既明确简练、又清楚周密。

例文评析

例文 2.4

四川省气象局启动暴雨Ⅳ级应急响应的命令（2014—3）

省气象台7月19日16时发布暴雨黄色预警：7月19日20时到20日20时，盆地大部有雷雨或阵雨，广元、绵阳、德阳、成都、雅安、眉山、乐山7市和宜宾西部、阿坝州漩映地区的部分地方有暴雨，局部地方雨量可达100毫米以上。

为应对本次强降水天气过程，四川省气象局命令：省气象局气象服务领导小组成员单位从7月19日17时起进入暴雨Ⅳ级应急响应工作状态；广元、绵阳、德阳、成都、雅安、眉山、乐山、宜宾市和阿坝州气象局根据各地情况研判确定进入应急响应的时间及级别。

上述单位严格按照应急响应工作要求，加强值守班及监测、预报、预警、服务、信息报送等相关工作。

特此命令。

命令人：马力

2014年7月19日17时00分

评析：

这篇行政令开头写明了原因及目的，对实施的时间和范围也都进行表述，具体的工作也简明扼要地表达清楚了。但该命题的生效标志格式不规范，无须标注“命令人”，应采用“职务＋姓名”的方法标注。与此同时，该命令并未涉及奖惩等必要说明，值得商榷。

3. 任免令

任免令的正文写明任免依据、任免的机关（会议）名称、任免人员的姓名和任免职务以及就职日期。

例文评析

例文 2.5

中华人民共和国国务院令

第678号

依照《中华人民共和国香港特别行政区基本法》的有关规定，根据香港特别行政区行政长官选举委员会选举产生的人选，任命林郑月娥为中华人民共和国香港特别行政区第五任行政长官，于 2017 年 7 月 1 日就职。

总理　李克强

2017 年 3 月 31 日

评析：

这是一份标准的任免令，写明了任免的会议、任免人员名字以及任免的具体职务、就职日期。

4. 嘉奖令

嘉奖令的正文写明嘉奖对象的主要事迹、对事迹的分析评价以及予以嘉奖的具体决定，并针对性地提出要求或发出号召。

例文评析

例文 2.6

公安部关于给重庆市公安局记集体一等功的命令

第××号

2012 年 8 月 14 日 6 时 50 分，重庆市公安局经多日连续奋战，成功击毙苏湘渝系列持枪抢劫杀人案犯罪嫌疑人周克华，缴获手枪 2 支、弹夹 3 个，圆满完成了苏湘渝系列持枪抢劫杀人案侦破任务。

重庆市公安局高度重视案件的侦破工作，在公安部和重庆市委、市政府的统一领导指挥下，精心组织、周密部署，全警动员、全力投入。各级参战公安机关领导身先士卒、率先垂范，亲临一线、靠前指挥；全体参战民警团结协作、密切配合，顽强拼搏、连续作战，经缜密侦查，迅速查明了犯罪嫌疑人的活动轨迹和藏身区域，并与驻渝武警官兵通力合作，严密布控、全力围捕，最终成功将犯罪嫌疑人击毙，及时消除了一个重大社会治安隐患，为维护社会稳定、保卫人民群众生命财产安全作出了突出贡献。公安部决定通令嘉奖圆满完成苏湘渝系列持枪抢劫杀人案侦破任务的重庆市公安局全体参战单位和民警，给重庆市公安局记集体一等功。希望重庆市公安局认真总结经验，发扬成绩，再接再厉，进一步提高工作能力和水平，努力为维护社会稳定，服务经济社会发展作出新的更大的贡献。

公安部部长：孟建柱

2012 年 8 月 14 日

评析：

这是一篇非常规范的嘉奖令，被嘉奖对象的事迹简介清晰明了，加深了对制发此嘉奖令必要性的理解，提高向被嘉奖对象学习的积极性和主动性，同时为下文分析、表彰、号召学习打下基础。嘉奖具体内容表述准确简练，达到了嘉奖令的核心目的。

三、命令（令）的写作要求

命令（令）作为行政管理活动中最具有强制特征的指挥性下行公文，最集中、最充分地体现了发令机关的权威性，写作中必须达到以下四个方面的要求。

（1）撰写态度必须严肃谨慎。

（2）事项要求必须阐明准确。

（3）不必阐述更多道理和事项意义。

（4）结构齐全，文字简洁规范，恰当选用训诫性词语，增强文件的力度和权威性。

第三节　决　　定

学习目标

1. 掌握决定的内涵、特点、类型等基本常识；
2. 掌握决定的结构与写法；
3. 鉴赏例文，练习写作。

知识链接

一、决定的概念与种类

（一）决定的适用及概念

《条例》规定，决定适用于对重要事项做出决策和部署、奖惩有关单位和人员、变更或者撤销下级机关不适当的决定事项。

决定是党政机关对重要事项或重大行动做出具有规定性、强制性和指挥性、指导性安排的公文，该公文的权威性、强制性、规范性很强，一般来说，只有事关全局、政策性强、任务艰巨、执行时间较长的重要工作，才适合使用决定行文。企事业单位、社会团体要慎重使用决定，只有涉及本机关工作中的重要、重大事项时才适宜选用决定。

（二）决定的种类

根据《条例》对决定适用范围的规定，可以将决定分为以下几种。

（1）部署类决定：用以对重要事项做出决策和部署的决定，如《国务院关于进一步加强产品质量工作若干问题的决定》。

（2）奖惩类决定：用以奖惩有关单位和人员的决定，如《国务院关于大兴安岭特大森林火灾事故的处理决定》。

（3）变更类决定：用以变更或者撤销下级机关不适当的决定事项的决定，如《国务院撤销××省人民政府关于××县人民政府撤县设市的决定》。

（4）知照类决定：用以公布具有特殊意义的重要事项的决定，如《国务院关于修改〈××条例〉的决定》。

（三）决定的特点

决定具有如下几个特点。

（1）权威性。受文机关与人员必须坚决遵照执行决定的安排和决策。

（2）指挥性。决定涉及的问题意义重大、影响深远，具有明确的指挥目的。

（3）时效性。重大事项一经决定，往往带有战略意义，不能朝令夕改，要保持其时效性。

（4）限制性。决定的使用权限有一定的限制，只有涉及重大事项时才可选择使用。

（四）决定与决议的区别

决定和决议是两个近似的文种，其中决议原来只是在党的机关公文中使用，行政机关并不使用，而现在这两种文体在党政机关公文中并存，因而必须分清它们之间的区别。

《条例》对决议和决定的表述分别是：决议适用于会议讨论通过的重大决策事项；决定适用于对重要事项做出决策和部署、奖惩有关单位和人员、变更或者撤销下级机关不适当的决定事项。它们有以下三处不同。

一是形成方式不同。决议的形成须经会议讨论通过，而决定的形成虽然有时也要经过会议讨论通过，但并没有规定必须要经会议讨论通过。

二是内容表达不同。决议的内容涉及重大决策事项，所以在表达上原则性、理论性较强；而决定则较多用来布置工作、提出要求，涉及的内容在表达上具体性、实践性更强一些。

三是适用范围不同。决定的适用范围更为广泛。

二、决定的结构与写作

决定的主体结构包括标题、主送机关、正文、发文机关署名、成文日期等要素。

（一）标题的写作

决定的标题原则上应当由制发机关、发文事由和文种名称（决定）三个部分组成。如：

（1）××市人民政府关于表彰重大科技创新项目的决定。

（2）××师范大学关于表彰百名优秀新生的决定。

（3）××集团公司关于设立××销售分公司的决定。

（4）国务院关于××煤矿“3·24”重大安全事故的处理决定。

（5）××省人民政府关于撤销××市人民政府设立××新区的决定。

决定一般都需正式发文，必须符合《党政机关公文格式》的要求，在版头部分设置“发文机关标志”，因而在决定的文件正本上，其标题可以省略制发机关。

（二）正文的写作

1. 部署类决定

规范的部署类决定的正文内容主要包括缘由、目的、过渡句、事项、要求等要素。有些决定还包括“说明”，主要用以说明该决定的生效时间或适用范围，可写成“本决定自即日起生效”“本决定自××××年××月××日起生效”或者“本决定适用于市属各事业单位”等。

（1）缘由：根据什么情况或政策、法规、文件、精神，由谁或经什么会议通过而做出此项决定。

（2）目的：做出此项决定的目的、动机或意义。

（3）过渡句：如“特作如下决定：”或“特作如下部署：”“特作如下安排：”等。

（4）事项：分条列项地将所决定的相关事项予以陈述或说明。

（5）要求：既可提出相应的希望，亦可提出具体的要求。

例文评析

例文 2.7

国务院关于加快发展民族教育的决定

国发〔2015〕46 号

各省、自治区、直辖市人民政府，国务院各部委、各直属机构：

党和国家历来高度重视民族教育工作。经过各地和有关部门的共同努力，民族教育事业快速发展，取得了显著成绩，教育规模不断扩大，办学条件明显改善，教师队伍素质稳步提升，学校民族团结教育广泛开展，双语教育积极稳步推进，教育教学质量不断提高，培养了一大批少数民族人才，为加快民族地区经济社会发展、维护祖国统一、促进民族团结作出了重要贡献。由于历史、自然等原因，民族教育发展仍面临一些特殊困难和突出问题，整体发展水平与全国平均水平相比差距仍然较大。为了加快推进少数民族和民族地区教育发展，实现国家长治久安和中华民族繁荣昌盛，现就加快发展民族教育作出以下决定。

一、准确把握新时期民族教育的指导思想、基本原则和发展目标

（一）指导思想。（略）

（二）基本原则。（略）

（三）发展目标。（略）

二、打牢各族师生中华民族共同体思想基础

（四）积极培育和践行社会主义核心价值观。（略）

（五）建立民族团结教育常态化机制。（略）
（六）促进各族学生交往交流交融。（略）
（七）促进各民族文化交融创新。（略）
三、全面提升各级各类教育办学水平
（八）加快普及学前教育。（略）
（九）均衡发展义务教育。（略）
（十）提高普通高中教学质量。（略）
（十一）加快发展中等职业教育。（略）
（十二）优化高等教育布局和结构。（略）
（十三）积极发展继续教育。（略）
（十四）重视支持特殊教育。（略）
四、切实提高少数民族人才培养质量
（十五）有序扩大人才培养规模。（略）
（十六）改革考试招生制度。（略）
（十七）强化内地民族班教育管理服务。（略）
（十八）加强普通高校、职业院校毕业生就业创业指导。（略）
五、重点加强民族教育薄弱环节建设
（十九）加强寄宿制学校建设。（略）
（二十）支持边疆民族地区教育发展。（略）
（二十一）科学稳妥推行双语教育。（略）
六、建立完善教师队伍建设长效机制
（二十二）健全教师培养制度。（略）
（二十三）完善教师培训机制。（略）
（二十四）落实教师激励政策。（略）
七、落实民族教育发展的条件保障
（二十五）完善经费投入机制。（略）
（二十六）加大学生资助力度。（略）
（二十七）加快推进教育信息化。（略）
八、切实加强对民族教育的组织领导
（二十八）加强党对民族教育工作的领导。（略）
（二十九）全面落实政府职责。（略）
（三十）充分发挥对口支援作用。（略）
（三十一）切实加强民族教育科学研究。（略）
（三十二）认真落实各项政策措施。（略）

国务院
2015年8月11日

评析：

这是一份十分规范的部署类决定，内容丰富、语言精练。开头一段用一句话概括了发展民族教育的缘由，紧接着宣示发展民族教育的重大意义，使人对这一决定的重要精神进行了解。在文中，缘由、目的、过渡句、事项、要求等要素一应俱全、明确到位。全文围绕发展民族教育这个核心分了八个大点，三十二个小点，大点与大点之间、小点与小点之间、大点与小点之间，都存在十分密切的联系。如最后一大点“切实加强对民族教育的组织领导”，是要在前七大点的基础上才能得以施行，其下以“组织”二字为中心，分别阐述了党的领导、政府职责、对口支援机制等，从各个方面实现对民族教育的组织领导。

这份决定主旨鲜明，语言严谨、精练，运用了层次分明的条文式结构，条理清晰、逻辑严明，是一份优秀的公文。

2. 奖惩类决定

奖惩类决定的正文内容主要包括缘由、目的、过渡句、事项、要求等要素。

（1）缘由：情况交代，如奖惩对象的姓名、身份等基本情况，需奖惩的事实概述，对奖惩对象或相关事实的原因、性质、责任、后果的分析。

（2）目的：做出此项决定的目的、动机或意义。

（3）过渡句：如“特作如下决定：”。

（4）事项：分条列项地将所决定的奖惩事项予以陈述或说明。

（5）要求：既可提出相应的希望，亦可发出明确的号召，还可指出应当吸取的教训。

例文评析

例文 2.8

国务院关于 2017 年度国家科学技术奖励的决定

国发〔2018〕2 号

各省、自治区、直辖市人民政府，国务院各部委、各直属机构：

为全面贯彻党的十九大精神，深入贯彻落实习近平新时代中国特色社会主义思想，坚定实施科教兴国战略、人才强国战略和创新驱动发展战略，国务院决定，对为我国科学技术进步、经济社会发展、国防现代化建设作出突出贡献的科学技术人员和组织给予奖励。

根据《国家科学技术奖励条例》的规定，经国家科学技术奖励评审委员会评审、国家科学技术奖励委员会审定和科技部审核，国务院批准并报请国家主席习近平签署，授予王泽山院士、侯云德院士国家最高科学技术奖；国务院批准，授予“水稻高产优质性状形成的分子机理及品种设计”等 2 项成果国家自然科学奖一等奖，授予“华北克拉通破坏”等 33 项成果国家自然科学奖二等奖，授予“燃煤机组超低排放关键技术研发及应用”等 4 项成果国家技术发明奖一等奖，授予“水稻精量穴直播技术与机具”等 62 项成果国家技术发明奖二等奖，授予“特高压±800kV 直流输电工程”等 3 项成果国家科学技术进步奖特等奖，授予“涪陵大型海相页岩气田高效勘探开发”等 21 项成果国家科学技术进步奖一等奖，授予“多抗广适高产稳产小麦新品种山农20及其选育技术”等146项成果国家科学技术进步奖二等奖，授予厄尔·沃德·普拉默教授等7名外国专家中华人民共和国国际科学技术合作奖。

全国科学技术工作者要向王泽山院士、侯云德院士及全体获奖者学习，不忘初心、牢记使命，继续发扬求真务实、勇于创新的科学精神和服务国家、造福人民的优良传统，主动担当起建设世界科技强国的历史重任，深入实施创新驱动发展战略，坚定不移走中国特色自主创新道路，加快建设创新型国家，为决胜全面建成小康社会、夺取新时代中国特色社会主义伟大胜利、实现“两个一百年”奋斗目标和中华民族伟大复兴的中国梦作出新的更大贡献。

国务院

2018年1月1日

评析：

这是一篇表彰性决定，缘由、目的、过渡句、事项、要求一应俱全。开头先说明表彰的缘由和目的，并简要介绍了表彰的对象，然后说明表彰的具体内容和对象，最后发出号召，希望全国科学技术工作者都能向全体获奖者学习。层次清晰，结构严谨周密，语言简明扼要。

例文 2.9

中共中央 国务院关于表彰改革开放杰出贡献人员的决定

（2018年12月18日）

今年是我国改革开放40周年。1978年12月，党的十一届三中全会作出把党和国家工作中心转移到经济建设上来、实行改革开放的历史性决策，动员全党全国各族人民为社会主义现代化建设进行新的长征。这是新中国成立以来我们党和国家历史上具有深远意义的伟大转折，是决定当代中国命运的关键抉择。40年来，我们党团结带领人民，艰苦奋斗、顽强拼搏，坚决破除阻碍国家和民族发展的思想束缚和体制障碍，开辟了中国道路，释放了中国活力，凝聚了中国力量，实现了从赶上时代到引领时代的伟大跨越，书写了国家和民族发展的壮丽史诗，党的面貌、国家的面貌、人民的面貌、军队的面貌、中华民族的面貌发生了前所未有的变化。我国改革开放的伟大创举，也深刻影响了世界，为世界各国带来巨大机遇。党的十八大以来，以习近平同志为核心的党中央以巨大的政治勇气和强烈的责任担当，全面深化改革，扩大对外开放，党和国家事业取得历史性成就、发生历史性变革，推动中国特色社会主义进入新时代，掀开了改革开放新的历史篇章，中华民族正以更加崭新的姿态屹立于世界东方。

人民是改革开放伟大奇迹的创造者，是推动改革开放的力量源泉。改革开放在认识和实践上的每一次突破和深化、改革开放中每一个新生事物的产生和发展、每一个经验的取得和积累，都来自亿万人民的实践和创造。40年波澜壮阔的改革开放伟大进程，涌现出一大批勇立时代潮头、锐意改革创新、敢于实践探索的先锋模范。在隆重庆祝改革开放40周年之际，为表彰先进、鼓舞斗志，弘扬敢闯敢试、敢为人先的改革精神，激励全党全国各族人民坚定不移听党话、跟党走，将改革开放进行到底，党中央、国务院决定，授予于敏等100名同志改革先锋称号，颁授改革先锋奖章；同时，为感谢国际社会对中国改革开放事业的支持和帮助，向阿兰·梅里埃等10名国际友人颁授中国改革友谊奖章。

这次受到表彰的改革先锋，为推动改革开放作出了杰出贡献，发挥了突出的示范引领作用，是人民群众的优秀代表。他们拥护中国共产党领导和我国社会主义制度，拥护改革开放，坚持正确改革方向；他们冲破思想观念的束缚，突破利益固化的藩篱，敢于啃硬骨头，敢于涉险滩，奋斗在改革开放一线，引领思想观念和体制机制变革，推动改革开放和社会主义现代化建设；他们带头践行社会主义核心价值观，大力弘扬以爱国主义为核心的民族精神和以改革创新为核心的时代精神，爱岗敬业，无私奉献，作风优良，赢得人民群众广泛赞誉。受到表彰的国际友人，是中国人民的老朋友。他们长期致力于促进中外交流合作，深度参与中国改革开放进程，为支持中国改革开放事业作出了杰出贡献。

当前，中国特色社会主义进入新时代，开启了实现中华民族伟大复兴新征程。伟大时代呼唤伟大精神，崇高事业需要先锋引领。党中央、国务院号召，全党全国各族人民要以习近平新时代中国特色社会主义思想为指导，以这次受到表彰的先进个人为榜样，增强“四个意识”，坚定“四个自信”，坚决做到“两个维护”，不忘改革开放初心，继续高举改革开放旗帜，坚定改革开放再出发信心和决心，更加紧密地团结在以习近平同志为核心的党中央周围，汇聚推进改革开放的磅礴力量，在新时代新起点上把改革开放不断推向深入，为决胜全面建成小康社会、夺取新时代中国特色社会主义伟大胜利、实现中华民族伟大复兴的中国梦、实现人民对美好生活的向往，为维护世界和平、促进共同发展、推动构建人类命运共同体不懈奋斗！

附件：1. 改革先锋名单

　　　2. 中国改革友谊奖章获得者名单

附件1：改革先锋名单（略）

附件2：中国改革友谊奖章获得者名单（略）

评析：

该表彰性决定的写作非常规范。决定从表彰背景入手，概述表彰缘由并评价被表彰者的贡献，在此基础上点出表彰决定，即颁授改革先锋奖章或颁授中国改革友谊奖章。最后号召全国各族人民以受表彰的先进个人为榜样，为民族复兴而奋斗努力。该文写作思路清晰、语言清晰规范，是一篇高质量的决定。

3. 变更类决定

变更类决定的正文内容主要包括缘由、过渡句、事项、要求等要素。

（1）缘由：情况交代，如哪个下级机关在什么情况下做出了什么决定，该决定有何不妥之处，如果不予变更或撤销将会产生什么严重后果等。

（2）过渡句：如“特作如下决定：”或“现决定：”等。

（3）事项：分条列项地陈述或说明需要变更的具体内容、需要撤销的具体内容，或者撤销整个不适当的决定。

（4）要求：即可以提出希望按变更后的内容贯彻执行，亦可以告诫下级机关以后应当慎重决定。

例文评析

例文 2.10

××市人民政府
关于撤销××县兴建娱乐服务场所决定的决定

××县人民政府：

经查，你县《关于兴建娱乐服务场所的决定》（××发〔20××〕××号）称，将于年底动工兴建一座娱乐服务场所。但根据20××年××月××日由公安部、监察部、文化部、国家工商总局联合发布的《关于严禁审批兴建娱乐服务场所立项的意见》（××发〔20××〕××号）（以下简称《意见》）的有关规定，自该《意见》发布之日起，各地一律不再审批新的娱乐服务场所的立项。为此，现决定撤销你县的上述决定，你县须立即停止兴建新的娱乐服务场所。

××市人民政府
××年××月××日

评析：

该例文是一份变更类决定，其正文内容“头重脚轻”！缘由部分较为到位，只是缺了“将会产生什么严重后果”；但事项部分的表述过于简单，而且无要求部分，没有告诫下级机关以后应当慎重决定，无法起到“以儆效尤”的作用。

4. 知照类决定

规范的知照类决定一般采用篇段合一的结构形式，内容比较单一，文字简短，一气呵成。

例文评析

例文 2.11

国务院关于取消一批行政许可等事项的决定

国发〔2018〕28 号

各省、自治区、直辖市人民政府，国务院各部委、各直属机构：

经研究论证，国务院决定取消 11 项行政许可等事项，现予公布。另有 6 项依据有关法律设定的行政许可事项，国务院将依照法定程序提请全国人民代表大会常务委员会修订相关法律规定。对取消的行政许可等事项，相关部门要制定完善事中事后监管细则，自本决定发布之日起 20 个工作日内按规定向社会公布，并加强宣传解读、确保落实到位。

附件：国务院决定取消的行政许可等事项目录（共计 11 项）

国务院

2018 年 7 月 28 日

（此件公开发布）

附件

国务院决定取消的行政许可等事项目录
（共计 11 项）

序号	项目名称	审批部门	设定依据	加强事中事后监管措施
1	企业集团核准登记	市场监管总局，省级工商行政管理部门	《中华人民共和国企业法人登记管理条例》	取消审批后，市场监管总局通过以下措施加强事中事后监管：1. 尽快修订有关法规规定，明确在名称中使用“集团”字样的标准和要求。2. 强化企业母公司（集团公司）的信息公示，接受社会监督。
2	台港澳人员在内地就业许可	设区的市级人力资源社会保障部门	《国务院对确需保留的行政审批项目设定行政许可的决定》（国务院令第 412 号） 《国务院关于第六批取消和调整行政审批项目的决定》（国发〔2012〕52 号）	取消审批后，人力资源社会保障部通过以下措施加强事中事后监管：在台港澳人员就业服务、社会保障、失业登记、劳动权益保护等方面，尽快出台配套政策措施，并指导督促地方人力资源社会保障部门抓好落实。
3	略	略	略	略
4	略	略	略	略
5	略	略	略	略

续表

序号	项目名称	审批部门	设定依据	加强事中事后监管措施
6	略	略	略	略
7	略	略	略	略
8	略	略	略	略
9	略	略	略	略
10	略	略	略	略
11	略	略	略	略

评析：

本决定符合知照类决定的写作要求，思路清晰，表述规范，语言简洁，可作为知照类决定的范本。

三、决定的写作要求

决定是一种非常普遍的下行公文，对下级机关和单位的工作具有十分重要的领导指导作用。因而，在决定的写作中，必须达到以下五个方面的要求。

（1）结构要齐全。决定的主体结构应当齐全地包括标题、主送机关、正文、发文机关署名、成文日期等要素。

（2）内容要严谨。决定的正文内容应当严谨地列明依据、承启句、事项、要求等要素。

（3）事项要具体。决定所列事项中，无论是做出的决策还是进行的部署，都应当具体详实、切实可行。

（4）态度要鲜明。决定在奖惩有关单位和人员、变更或撤销下级机关不适当的决定时，态度必须鲜明，绝不能含糊其词、模棱两可。

（5）语言要简明。决定的表达方式基本以说明、叙述为主，无须进行长篇大段的论述，语言要简洁，含义要明了。

第四节　决　　议

学习目标

1. 掌握决议的内涵、特点、类型等基本常识；
2. 掌握决议的结构与写法；
3. 鉴赏例文，练习写作。

知识链接

一、决议的概念与种类

（一）决议的适用与概念

《条例》规定：决议适用于会议讨论通过的重大决策事项。

在 2012 年 4 月 16 日《条例》颁布以前，该文种是党的机关特有的文种。鉴于决议是典型的会议文种，是反映会议成果的最好形式之一，《条例》将决议拓展为党政机关的法定文种。

（二）决议的种类

根据《条例》对决议适用范围的规定，可以将决议分为以下几种。

（1）批准类决议：是指经会议通过的议案和文件，如《第十一届全国人民代表大会第一次会议关于政府工作报告的决议》。

（2）政策类决议：是指确定大政方针、公布国家政策的文件，如《关于建国以来党的若干历史问题的决议》。

（3）阐释类决议：是指对某些问题进行分析讨论并提出基本观点的重要文献，具有较大部分的理论阐述。

（4）号召类决议：是指用于宣布某种法律法规，向人们提出号召，并要求人们贯彻执行的决议。

（三）决议的特点

决议具有如下几个特点。

（1）针对性。决议的内容一般是针对某一重大事项或重要工作。

（2）权威性。决议只有经会议讨论通过并由领导机关发布才能生效，一经发布，就要予以贯彻，坚决执行，不得抵制、违背。

（3）指导性。决议表述的观点、提出的要求和做出的评价都具有指导意义，对历史问题做出的决议应成为党和国家工作的指导思想。

（4）普遍性。决议的内容适用于一切个人、组织、团体，任何人都要对决议坚决遵行。

二、决议的结构与写作

决议的整体结构由标题、题注、正文、落款四个要素组成。

（一）标题的写作

1. 完整式标题

决议的标题原则上应当由发文机关、事由和文种三个部分构成，如《国务院关于公布汉语拼音方案草案的决议》。

由于决议一般是经会议讨论通过后发布，因此决议也可由会议名称、事由和文种组成，如《中国共产党第十六次全国代表大会关于十五届中央委员会报告的决议》。

2. 省略式标题

省略式标题往往是因为发文机关的特殊性而省略发文机关，如《关于建国以来党的若干历史问题的决议》；也可能是因为决议是例行决议，因此而省略事由，如《联合国第1236号决议》。

（二）题注的写作

题注是指居于标题之下居中位置的部分，需加括号标注。会议文件经常将发文机关、发文时间标注在标题下文。如果标题中不包括会议名称，则括号内需注明会议名称及通过日期，如"××会议××××年××月××日通过"；如果标题中有会议名称，则只需注明通过日期，即"××××年××月××日通过"。

（三）正文的写作

1. 批准类决议

批准类决议的正文内容主要包括缘由、过渡句、事项、结尾等要素。

（1）缘由：写明会议的名称、依据，写明会议的指导思想，批准了什么、确立了什么以及会议的意义是什么。

（2）过渡句：过渡句一般位于正文第二段的首句，用"大会审议并一致通过……""大会认为……""大会批准……""大会同意……"之类的句式来表述。

（3）事项：首先要将批准通过的事项做简要的叙述，然后强调会议对这一事项的评价及其重要意义。

（4）结尾：结尾需提出希望或发出号召，如"大会号召，全党全国各族人民要……"。

例文评析

例文 2.12

中国共产党第十九次全国代表大会关于十八届中央纪律检查委员会工作报告的决议

（2017年10月24日中国共产党第十九次全国代表大会通过）

中国共产党第十九次全国代表大会审查、批准十八届中央纪律检查委员会工作报告。大会充分肯定了十八届中央纪律检查委员会的工作。

大会认为，党的十八大以来，在以习近平同志为核心的党中央坚强领导下，中央纪律检查委员会和各级纪律检查委员会牢固树立政治意识、大局意识、核心意识、看齐意识，坚定中国特色社会主义道路自信、理论自信、制度自信、文化自信，自觉同党中央保持高度一致，尊崇党章，忠实履职，推动全面从严治党不断向纵深发展，反腐败斗争形成压倒性态势并巩固发展，坚定维护了党中央权威和集中统一领导，厚植党执政的政治基础，建设一支忠诚干净担当的纪检监察队伍，向党和人民交上了优异答卷。

大会要求，高举中国特色社会主义伟大旗帜，以马克思列宁主义、毛泽东思想、邓小平理论、“三个代表”重要思想、科学发展观、习近平新时代中国特色社会主义思想为指导，全面落实党的十九大作出的战略部署，统筹推进“五位一体”总体布局和协调推进“四个全面”战略布局，增强“四个意识”，坚定“四个自信”，不忘初心、牢记使命，紧紧围绕党的领导、党的建设、全面从严治党、党风廉政建设和反腐败斗争，推动党内政治生态实现根本好转，履行党章赋予的监督执纪问责职责，为决胜全面建成小康社会、夺取新时代中国特色社会主义伟大胜利提供坚强保证，为实现中华民族伟大复兴的中国梦不懈奋斗。

评析：

该例文是一篇十分规范的批准类决议，由标题、题注和正文三部分组成，标题和题注都写明了会议名称。在文中，缘由、过渡句、事项、结尾等要素一应俱全，该决议的缘由十分精练简洁，由两句话概括，使人一目了然，决议是对提请中国共产党第十九次全国人民代表大会审批十八届中央纪律检查委员会工作报告做出批准决定。在事项中，清晰地表明了态度，并强调了十八届中央纪律检查委员会工作的重大意义。最后，在结尾处提出了号召与要求。该决议层次清晰、结构严明、语言简洁，堪称批准类决议的范文。

2. 政策类决议

政策类决议的正文一般包括前言、过渡句、事项、结尾等要素。

（1）前言：写明决议的依据，如做出决议的原因、目的或背景，要求开门见山。

（2）过渡句：如“特作决议如下”或“并作出如下决议”。

（3）事项：写明会议通过的决议内容，对有关文件或事项的部署、安排、措施等，具体写法有篇段合一、分条列述、分列小标题等形式。

（4）结尾：写明对决议事项的评价，强调其基本精神，写清号召、希望以及执行要求。

例文评析

例文 2.13

福建省人民代表大会常务委员会关于开展第七个五年法治宣传教育的决议

（2016 年 7 月 29 日福建省第十二届人民代表大会常务委员会第二十四次会议通过）

2011 年至 2015 年，我省法制宣传教育第六个五年规划顺利实施，法治宣传教育在服务我省经济社会发展、维护社会和谐稳定、推进依法治省中发挥了重要作用。为深入学习宣传习近平总书记关于全面依法治国的重要论述，全面推进依法治省，服务保障我省“十三五”经济社会发展规划顺利实施，推动治理体系和治理能力现代化建设，从 2016 年至 2020 年在全省公民中开展第七个五年法治宣传教育，十分必要。通过开展第七个五年法治宣传教育，使全社会法治观念明显增强，法治思维和依法办事能力明显提高，形成崇尚法治的社会氛围。特作决议如下：

一、突出学习宣传宪法。坚持把学习宣传宪法摆在首要位置，在全社会普遍开展宪法宣传教育，重点学习宣传宪法确立的我国的国体、政体、基本政治制度、基本经济制度、公民的基本权利和义务等内容，弘扬宪法精神，树立宪法权威。组织开展“12 · 4”国家宪法日集中宣传活动，将每年 12 月 4 日所在周确定为全省宪法宣传周。教育引导一切组织和个人以宪法为根本活动准则，增强宪法观念，坚决维护宪法尊严。落实宪法宣誓制度，各级人民代表大会及县级以上各级人民代表大会常务委员会选举或者决定任命的国家工作人员，以及各级人民政府、人民法院、人民检察院任命的国家工作人员，在就职时应当公开进行宪法宣誓，在宪法宣誓前应当组织国家工作人员专题学习宪法。

二、广泛宣传中国特色社会主义法律体系。深入学习宣传宪法相关法、民法商法、行政法、经济法、社会法、刑法、诉讼与非诉讼程序法等法律法规。深入学习宣传保障公民基本权利的法律法规，推动全社会树立尊重和保障人权意识，促进公民权利保障法治化。深入学习宣传诉讼、行政复议、仲裁、调解、信访等方面的法律法规，引导群众依法表达诉求、维护权利，促进社会和谐稳定。

三、推动全省公民学法守法用法。一切有接受教育能力的公民都要接受法治宣传教育。坚持把全民普法和守法作为依法治国的长期基础性工作。大力宣传宪法法律至上、法律面前人人平等、权由法定、权依法使等基本法治理念，破除“法不责众”“人情大于国法”等错误认识，引导全民自觉守法、遇事找法、解决问题靠法，增强全社会厉行法治的积极性、主动性和自觉性。

四、坚持国家工作人员带头学法守法用法。坚持把各级领导干部带头学法、模范守法、严格执法作为全社会树立法治意识的关键。充分认识依法行政、公正司法是法治宣传教育的最好实践。健全落实国家工作人员学法用法制度，把法治教育纳入干部教育培训总体规划。健全重大决策合法性审查机制，推行政府法律顾问和公职律师制度，落实领导干部述法制度。坚持把尊法学法守法用法情况作为考核领导干部的重要内容。加强对领导干部任职前法律知识考试和依法行政能力测试，将考试和测试结果作为领导干部任职的重要参考。

五、扎实推进青少年法治教育。坚持法治教育从青少年抓起，强化学校、家庭、社会“三位一体”的青少年法治教育格局。积极推动法治教育纳入国民教育体系，组织实施青少年法治教育大纲，在中小学开设国家统一设置的《道德与法治》课程，确保在校学生都能得到基本法治知识教育。适时在升学考试中渗透法治知识内容，使青少年从小树立法治意识和公民意识。加强青少年法治教育实践基地建设，加强对高等院校学生的法治教育，增强其法治观念和参与法治实践的能力。

六、加强社会主义法治文化建设。把法治文化建设纳入现代公共文化服务体系，繁荣法治文化作品创作推广，大力弘扬社会主义核心价值观，弘扬中华优秀传统文化，发挥法治宣传教育在解决道德领域突出问题中的作用。广泛开展群众性法治文化活动，加强法治文化阵地建设，实施法治文化精品工程。加强社会诚信建设，健全公民和组织守法信用记录，完善守法诚信褒奖机制和违法失信惩戒机制，使尊法守法成为全省公民的共同追求和自觉行动。

七、推进多层次多领域依法治理。持续深化法治城市、法治县（市、区）和民主法治村（社区）创建活动，提高社会治理法治化水平。大力推动基层组织和部门、行业依法治理，规范完善市民公约、村规民约、行业规章、团体章程，推动形成多层次、多样化的社会治理规则体系。推动“一村（社区）一法律顾问”全覆盖，合理有序引导社会公众参与立法、执法、司法活动，增强全社会法治共识。

八、推进法治宣传教育创新发展。遵循现代传播规律，推进法治宣传教育工作理念、方式方法、载体阵地和体制机制等创新，提高法治宣传教育的针对性和实效性，大力推进“互联网＋法治宣传”行动，研发优质普法产品，打造普法网站、微博、微信、移动客户端等多级联动的新媒体普法矩阵。加强法治宣传教育志愿者队伍建设，培育普法志愿者优秀团队。深化法律进机关、进乡村、进社区、进学校、进企业、进单位等活动。

九、健全普法责任制。要将法治宣传教育纳入当地经济社会发展规划，纳入综合绩效考核、综治考核、精神文明创建和法治建设考核内容，强化督促检查。按照“谁主管谁负责”的原则，认真履行普法责任。严格落实国家机关“谁执法谁普法”工作责任制，建立普法责任清单制度。健全完善法官、检察官、行政执法人员、律师等以案释法制度，充分运用典型案例，结合社会热点，开展生动直观的法治宣传教育。强化媒体公益普法责任，广播电视、报纸期刊、互联网和手机媒体要在重要频道、重要版面、重要时段开展公益普法。

十、加强组织实施和监督检查。各级人民政府要积极开展第七个五年法治宣传教育工作，强化工作保障，做好中期检查和终期评估，并向本级人民代表大会常务委员会报告。各级人民代表大会及其常务委员会要充分运用执法检查、听取和审议工作报告以及代表视察、专题调研、办理代表议案建议等形式，加强对法治宣传教育工作的监督检查，保证本决议得到贯彻落实。

评析：

该例文是一篇政策类决议，全文分前言、主体、结尾三个部分。前言部分写明了开展第七个五年法制宣传教育的依据，包括现实背景、开展宣传教育的目的以及往年宣传教育所取得的成果。主体部分采用了分条列述的形式，从十个方面来阐述开展法制宣传教育的事项，条理清晰、表述明确。但是，该决议缺少了结尾，没有对基本精神的强调，也没有提出执行的要求，更没有提出希望与号召。但是，瑕不掩瑜，该例文层次鲜明、写法得当、要求明确，不妨碍它成为政策类决议的范文。

3. 阐释类决议

阐释类决议的正文主要包括缘由、事项和结尾三个部分。

（1）缘由：写明会议名称、时间、地点、与会人员、决议依据等，以及在会议上听取了什么、讨论了什么。

（2）事项：写出决议的内容，要强调意义，阐述要具体清晰，多采用夹叙夹议的写法。

（3）结尾：一般是提出号召和希望。

例文评析

例文 2.14

中国共产党江苏省第十三届纪律检查委员会第三次全体会议决议

（2018 年 1 月 23 日通过）

中国共产党江苏省第十三届纪律检查委员会第三次全体会议，于 2018 年 1 月 23 日在南京召开。出席会议的省纪委委员 53 人，列席会议 343 人。省纪委常委会主持会议。

全会认真学习贯彻习近平总书记在十九届中央纪委第二次全体会议上的重要讲话和赵乐际同志代表中央纪委常委会所作的《以习近平新时代中国特色社会主义思想为指导，坚定不移落实党的十九大全面从严治党战略部署》工作报告。全会一致认为，习近平总书记的重要讲话，深刻阐述了党的十九大关于全面从严治党的战略部署，进一步总结了党的十八大以来全面从严治党的重要经验，明确了当前和今后一个时期全面从严治党的总体要求和主要任务，为新时代推进全面从严治党指明了方向。赵乐际同志所作的工作报告，全面贯彻党的十九大精神，对 2018 年纪检监察重点工作进行部署，是我们开展工作的重要遵循。全省各级党组织和广大党员干部一定要认真学习领会，坚决贯彻落实。

省委书记娄勤俭同志在全会上作了讲话，要求深入学习贯彻习近平总书记在中央纪委二次全会上的重要讲话精神和对江苏工作重要指示精神，切实增强政治自觉，推动全面从严治党坚定向前，努力交出一份让党中央放心、群众满意的“江苏答卷”。讲话既充分体现中央纪委二次全会精神，又紧密联系江苏实际，对深入开展党风廉政建设和反腐败斗争具有重要指导作用。全会审议通过了蒋卓庆同志代表省纪委常委会所作的《以党的十九大精神为指引，切实担负推进江苏全面从严治党政治责任》工作报告。

全会认为，2017 年，在中央纪委和省委坚强领导下，全省各级纪检监察机关深入学习贯彻习近平新时代中国特色社会主义思想，以迎接党的十九大召开和学习贯彻党的十九大精神为工作主线，以党章为根本遵循，以党纪为基本准绳，切实履行监督执纪问责职责，正风肃纪反腐，全省党风廉政建设和反腐败工作取得扎实成果，为全省经济社会发展提供了坚强的纪律保障。

全会指出，全省各级纪检监察机关要把学习贯彻党的十九大精神作为当前和今后一个时期的首要政治任务，准确把握新时代、新气象、新作为的要求，自觉把思想和行动统一到党中央对党风廉政建设和反腐败斗争形势的科学判断和作出的战略部署上来，坚定不移推动全面从严治党向纵深发展。自觉践行“四个意识”，坚决维护以习近平同志为核心的党中央权威和集中统一领导；以习近平新时代中国特色社会主义思想为指导，始终坚持纪检监察工作正确政治方向；准确把握党的十九大对全面从严治党的新部署，坚定不移推动管党治党各项任务落实；认真学习党章遵循党章，不断提高新形势下纪检监察工作能力和水平。

全会强调，2018 年全省各级纪检监察机关要以习近平新时代中国特色社会主义思想为指导，全面落实党的十九大战略部署，深入贯彻习近平总书记对江苏工作的重要指示精神，按照中央纪委二次全会部署，不忘初心，牢记使命，增强“四个意识”，坚定“四个自信”，忠实履行党章和宪法赋予的职责，紧紧围绕坚持和加强党的全面领导，紧紧围绕维护习近平总书记在党中央和全党的核心地位，紧紧围绕维护党中央权威和集中统一领导，以党的政治建设为统领，思想建党、纪律强党、制度治党同向发力，深化监察体制改革，持之以恒正风肃纪，深入推进反腐败斗争，强化不敢腐的震慑，扎牢不能腐的笼子，增强不想腐的自觉，营造风清气正、干事创业的良好政治生态，建设忠诚干净担当的纪检监察干部队伍，为推进“两聚一高”新实践、建设“强富美高”新江苏提供坚强纪律保障。

第一，把党的政治建设摆在首位。坚持旗帜鲜明讲政治，督促推动各级党员干部树牢“四个意识”，把讲政治的要求贯穿到监督执纪问责全过程。严明政治纪律和政治规矩，切实防范和解决党内政治生活中的突出问题。维护和净化政治生态，营造风清气正的从政环境。

第二，全面落实深化国家监察体制改革部署。扎实做好监察体制改革试点工作，推动机构整合、人员融合和工作磨合，把制度优势转化为治理效能。健全完善监察委员会运行机制，探索纪委、监委合署办公条件下，全面履行监督执纪问责和监督调查处置职责的实施路径。探索强化监察工作措施，确保监委高标准、高质量规范履职。

第三，驰而不息抓好作风建设。拓展深化作风建设成果，深入落实中央八项规定及《实施细则》精神和省委《具体办法》，在反对形式主义、官僚主义上下更大功夫。持续开展群众身边不正之风和腐败问题专项治理，进一步强化农村村务监督，为实施乡村振兴战略提供坚强保障。构建作风建设长效机制，营造向善向上向廉的氛围。

第四，充分彰显巡视巡察利剑作用。牢牢把握政治巡视定位不动摇，以政治建设为统领深化政治巡视。不断完善巡视巡察联动监督网，推动巡察工作不断向纵深发展、向基层延伸。压实巡视整改责任，探索建立整改成效评估机制，全力提升巡视成果运用实效性。

第五，全面加强党的纪律建设。深入开展党章党规党纪教育，强化经常性纪律教育，用好反面教材，举一反三、以案明纪。切实强化日常监督管理，做到真管真严、敢管敢严、长管长严。牢牢抓住主体责任“牛鼻子”，用好问责这个利器，以严明的纪律推动责任落实。

第六，巩固发展反腐败斗争压倒性态势。切实加大执纪审查力度，着力整治侵害群众利益的“蝇贪”，坚决查处涉黑腐败，继续深化反腐败国际追逃追赃工作。深化运用监督执纪“四种形态”，重点在运用第一种形态上下功夫，真正体现党组织的关心爱护。充分发挥制度治本功能，强化专责监督职能，不断扎紧制度笼子。

第七，为打好“三大攻坚战”提供坚强纪律保障。强化监督检查，督促责任落实。对于涉及防范化解重大风险、扶贫和环保领域的腐败和作风问题，加大查处力度，实行“一案双查”。注重源头防范，坚持以创新思维推动问题解决，深入剖析典型案件，督促各地、各有关部门落实责任、堵塞漏洞。

第八，建设让党放心、人民信赖的纪检监察队伍。深化“打铁必须自身硬”专项行动，推动广大纪检监察干部深入学习领会习近平新时代中国特色社会主义思想，不断增强政治定力、纪律定力、道德定力、抵腐定力。提升履职能力，提高日常监督、执纪审查、依法调查的质量和效果。培育优良作风，加强调查研究，狠抓工作落实。自觉接受监督，带头遵守党章党规党纪和宪法法律法规，确保权力规范运行。

全会号召，全省各级党组织和广大党员干部要紧密团结在以习近平同志为核心的党中央周围，在中央纪委和省委坚强领导下，不忘初心、牢记使命，团结拼搏、扎实工作，不断开创党风廉政建设和反腐败工作新局面，为谱写新时代江苏发展新篇章作出更大贡献！

评析：

该例文是一份阐述类决议，在开头写明了会议的名称、时间及参会人数，接着交代了会议的缘由、依据，然后分条列述了会议听取的内容，清晰明朗、有理有据，最后提出了会议的号召，“不忘初心、牢记使命”，该决议结构严谨，措辞恰当，不失为一篇阐述类决议的规范之作。

（四）落款的写作

大部分的发文机关，会以题注的方式标明，文尾落款可略。

三、决议的写作要求

决议是一种非常普遍的下行公文，几乎在任何国家、机关重大会议中，都需要用到决议。决议体现了会议的中心思想以及会议参加者的态度，所以决议十分重要。要写好决议，必须做到以下几点。

（1）结构要完整。决议的结构包括标题、题注、正文、落款四个部分，题注需标明决议通过的会议及日期，正文处要有缘由、过渡句、事项及结尾，结尾一般是提出希望或号召。

（2）中心思想要把握。决议要体现会议的中心思想，要了解会议的背景，理解会议所要解决的问题。

（3）态度要明确。决议的态度只有一个，不存在“多数人怎么看”“少数人怎么看”的问题，一般来说，在决议的首段就要清晰地表明态度。

（4）叙述有逻辑。决议作为普发性公文，不仅要求通俗易懂、态度明确，还要做到行文简洁、叙议结合，叙述要真实，议论要清楚。

第五节　意　　见

学习目标

1. 掌握意见的内涵、特点、类型等基本常识；
2. 掌握意见的结构与写法；
3. 鉴赏例文，练习写作。

知识链接

一、意见的概念与种类

（一）意见的适用与概念

《条例》规定：意见适用于对重要问题提出见解和处理办法。

意见与上行文的请示、下行文的决定和命令（令）不同，强调的是“见解”和“处理办法”。在实际工作中，无论哪个机关单位都会在工作中遇到新情况、新问题，如政策不明、政策不全、政策不新等问题，这就需要得到上级部门的指导。因此，下级部门会以请示特性很强的意见，呈请上级予以业务指导，是标准的上行文；而上级部门对下级部门的指导，原则性很强、业务性很强、探索性很强，不宜使用指挥性很强的文种，如命令（令）、决定等。需要注意的是，不相隶属单位之间也可以就工作中的新问题提出意见，此时的意见有明显的参考性、建议性；一些具有评价、评估资质的不相隶属单位提出的意见，则具有明显的鉴定性。

（二）意见的种类

根据《条例》对意见适用范围的规定，可以将意见分为以下几种。

（1）指导性意见：用于上级机关对下级机关进行工作指导，针对工作中的某些问题，提出工作要求、措施，阐释工作思想、原则，下级机关需参照执行，属下行文。

（2）参考性意见：用于平行机关或不相隶属单位之间就工作中的某些问题给对方的建设性意见，其中提供的建议或方法仅供参考，不具备约束力，属平行文。

（3）请示性意见：用于下级机关就工作中的某些问题提出建设性意见或处理办法，然后提请上级机关决定，上级机关需予以明确答复，属上行文。

（4）规划性意见：用于对某一时期或某一方面的工作提出大体构想，适用时期长，内容较宏观，一般只有工作要点和原则，没有具体的方法和措施。

（三）意见的特点

意见具有如下几个特点。

（1）针对性。意见的内容往往是针对工作中急需解决的重大问题，展开分析并提出的要求、建议、方法，要求对症下药，具有可操作性。

（2）普遍性。意见的使用不受限制，各级机关或企事业单位都可以使用，使用频率较高。作为上行文，意见类似于请示，应按请示性公文的程序和要求办理。上级机关应当对下级机关报送的意见做出处理或给予答案。作为下行文，意见具有指示、指导和规范作用，可对下级机关布置工作，下级机关应当遵照执行。作为平行文，收文机关对文中提出的意见可作为决策、行动或工作的参考。

（3）原则性。意见强调对重要问题的见解和解决办法，见解及其解决办法往往偏重于对重要问题的原则性的指导或建议。上级对于下级的指导性意见，下级应结合具体情况来贯彻执行；下级对上级的呈请性意见，着重要表达的是总体性建议，如果是具体的工作呈请，往往会使用“请示”“报告”等文种。

二、意见的结构与写作

意见的主体结构由标题、主送机关、正文和落款四部分组成。

（一）标题的写作

意见的标题由发文机关、发文事由和文种三要素组成，如《中共中央、国务院关于促进残疾人事业发展的意见》，有时候也可以省略发文机关，如《关于提高县以上党和国家机关党员领导干部民主生活会质量的意见》。一般不会省去发文事由，更不能省去发文的文种。

（二）主送机关的写作

直接发布的意见要有主送机关，需转发的意见则没有主送机关，但转发该意见的通知，则需要表明主送机关。不同行文关系的意见，主送机关不同。

（三）正文的写作

意见的正文内容一般包括缘由、过渡句、内容、结尾等要素。

（1）缘由：写明意见的依据、背景、目的、意义等，要写得简明扼要，无须面面俱到。

（2）过渡句：以“特提出以下意见”或“特制定本实施意见”等引出意见内容。上行文性质的意见，还会使用“建议”来过渡。

（3）内容：要写明对重要问题的见解或处理办法，需层次分明、全面系统，可采用分条列述的形式。

（4）结尾：下行文意见一般是提出贯彻执行的希望和要求，或是进一步强调工作。上行文意见一般提出参考性请求。

（四）落款的写作

意见的落款有署名和日期，标注在正文的右下方。

例文评析

例文 2.15

国务院办公厅关于加强电梯质量安全工作的意见

国办发〔2018〕8号

各省、自治区、直辖市人民政府，国务院各部委、各直属机构：

我国是电梯生产和使用大国。电梯质量安全事关人民群众生命财产安全和经济社会发展稳定。近年来，我国电梯万台事故起数和死亡人数持续下降，安全形势稳定向好。但随着电梯保有量持续增长，老旧电梯逐年增多，电梯困人故障和安全事故时有发生，社会影响较大。为进一步加强电梯质量安全工作，保障人民群众乘用安全和出行便利，经国务院同意，现提出以下意见。

一、总体要求

（一）指导思想。（略）

（二）基本原则。（略）

（三）主要目标。（略）

二、重点任务

（四）提升电梯质量安全水平。（略）

（五）加强隐患治理与更新改造。（略）

（六）改进使用管理与维护保养模式。（略）

（七）科学调整检验、检测方式。（略）

（八）建立追溯体系和应急救援平台。（略）

（九）完善安全监管工作机制。（略）

（十）落实质量安全主体责任。（略）

（十一）加强企业自律与诚信建设。（略）

（十二）积极发展电梯责任保险。（略）

（十三）促进产业创新发展。（略）

三、保障措施

（十四）加强组织领导。（略）

（十五）完善政策保障。（略）

（十六）加强宣传教育。（略）

国务院办公厅

2018 年 2 月 1 日

评析：

该例文是一份非常规范的指导性意见。正文第一段先交代缘由，即说明电梯质量安全事关人民群众生命财产安全和经济社会发展稳定以及我国电梯事故时有发生的背景。接着用“现提出以下意见”转入具体内容。主体的内容采用分条列述的形式，分为总体要求、重点任务、保障措施三个部分，层次分明，条理清晰，确为指导性意见的范文。

例文 2.16

关于进一步加快茶叶产业发展的意见

为贯彻落实《××省人民政府办公厅关于进一步推进茶产业发展的意见》和《××市人民政府办公室关于进一步加快茶叶产业发展的意见》精神，充分发挥我市茶叶生产的资源优势和产业特点，打造富硒生态茶产业品牌，促进我市茶产业发展和农民增收，结合当前我市茶产业生产实际，特制定本意见。

一、指导思想

坚持以科学发展观为指导，以农民增收、企业增效为目标，以科技进步为动力，建设一批优质、生态、高效茶园，培育壮大一批茶叶加工、销售龙头企业，全面推进我市茶产业持续快速发展，为促进农业经济发展、农村生态环境改善、农民收入增加打造产业基础。

二、主要目标

从××××年起，以扩大优质良种茶园为基础，平均每年新建规模化、标准化良种茶园4000亩，改造老茶园3000亩。2013～2015年新建3个标准化茗茶加工厂，培育3个茶叶龙头企业，引导茗茶生产向“茶厂标准化、加工规范化、产品有机化”方向发展，逐步形成以茗茶加工厂为核心的茶叶生产经营格局，以××、××、××、××、××、××、××等乡镇为核心，打造我市富硒茶叶品牌，做大做强我市茶叶产业品牌及效益。到××××年，全市茶园总面积达到21 000亩，茶叶总产量1000吨，认证绿色茶园面积10 000亩、有机茶园3000亩。“十二五”期间累计建立无性良种苗木繁育面积100亩。到××××年，力争使我市进入全省甚至全国茶叶强市行列。

三、工作举措

1. 加快基地建设。在全市现有茶园面积9000亩，茶叶总产410吨的基础上，以××、××、××、××、××、××等传统优势茶区为核心，辐射带动周边乡镇的茶叶生产，加快发展无性系良种茶园，新建一批规模化、标准化和专业化程度较高的无性良种茶叶基地，到××××年全市新开发标准化茶园面积12 000亩以上。其中：××10 000亩、××1000亩、××800亩、××200亩。同时，在××、××、××、××四个乡镇建立茶树良种繁育体系，加大低产茶园改造力度，推行茶园规模化经营，加快生态茶园建设步伐，建立××、××、××三个乡镇的生态高效茶园。

2. 培育龙头企业。到××××年力争我市1～2家茶叶生产企业成为省级农业产业化龙头茶企业。财政、农业部门要充分利用省、市扶持政策，积极向上争取茶业企业扶持资金；林业部门要为茶叶企业使用宜林荒山荒地种植茶树提供信息和政策咨询等优质服务，为建设茶园涉及的管理房、修建道路等需要征（占）用的林地提供审核审批优质服务；国土资源主管部门要优先安排茶叶企业新建厂房用地（主要采取设施农用地政策），支持茶业发展。

3. 推进品牌整合。推进区域品牌建设，适时开展品牌整合，通过加快茶叶标准化建设，对区域内具有共性的同类产品通过制定产品质量标准，进行多品合一。积极配合“××绿茶”品牌整合，大力扶持××富硒茶企业品牌建设，打造具有传统优势和资源优势的区域品牌，做大做强“××富硒生态茶”品牌。

4. 创新运作模式。采用“公司＋专业合作组织＋基地＋农户”或“土地流转、规模经营、标准生产”“整村推进、连片开发”等模式建设高标准茶园，坚持走规模化、产业化发展道路，形成一批茶叶生产专业村、专业乡镇。支持发展茶业合作社，实现小农户与大市场的对接。

5. 强化质量监管。加强茶叶质量安全的监管，建立农业、经贸、工商、质监、卫生等部门共同监管机制。在重点产茶乡镇要设立实时监控点，分片指定专人负责，采取“控制源头，监控生产，抽检销售”的措施全程跟踪，全面推进茶叶产品质量安全监管工作。要建立生产有记录、信息可查询、流向可跟踪、责任可追究、产品可召回、质量有保障的产品可追溯体系。

6. 完善市场体系。鼓励专业大户、龙头企业、农民经纪人到大中城市兴办茶叶销售窗口、专卖店。在××中心城区建立茶叶专业市场，在巩固××茶叶交易市场份额的同时，重点拓展以北京为中心的北方市场、以上海为中心的长三角市场和以广州为中心的珠三角市场。同时支持茶叶主产乡、镇新建以茶青交易为主的市场。

7. 大力招商引资。积极引进省内外优秀茶叶企业携带资金、技术和优质品种来我市生产、加工、研发，加大资金投入，引进的客商享受工业企业同等优惠政策。

四、强化保障

1. 加强组织领导。市政府成立××市茶叶产业发展领导小组，由市分管领导任组长，市农业局长、政府办分管领导任副组长，农业、发改、财政、农业、科技、质监、商务、工商、国土和农商行等部门和单位分管领导为成员，领导小组下设办公室于市农业局。由农业局分管领导兼任办公室主任。从市农业局抽调 3 名茶叶生产专职技术人员分别负责××、××、××三个乡镇的茶叶生产标准园项目建设。各有关部门要各负其责为茶业发展提供资金、技术、项目用地、市场监管等相关服务和支持，各相关乡镇要制定具体的政策和措施，将茶叶生产作为农民增收致富的重要产业来抓，促进全市茶产业持续快速发展。

2. 加大扶持力度。各地、各相关部门要建立完善相关扶持政策，为茶叶产业发展创造良好的发展环境。一是在产业政策方面，坚持把茶叶作为主导产业加以扶持、发展、鼓励，着力提升产业化经营能力，争创发展新优势，开创国内领先水平。二是在发展环境方面，提供优惠政策吸引外资，加强产前、产中、产后服务。同时，组织有条件的乡镇积极争取省级及市级茶叶生产项目的申报工作。三是在资金扶持方面，市财政每年安排一定的茶叶产业发展专项资金，重点用于新、老茶园改造、品牌建设、设施建设和新品种新技术的引进示范与推广等。对 2013 年新建茶园 50 亩以上并且申报了茶叶标准化建设项目并获得批准的乡镇企业单位和组织，由××市每亩补助 200 元，我市进行配套补助。四是在争取政策方面，积极争取把新建的或改造提升的标准茶园认定为耕地，作为我市城市建设用地耕地占补平衡指标。

3. 强化技术培训与推广。进一步完善市、乡、村三级茶业技术推广网络，健全茶叶技术指导机构，重点产茶乡镇应设立独立的茶叶技术推广机构，并配备 1 名专职茶业技术人员。要加大对茶农的培训力度，整合阳光工程、绿色证书培训等各种培训资源，将茶叶生产、加工技能培训作为重点来抓，每年至少培训技术人员 30 人，造就一批种茶制茶能手。加大对农村基层技术人员培训的力度，采用“请进来和走出去”的方式，一方面邀请省内外茶叶专家来我市进行指导和培训，一方面组织基层技术人员到省外先进地区学习，运用先进的理念和技术指导我市茶叶生产、加工、营销，提高基层技术人员的素质和能力，有效推动我市茶产业发展。

××市农业委员会

××××年××月××日

评析：

该例文是一份指导性意见。标题省略了发文机关，无伤大雅。正文中，首段阐明了该意见的发文依据和目的，开门见山、一目了然、简明扼要。接着从四个方面来阐明意见的具体内容，既有指导思想、主要目标，又有具体的工作举措，还有事后的强化保障，全面系统，有条有理。

三、意见的写作要求

意见的写作要做到以下几点。

（1）中心观点要鲜明。意见贵在它的针对性与可行性，因此中心观点一定要明确，准确具体地表达出自己对问题的见解，清晰明确、一目了然。

（2）具体内容要可行。意见一般是对工作中的问题提出见解和建议，因此具体内容一定要进行脚踏实地的分析之后，提出切实可行的措施和办法。

（3）语言表达要平和。意见的指导性和建议性体现了其民主的特点，因此不应使用过分命令化的语言，特别是建议类意见，更应合乎身份，体现出平等协商、民主自由的作风。

第六节 议　案

学习目标

1. 掌握议案内涵、特点、类型等基本常识；
2. 掌握议案的结构与写法；
3. 鉴赏例文，练习写作。

知识链接

一、议案的适用与种类

（一）议案的适用

《条例》规定：议案适用于各级人民政府按照法律程序向同级人民代表大会或者人民代表大会常务委员会提请审议事项。

（二）议案的种类

根据《条例》对议案适用范围的规定，可以将议案分为以下几种。

（1）立法议案：政府制定法律法规后提请同级人民代表大会或其常务委员会审议的议案，如《国务院关于提请审议〈中华人民共和国著作权法（草案）〉的议案》。

（2）任免议案：有关国家机关、各级政府主要领导人的任免，由政府向人民代表大会申请批准的议案，如《国务院关于提请××等同志职务任免的议案》。

（3）重大事项议案：政府进行某项重大事项，如行政机构变动、行政区划、重大工程动工等，需由政府提请同级人民代表大会或人大常委会审议通过。

（4）外交议案：我国政府与别的国家或地区签署国际条约或有关协定，需由国务院提请全国人大审议通过。

（三）议案的特点

议案具有如下几个特点。

（1）制作主体的特定性。议案只能由具备议案提出权的机关和人民代表提出，具备议案提出权的机关主要有人大机关、检察机关、法院机关及各级政府机关。

（2）行文对象的定向性。议案只能向同级人民代表大会或其常务委员会提交，不能向其他任何部门单位提交。

（3）审议过程的法规性。议案必须由法定机关向人民代表大会或其常务委员会提交，然后由主席团决定是否交由人民代表大会审议，或先交由专门委员会审议、提出报告，后由主席团决定是否提交人民代表大会表决。

（4）送文时效的规定性。各级人民政府的议案，需在同级人民代表大会或其常务委员会召开期间提出，否则不能列为议案。

（四）议案与意见的区别

议案和意见是两个相似的文种，都可用于提出建议。在实际工作中需区分这两者，以免混用。

《条例》对议案和意见的表述分别是：议案适用于各级人民政府按照法律程序向同级人民代表大会或者人民代表大会常务委员会提请审议事项；意见适用于对重要问题提出见解和处理办法。据此，可以理解，它们有以下四处不同。

（1）作用不同。议案是人大进行立法或者做出重大决策的开始，而意见是与代表相互沟通和改进自身工作的过程，大多数情况与人大行使职权没有直接关系。

（2）主体不同。人大代表提出议案需达到法定人数，而提出意见则没有人数要求。

（3）范围不同。议案的内容应当符合本级人大职权范围，而意见的内容则十分广泛，大部分属于政府工作范围。

（4）处理方式不同。人大代表的议案提出后，主席团决定是否列入会议议程或者先交有关专门委员会审议、提出意见；人大代表的意见提出后，由人大常委会办事机构或者乡镇人大主席团交由有关机关、组织研究处理并负责答复。

二、议案的结构与写作

议案一般由标题、主送机关、正文和落款四部分组成。

（一）标题的写作

议案的标题一般由发文机关、审议事项和文种三部分组成，审议事项前一般要加上“关于提请审议”或“关于提请审议批准”等专用术语。

（二）主送机关的写作

议案的主送机关是议案提交的法定机关，即同级人民代表大会或人民代表大会常务委员会，一般写全称或规范化简称，如“全国人民代表大会”“市人大常委会”。

（三）正文的写作

1. 立法议案

立法议案的正文内容主要包括缘由、事项、提出审议申请三个要素。

（1）缘由：即提请审议事项的意义、目的或依据，要写明议案的重要性和迫切性，同时要切合实际，不能夸大事实，否则议案的价值会受到影响。

（2）事项：即提请审议的事项，应说明法规名称和审议机关。

（3）提出审议申请：表明提出议案机关的态度，通常用“请审议”“决定提请××审议”“现提请审议”来结束全文。

以上三个要素，往往糅合在一个段落里，不需要分段。

例文评析

例文 2.17

关于提请审议《北京市制定地方性法规条例（修订草案）》的议案

市人民代表大会常务委员会：

为了适应地方立法工作的新形势、新任务，保障新修订的立法法在我市的贯彻实施，深入总结我市地方立法的实践经验，根据国家有关法律，结合本市实际情况，常务委员会法制办公室起草了《北京市制定地方性法规条例（修订草案）》，经市十四届人大常委会主任会议第八十六次会议讨论，决定提请市人大常委会审议。

附件：《北京市制定地方性法规条例（修订草案）》

北京市第十四届人民代表大会常务委员会主任会

2016 年 6 月 3 日

评析：

该例文是一份规范的立法议案。是由北京市第十四届人民代表大会常务委员会主任会提请北京市人民代表大会常务委员会审议的一份关于《北京市制定地方性法规条例（修订草案）》的议案。标题由审议事项和文种两部分组成，因为在落款处有标明发文机关，所以标题可以省略发文机关。正文中，首先简要叙述了该议案的原因、目的及意义，写得言简意赅，之后说明了提请审议的法规名称和该法规的审定机关，最后用“决定提请市人大常委会审议”来结束全文。内容完整，格式规范，事项明确，是一篇立法议案的范文。

2. 任免议案

任免议案的正文内容主要包括缘由、事项、提出审议申请三个要素。

（1）缘由：写明提请审议的目的、意义和原因，说明该议案的必要性和重要性。

（2）事项：说明被任免人的姓名、职务，力求一目了然。

（3）提出审议申请：通常用“请审议”或“请审议决定”等。

例文评析

例文 2.18

县人民政府关于提请任命周长林同志职务的议案

梅政函〔2013〕94 号

县人大常委会:

因工作需要，现依据《中华人民共和国地方各级人民代表大会和地方各级人民政府组织法》有关规定以及县委梅干〔2013〕12 号文件提名，提请任命下列人员职务:

任命周长林同志为黄梅县人民政府副县长。

请审议决定。

附件：周长林同志简历

县长：××

2013 年 6 月 1 日

评析：

该例文是一份任免副县长的议案，议案提请人是县长，主送机关是县人大常委会。标题采用的是“机关名称＋审议事项＋文种”的完整式结构，正文开头简要说明了提请审议的原因、意义和目的，审议事项另起一行，清晰明了，最后提出审议申请。该议案言简意赅、简洁明确，符合规范。

3. 重大事项议案

重大事项议案的正文内容主要包括缘由、事项、提出审议申请三个要素。

（1）缘由：即提请审议事项的原因、意义和目的。

（2）事项：即提请审议的重要项目及其解决途径和方法。

（3）提出审议申请：通常用“请审议”或“请审议决定”等。

例文评析

例文 2.19

国务院关于提请审议国务院机构改革方案的议案

全国人民代表大会：

中国共产党第十九次全国代表大会明确要求深化机构和行政体制改革。党的十九届三中全会审议通过了《深化党和国家机构改革方案》，同意将其中涉及国务院机构改革的内容提交第十三届全国人民代表大会第一次会议审议。现将根据《深化党和国家机构改革方案》形成的《国务院机构改革方案》提请第十三届全国人民代表大会第一次会议审议。

国务院总理：李克强

2018 年 3 月 9 日

评析：

这是一份关于重大事项的议案。标题由提请机关、事由及文种三个要素构成。主送机关是全国人民代表大会，正文包括提请审议的原因、事项和结语。首先表示“中国共产党第十九次全国代表大会明确要求深化机构和行政体制改革”，简明扼要地交代了提请审议的原因。接着用“通过了……”的句式陈述要求审议的事项，最后明确提请审议的要求。这份议案内容完整、格式规范、层次清晰，同时语言精练、用词明晰。

（四）落款的写作

落款写明发文机关和行政首长签名，并注明议案的发布日期。

三、议案的写作要求

议案的写作应做到以下几点。

（1）议案写作必须以法律、政策为依据，写作前应该熟悉国家的法律、法规和党的方针政策。

（2）议案写作力求简洁、庄重，写作篇幅不宜过长，要抓住要点，言简意赅，不必展开论述、说理，说清为好。

（3）议案写作必须真实、有效。要关注现实问题，要立足现实情况，以真实有力的数据资料说明问题，分析问题要抓住实质，提出方案要明确实施目标。

（4）要区分议案和提案。议案用于各级人民代表大会和人大常委会使用，而提案则用于各级政协和企业、事业单位职工代表大会，议案相对提案来说，约束力较强。

思考与练习

1. 如何理解和把握党政机关公文的性质、特点、作用？
2. 如何把握党政机关公文、公务应用文之间的联系？
3. 党政机关公文的语言风格、表达方式主要有哪些？
4. 命令的类型有哪些？写作要点有哪些？
5. 决定与命令有哪些区别？
6. 决议的写作要点有哪些？
7. 议案的适用范围包括哪些？

第三章

党政机关公文写作（2）

本章导读

请示与批复是机关工作中不可或缺的一组公文，二者相互依存；请示与报告是机关工作中使用频率极高的两种公文，二者各具特点；函是最为重要的平行文种，必须重点把握；纪要是落实会议成果的重要工具。

第一节　请　　示

学习目标

1. 掌握请示的内涵、特点、类型、作用等基本常识；
2. 掌握请示的结构与写法；
3. 鉴赏例文，训练写作。

知识链接

一、请示的适用与种类

（一）请示的适用

《条例》规定：请示适用于向上级机关请求指示和批准。用请示向上级机关请求指示、批准的事项，一般都是那些自己无权决定、无法实施或不知如何解决的重大事项。具体包括以下几方面。

1. 请求指示的请示

一般适用于对现行的党和国家的有关方针、政策、法规，以及上级机关的有关规章、决定等不甚了解或者有不同理解，需请上级机关明确解释或重新审定的事项；也适用于工作中出现了新情况、发生了新问题，必须处理却又无章可循、无法可依，不知如何处理，或者提出了处理办法却又不知可否，有待上级机关明确批示才能办理的事项。

2. 请求批准的请示

一般适用于超出本机关的工作职权范围的，且上级机关明确规定必须经过请示批准才能办理的事项；也适用于因事关重大，为防止工作失误需上级审核批准才能办理的事项；

有些时候还会适用于按法定程序必须经过请示上级机关批准的事项。

3. 请求帮助的请示

涉及全局性或普遍性的，本单位无法独立解决的，必须请求上级机关协调或帮助的事项；难以执行上级机关的统一的规定，需变通处理，有待上级机关重新指示或批准才能办理的事项；因本单位内部意见分歧，无法统一，难以工作，有待上级机关裁决才能办理的事项。

（二）请示的种类

通常情况下，请示包含以下几种。

（1）请求指示的请示——求示性请示：如政策求释的请示、无章可循的请示等。

（2）请求批准的请示——求准性请示：如超出职权的请示、事关重大的请示等。

（3）请求帮助的请示——求助性请示。

（三）请示的特点

请示具有如下几个特点。

（1）请示对象限定：下级机关请示，一般不得越级行文，主送机关是直接上级机关。

（2）请示时机超前：事前请示。

（3）请示事项单一：一文一事，集中叙述工作的困难、问题，并提出对策请求。

（4）请示目的明确：具有明显的求复性。

（四）请示与报告的区别

请示和报告都是下级机关上报给上级机关的公文，是典型的上行文，在实际工作中极容易混用，因而必须分清它们之间的区别。《条例》对请示和报告的表述分别是：请示适用于向上级机关请求指示和批准；报告适用于向上级机关汇报工作、反映情况，回复上级机关的询问。它们有以下八处不同。

（1）行文时机不同：请示必须在事前行文；而报告一般都在事后行文，如有必要也可事前行文、事中行文。

（2）行文目的不同：请示是为了得到上级机关的指示或批准；而报告只是将有关工作或情况向上级机关汇报。

（3）行文方式不同：正常情况下，请示只能“单头主送”；而报告有时既可以“多头主送”，甚至还可以“多级主送”。

（4）内容含量不同：请示只能“一文一事”；报告既可以“一文一事”，也可以“一文多事”。

（5）结束用语不同：请示的结束用语中必须出现“示”或“准”；而报告的结束用语中不准出现“示”或“准”。

（6）处理方式不同：请示是“办件”，上级机关应当给予批复；而报告只是“阅件”，上级机关无须给予批复。

（7）写作结构不同：请示的文中可以有报告的成分；但报告的文中却不准夹带请示事项。

（8）报送制度不同：请示只能是“有事才请”；而报告“有事要报”，无事也应当定期报告。

二、请示的结构与写作

请示一般由标题、主送机关、正文和附注四部分组成。

（一）标题的写作

请示的标题原则上采用完整式的标题结构，即“发文机关＋发文事由＋文种”。如：《××市人民政府关于设立××新区的请示》《××市文化局关于开展扫黄打非工作的请示》《××市公安局关于×××同志职务任命的请示》《××市教育局关于 2018 年各中小学招生区域规划的请示》等。

请示为上行文，一般会制发“发文机关标识”等文头。按规定，有公文文头的情况下，可以省略发文机关。一般不允许省略发文事由，更不允许省略发文文种。请示标题的“事由”需明确简洁，使上级机关一目了然地了解准确情况。

（二）主送机关的写作

请示的主送机关绝大多数情况下就只能是其直接上一级领导机关，如：××市教育局的请示，其主送机关就只能是“××市人民政府：”，既不能越级请示，也不能有多个主送机关（如需同时送其他机关，应当采用抄送的形式），更不能请示领导个人。

（三）正文的写作

一份规范的请示的正文内容一般包括缘由、过渡句、事项、结束语等要素。

1. 请求指示的请示

缘由：哪部法规或文件的哪款条文，呈现哪些表述不明晰、不准确的问题，这些问题对工作具有什么样的影响，会造成什么样的后果。

过渡句：“现请求上级机关给予明示：”。

事项：请求上级机关在哪些方面给予准确的解释，请求上级机关对各种不同理解给予明确的审定。

结束语：“以上问题，请予指示！”或“妥否？请予明示！”。

2. 请求批准的请示

缘由：一般阐述工作没权限、事关重大的事实，分析不批准会造成的影响；或阐述某项工作依法必须请求批准的依据。

过渡句：“现请求上级机关给予批准：”。

事项：请求上级机关给予哪些方面的授权，请求上级机关批准哪些具体事项。

结束语：“以上事项，敬请核准！”或“特此请示，敬请批准！”等。

3. 请求帮助的请示

缘由：概述什么事项因本级机关无法协调或解决、哪些规定与本级机关的工作实际不相符合、哪些情况导致本级机关意见不统一等问题，分析这些问题带来的负面影响等。

过渡句："现就有关事项请示如下："。

事项：请求上级机关在哪些具体方面给予帮助，请求上级机关对所提的有关方案给予批准。

结束语："以上问题，请予指示！"或"特此请示，敬请批准！"。

（四）附注的写作

请示还经常在附注中注明联系人与联系电话，居左空二字加圆括号编排在成文日期下一行。例如："（联系人：×××；联系电话：×××××××××）"。

例文评析

例文 3.1

关于《会计人员职权条例》中
"总会计师"既是行政职务又是技术职称的请示

财政部：

国务院××××年国发〔××××〕××号通知颁发的《会计人员职权条例》规定，会计人员技术职称分为总会计师、会计师、助理会计师、会计员四种；其中"总会计师"既是行政职务，又作为技术职称。在执行中，工厂总会计师按《条例》规定，负责全厂的财务会计事宜；可是每个工厂，尤其大工厂，授予总会计师职称的人有四五人，究竟由哪一位负责全厂的财务会计事宜，执行总会计师的职责与权限呢？

我们认为宜将行政职务与技术职称分开。总会计师为行政职务，不再作为技术职称，比照最近国务院颁发的《工程技术干部技术职称暂行规定》将《条例》第五章规定的会计人员职称的"总会计师"改为"高级会计师"。

以上意见是否妥当，请指示。

××省财政厅

××××年××月××日

评析：

该例文是一份政策求释的请示。××省财政厅对《会计人员职权条例》中"总会计师"既是行政职务、又作为技术职称的规定有自己的见解，但又不能自行其是，故行文财政部请求指示，完全合乎情理。文中，第一自然段是缘由，阐述了对"总会计师"的困惑；第二自然段应当是事项，表述了对"总会计师"的意见。全文虽然少了过渡句，但并没有影响到表达的顺畅。因而，从原则上说，该例文还是一份规范的政策求释的请示。

例文 3.2

关于暂缓调高旅游专项资金在交通建设附加费中分配比例的请示

××市人民政府:

今年××月××日，××市委、市政府《关于加快发展旅游业的决定》(××字〔××××〕××号)，同意建立旅游建设发展专项资金，其部分资金来源于交通建设附加费的分配，并将此分配比例从原来的5%调高到10%。对此，我委认为该措施无疑有利于筹集资金，促进旅游业发展。但当初决定征收旅游业交通建设附加费的目的，主要是筹集地铁资金，现要提高旅游专项资金往交通建设附加费中的分配比例，必然减少地铁资金的来源。地铁工程建设年度投资高达30亿元，筹资任务十分艰巨，而今年地铁资金缺口更大，需开拓更多的资金来源。因此，任何减少筹集地铁资金的做法都会导致工期拖长和投资增大，不利于工程建设。

鉴此，我委建议在地铁建设期内，暂缓调高旅游专项资金在交通建设附加费中的分配比例，仍执行旅游专项资金在交通建设附加费中占5%的分配比例不变。

专此请示，请予批复。

××市发展改革委员会

××××年××月××日

评析:

该例文是一份变通处理的请示。××市发改委认为无法执行××市委、市政府关于调高旅游专项资金在交通建设附加费中的分配比例的统一规定，希望仍执行旅游专项资金在交通建设附加费中占5%的分配比例不变，因此行文请示。文中的缘由要素依据确凿、理由充分；事项要素中所请求批准的“在地铁建设期内，暂缓调高”的要求也非常适宜；虽然过渡句变成了“鉴此，我委建议”，稍显不当，但没有损害整篇公文在表达上的顺畅。因而，该例文仍不失为一份规范的请示。

例文3.3

关于建立中国工程院有关问题的请示

国务院:

近年来，我国科学家、工程技术专家和有关人士，曾多次提出建立中国工程院问题。

全国政协七届五次会议和中国科学院第六次学部委员大会期间，不少政协委员、学部委员和工程技术专家，又先后提出提案和建议。党中央和国务院领导同志十分重视这一建议。曾就建立中国工程院问题，多次作过批示。根据党中央和国务院领导同志的批示精神，组成了专家研究小组，经过广泛调查研究，听取各方面人士和有关产业部门的意见，进行反复酝酿和讨论，形成工程院的初步方案。现就建立中国工程院的有关问题报告如下。

一、关于建立中国工程院的必要性（略）

二、关于组建中国工程院的一些原则

（一）关于名称。（略）

（二）关于中国工程院的性质和作用。（略）

（三）关于中国工程院成员的称谓。（略）

（四）关于中国工程院与中国科学院（学部）的关系。（略）

（五）关于中国工程院院士的标准和条件。（略）

（六）关于中国工程院第一批院士的产生及以后的增选制度。（略）

（七）关于中国工程院的领导体制及学部设置。（略）

三、关于中国工程院的筹建工作及进度安排（略）

以上请示当否，请批示。

附件：中国工程院筹备领导小组名单

国家科技委员会
中国科学院
××××年××月××日

评析：

该例文是一份事关重大的请示。由国家科委、中国科学院牵头成立中国工程院，这本就是一件非常重大的事件。如处理不当，势必造成重大影响。因而，行文请示国务院亦为理所应当。文中，缘由、过渡句、事项、结束语等要素一应俱全，甚至还加上了附件标注，格式极为规范。在事项要素中，对必要性、原则、筹建工作及进度安排的阐述，明确具体、层次分明、条理清晰、逻辑严密，都彰显出该例文确为事关重大的请示的范文。

例文 3.4

关于教学大楼等维修资金的请示

××镇人民政府：

我校是公立全日制的教育事业单位，现有在校学生 807 人，教师 29 人。为了普及农村基层教育，我校在 1990 年曾兴建了一幢三层共 1010 平方米的教学大楼及 580 米长的围墙，作为基本的教学设施。但由于各种客观原因，我校的这一基本的教学设施已严重老化，如教学楼的窗户老化腐烂、教学大楼经市防雷检测中心定为不合格，以及紧靠路边的围墙出现较大的裂缝和倾斜。而所有这些，都对师生和附近群众的生命财产安全造成了严重威胁。

目前学校经费短缺，无力更新和维修。现特向人民政府申请援助，给大楼装上铝合金窗、安装避雷针和维修围墙，所需资金约 8.24 万元，恳请政府审批。

××小学
2013 年××月××日

评析：

该例文是一份请求帮助的请示。××小学无力解决教学大楼的维修资金，请求镇政府给予帮助，在实际的社会工作中类似事件屡见不鲜，也合情合理！文中，虽说缘由、过渡句、事项、结束语也都一应俱全，但在表述时，却存在三大缺陷：其一，第二自然段中实际上既有缘由要素（目前学校经费短缺，无力更新和维修），又有过渡句、事项、结束语，显得层次比较混乱。其二，请求事项不明晰。该请示的请求的事项“给大楼装上铝合金窗、安装避雷针和维修围墙，所需资金约 8.24 万元”一句，到底是要政府帮助维修，还是要政府划拨资金？语焉不详。其三，标题中事由表达有歧义，缺少动词。

例文 3.5

关于中国公民自费出国旅游管理暂行办法的请示

国务院：

随着对外开放的不断扩大，人民生活水平不断提高，近年来，中国公民自费出国旅游不断增加，为适应改革开放形势，加强中国公民自费出国旅游的管理，特制定了《中国公民自费出国旅游管理暂行办法》。

以上暂行办法如无不妥，请批转发布执行。

附：《中国公民自费出国旅游管理暂行办法》

国家旅游局
公安部
××××年××月××日

评析：

该例文是一份法定程序的请示。国家旅游局、公安部依据自己的职能，联合制定了《中国公民自费出国旅游管理暂行办法》，但根据相关的法定程序，必须要报请国务院批准后，方能发布执行。该例文应该说是类似报请发布法规的请示的范文体例。

三、请示的写作要求

请示的写作应做到以下几方面。

（1）主送要规范：请示只能“单头主送”，而且在正常情况下主送机关也只能是发文机关的上一级直接领导机关。

（2）事实要清楚：请示中所述的事实一定要清楚无误，论证要清晰科学、实事求是，这样请示的理由才更为充分。

（3）请求要合适：请求的内容只能涉及一件事或一个问题。

（4）结语要恰当：请示的结束语必须出现“示”或“准”的字样。

（5）语气要谦恭：请示是给上级机关的，而且往往还是上一级的直接领导机关，为体现对领导机关的尊重，请示的语气必须谦恭。

（6）请示不滥用：凡是属于本机关职权范围内的，或已有方针政策明确规定的问题，不应向上级请示，应当自行处理。

（7）获准后发送：请示需在获上级机关批准后，方可对下属单位发送。

第二节　批　　复

学习目标

1. 掌握批复的内涵、特点、类型等基本常识；
2. 掌握批复的结构与写法；
3. 鉴赏例文，训练写作。

知识链接

一、批复的概念与种类

（一）批复的适用与概念

《条例》规定：批复适用于答复下级机关请示事项。

无请示，则无批复。批复是针对下级机关请示而撰写的下行文，是一种一对一的公文；下级机关提交请示请求批复，上级机关则对请示事项进行了解和调查，然后根据国家的政策方针和实际情况决定是否同意；或者对下级机关不明确的认识问题做出更加详细的说明。

（二）批复的种类

批复可按批复对象划分和按批复意见划分。

1. 按批复对象划分

（1）专指性批复：仅仅针对请示单位而专门下发的批复。

（2）普发性批复：不仅下发给请示单位，还下发给其他下级单位的批复。

2. 按批复意见划分

（1）指示类批复：是针对下级机关的请示事项给予一定指示的批复。

（2）批准类批复：是针对下级机关的请示事项给予批准或否决的批复。

（3）阐释类批复：是针对下级机关对有关方针、政策提出的问题给予阐释。

（三）批复的特点

批复有如下几个特点。

（1）被动性。下级有请示，上级才会有批复。下级有多少份请示呈报上来，上级就有多少份批复回转下去。批复不是主动的行文，是公文中唯一的纯粹被动性文种。另有两种公文也可以是被动性的，就是报告和函。不过，报告只有在答复上级机关询问时才是被动的，函只有复函才是被动的，所以说，纯粹的被动性公文只有批复。

（2）针对性。批复的针对性极强，下级机关请示什么事项或问题，上级机关的批复就指向这一事项或问题，决不能答非所问，也无须旁牵他涉。

（3）权威性。批复的目的是指导下级机关的工作，因此批复在表明态度以后，还应当概括地说明方针、政策以及执行中的原则和注意事项。批复代表着上级机关的权利和意志，批复的意见具有指令作用，下级机关必须遵照执行。

（4）具体性。对于求示性请示，应当给予具体的指示；对于求准性请示，如果不予批准，则应当具体地说明理由；对于求助性请示，如果不同意，也应说明具体理由。

二、批复的结构与写作

批复一般由标题、主送机关和正文三部分组成。

（一）标题的写作

批复的标题原则上只能采用“发文机关＋发文事由＋文种”的结构，如：《××省人民政府关于××市设立××新区的批复》《××市人民政府关于文化局开展扫黄打非工作的批复》《××市人民政府关于教育局2014年各中小学招生区域规划的批复》等。发文事由也可以由原请示标题替代，另外，还可以在发文事由后加上请示单位。

批复几乎都是对下正式行文，都应符合标准格式的要求，也都有发文机关标识，因而其标题也可省略发文机关。

（二）主送机关的写作

批复的主送机关绝大多数情况下是其直接下一级被领导机关。如果是专指性批复，则只需列明该机关的全称，如“××市教育局：”；如果是普发性批复，少量机关时可以罗列这些机关的简称，如“市教育局、文化局、卫生局：”，众多机关时可以使用统称，如“市属各区、县、局、委、办及企事业单位：”或“区属各部门、各单位：”。

（三）正文的写作

1. 指示类批复

一份规范的指示类批复的正文内容一般包括缘由、过渡句、事项、结束语等要素。

（1）缘由：收到下级机关的什么请示，请求的主要内容。

（2）过渡句：一般用“现批复如下：”。

（3）事项：分条列项地阐述相关的指示意见。

（4）结束语：通常用“特此批复。”或“此复。”等。

例文评析

例文 3.6

关于设立××省商务发展基金的批复

×府批〔××××〕××号

省商务厅、省财政厅：

你们《关于设立××省商务发展基金的请示》（×商呈〔××××〕××号）收悉。现批复如下：

一、原则同意省商务厅、省财政厅、××银行和专业投资机构共同设立××省商务发展基金（以下简称基金）。请严格按照《公司法》等相关法律法规规定和《××省商务发展基金设立方案》，抓紧组建基金公司。

二、请按照有关规定和程序，抓紧拟定基金公司相关协议、章程、制度，确保基金尽快运行。基金要按照市场化、专业化的原则科学管理、规范运作，确保国有资产保值增值。

三、省有关部门和单位要大力支持基金的设立工作，并按照国家有关政策规定，抓紧办理涉及基金设立及运作的有关手续。

此复。

××省人民政府

××××年××月××日

评析：

该例文是一份指示类批复。文中，缘由、过渡句、事项、结束语等要素一应俱全，格式非常规范。但该例文在表述上存在一定的缺陷，如事项要素中虽然也罗列了三条，意图分条列项地阐述清楚关于基金设立和运行方面的相关态度与指示意见，但有些层次不明、条理不清。因而，该例文是一份不够规范的批复。

2. 批准类批复

批准类批复正文内容一般包括缘由、过渡句、事项、要求、结束语等要素。

（1）缘由：收到下级机关的什么请示，请求事项有哪些。

（2）过渡句：一般用“经××批准，（不）同意……”。

（3）事项：所批准的相关事项，或不批准的事项、原因。

（4）要求：针对所（不）批准的事项对下级机关提出的相关要求。

（5）结束语：通常用“特此批复。”或“此复。”等。

例文评析

例文 3.7

关于××省撤销××县设立××市的批复

民行批〔××××〕××号

××省人民政府:

你省××××年××月××日《关于撤销××县设立××市的请示》收悉。经国务院批准,同意撤销××县,设立××市(县级),由省直辖,以原××县的行政区域为××市的行政区域,不增加机构和人员编制。

特此批复。

民政部

××××年××月××日

评析:

该例文是一份批准类批复。文中的缘由、过渡句、事项、要求、结束语等要素一应俱全,格式非常规范。标题省略了发文机关,由事由和文种组成,在事由前注明"同意"二字,清晰地表明了态度。而且该例文在表述上言简意赅、明确具体,可以说是此类批复的规范体例。

例文 3.8

关于不予批准××区危险废物集中处理处置中心项目的批复

×府批〔××××〕××号

××区人民政府:

你区《关于××区危险废物集中处理处置中心项目的请示》(×××〔××××〕××号)收悉。经研究,该项目存在下列问题:

一、该项目两个拟选厂址均位于××市城市规划区,且在规划居民区的上风向,厂址选择不合理。

二、该区域地下水位不符合《危险废物填埋污染控制标准》(GB 18598-2001)中"地下水位应在不透水层3米以下,否则,必须提高防渗设计标准并进行环境影响评价,取得主管部门同意"的要求。

因该项目环境影响报告书不符合审批要求,故不予批准。你区应另选厂址,组织编制环境影响报告书,再报审批。在该项目环境影响报告书未经批准之前,不得开工建设。

此复。

××市人民政府

××××年××月××日

评析：

该例文是一份否决性批复。文中的缘由、过渡句、事项、要求、结束语等要素一应俱全，格式非常规范。需要说明的是，该例文在结构上将用以说明不予批准的原因与理由的事项要素，放在过渡句之前，不仅没有影响到表达的顺畅性，反而更加强调了否决的合理性，可以说是此类批复的规范体例。

三、批复的写作要求

批复的写作重点就是要针对行文对象所请示事项的重点内容提出解决办法。批复既是上级机关指示性、政策性较强的公文，又是对下级单位请求指示、批准的答复性公文，因此，撰写批复要慎重及时，根据现行政策法规及办事准则，给予答复。在批复中明确指出行文对象可以怎样做，不可以怎样做；要针对行文对象的理论水平，对一些最新政策术语做相应的解释。具体来说，批复的写作应做到以下几点。

（1）内容要针对。批复除了行文要针对“请示”文种、对象要针对请示单位之外，其内容还必须针对所请示的问题。

（2）指示要具体。批复是上级机关权威和意志的具体体现，下级单位必须按批复的指示意见办理，因而对于求示性请示，应当给予具体的指示。

（3）态度要明确。对于求准性请示，批复应当明确地表明“同意”或者“不同意”的态度，切忌模棱两可，致使下级机关无所适从。

（4）理由要充分。对于求准性请示，如果不予批准，应当充分地说明理由；对于求助性请示，如果不同意，也应说明具体理由。

（5）措辞要准确。批复在表达意见时，措辞应该准确庄重、周密严谨，反复推敲，不能使用理解上有歧义的词语，避免贻误工作。

第三节　报　　告

学习目标

1. 掌握报告的内涵、特点、类型等基本常识；
2. 掌握报告的结构与写法；
3. 鉴赏例文，训练写作。

知识链接

一、报告的适用与种类

（一）报告的适用

《条例》规定，报告适用于向上级机关汇报工作、反映情况，回复上级机关的询问。

报告使用范围很广。按照上级部署或工作计划，每完成一项任务，一般都要向上级写报告，反映工作中的基本情况、工作中取得的经验教训、存在的问题以及今后工作设想等，以取得上级领导部门的指导。

（二）报告的种类

报告的种类可按时间划分、按内容划分和按作用划分。

（1）按时间划分。报告可分为定期报告（日报、周报、旬报、月报、季报、年报等）、不定期报告。

（2）按内容划分。报告可分为综合报告、专题报告。

（3）按作用划分。报告包括合同范本、领导讲话、会议发言、述职报告、心得体会、竞聘演讲、礼仪致辞、入党申请、法律文书、计划规划等。

（三）报告的特点

报告具有如下几个特点。

（1）汇报性。下级单位有义务也必须定期向上级机关汇报工作。

（2）陈述性。报告只需将有关工作或情况陈述清楚即可，而无须请求上级机关的指示或批复。

（3）具体性。无论是汇报工作还是反映情况，都必须以真实、具体的事实和准确的数据为主要内容。

二、报告的结构与写作

报告的主体由标题、主送机关和正文三部分组成。

（一）标题的写作

报告的标题原则上只能采用“发文机关＋发文事由＋文种”——完全式的结构，如：《××市人民政府工作报告》《××市文化局关于扫黄打非工作的报告》《××市公安局交警支队关于“12·22”重大交通事故的报告》《××市教育局关于报送 2012 年各中小学招生区域规划的报告》等。

报告多是对外（对上）正式行文，应符合标准格式的要求，也都有发文机关标识，其标题也可省略发文机关。

（二）主送机关的写作

报告的主送机关一般情况下是其直接上一级领导机关，不能越级行文。主送机关往往只有一个，即使特殊情况下需多头上报，主送机关的数量也非常有限，因而应规范地标注主送机关的全称或规范化简称，如“××市人民政府：”或“中共××市委、××市人民政府：”。

（三）正文的写作

1. 工作报告

规范的工作报告的正文一般包括缘由、过渡句、事项、结束语等要素。要写得简要概括，开宗明义，不能东拉西扯，不着边际。

（1）缘由：即报告的缘由，也就是所开展的工作。可分为以下三层予以略述。

①工作根据（为什么？）：即根据什么文件或情况，或按照什么法规要求来开展此项工作的。

②工作概况（是什么？）：即此项工作的概要情况，要单刀直入地说明情况，切忌啰唆，包括工作单位、什么时间、什么工作。

③工作评价（怎么样？）：即此项工作的现状以及对已完成的工作的定性评价。

（2）过渡句：一般用“现将有关情况汇报如下：”或“为此，特作如下报告：”。

（3）事项：即围绕所开展的工作进行具体的陈述或说明，表述要精练简洁、条理清晰，分析要简明扼要、深刻全面，其内容和次序如下。

①工作情况：包括该项工作的进程或步骤、做法或措施。

②主要成绩：包括该项工作所取得的直接结果和间接成果。

③经验教训：包括先进的经验、存在的不足、错误的教训。

④今后打算：包括今后的工作安排或建议、改进的意见或措施等。

（4）结束语：通常用“特此报告”或“特此报告，敬请审阅。”等。

例文评析

例文 3.9

关于落实党风廉政建设责任制和推进惩防体系建设工作报告

中共××县委：

今年，我镇在县委、县纪委的正确领导下，认真贯彻落实中央、省、市、县有关党风廉政建设的指示精神，严格执行党风廉政建设责任制，全力推进惩治和预防腐败体系建设，各项工作都取得了较为明显的成效。

下面，就我镇一年来落实党风廉政建设责任制和推进惩防体系建设工作情况汇报如下：

一、主要做法

1. 成立了党风廉政建设领导小组。（略）

2. 抓好责任分解。（略）

3. 领导班子成员尤其是主要领导能够带头遵守领导干部廉洁从政的有关规定和单位规章制度。（略）

4. 认真落实党风廉政建设责任制。（略）

5. 注重源头防范，坚决堵塞漏洞。(略)

6. 加强作风建设。(略)

二、存在主要问题

1. 政治理论学习有待加强。(略)

2. 工作制度抓得不够到位。(略)

3. 公开工作深度有待延伸。(略)

三、下步工作打算

总之，今年来，我镇在党风廉政建设、廉洁自律等方面虽然做了一些工作，也取得了一些成效，但对照上级的要求还有差距，今后主要抓好以下几项工作：

1. 强化学习意识。(略)

2. 强化监督意识。(略)

3. 强化大局意识。(略)

特此报告，敬请审阅！

中共××镇党委

××××年××月××日

评析：

该例文是一份专题性的工作报告。从整体上看，其正文内容的结构要素比较齐全，首先简要介绍了工作的基本情况，接着写明了主要做法、存在问题及工作打算，只是在事项要素中缺了对“主要成绩”的表述，但并不会对正文内容造成太大的影响。应该说，该例文基本上还算结构合理、层次分明、条理清晰，不失为一篇专题性工作报告在体例上的范文。

2. 情况报告

情况报告的正文一般包括缘由、过渡句、事项、要求、结束语等要素。

（1）缘由：即报告的缘由，也就是要反映的情况（通常都是事故情况），可以按时间、地点、人物或单位、事件、后果（造成的影响或损失）等要素进行概略陈述。

（2）过渡句：“现将该事故的有关情况报告如下：”或“现如实报告以下情况：”。

（3）事项：即围绕所发生的情况进行具体的陈述，其内容和次序如下。

①事件的经过：事件发生的经过、现场处理的过程。

②事件的起因：导致事件发生的直接原因、促使事件发生的根本原因。

③事件的性质：对事件的定性、态度上的认识。

④事件的处理：对有关人员的处理决定、对相关工作的处理意见、对社会影响的处理建议等。

⑤今后的打算：明确的整改意见、具体的防范措施。

（4）要求：如果属于非常重大的恶性事件或者造成了重大损失，还须向上级机关提出处理请求：先认识错误，再做出保证，后恳请处理。

（5）结束语：通常用“特此报告”或“以上情况，敬请核实。”等。

例文评析

例文 3.10

××学校关于“9·12”茶炉房失火事故报告

××镇人民政府:

2018 年 9 月 12 日（星期天）上午 10 点 50 分，××学校茶炉房发生一起失火事故，过火面积约 11 平方米，上午 12 时左右火被扑灭，未波及其他房屋建筑，无人员伤亡，直接经济损失约 100.00 元。现将有关情况报告如下:

一、学校概况

××学校位于我镇××村，学校始建于 1974 年，占地面积 17 000 多平方米，总建筑面积 6000 多平方米。学校现有教职员工 97 人，从学前班到高三共有 29 个教学班，在校生 1571 人。学校实行安全责任校长负责制，主管副校长主抓安全工作，下设学校安保处和政教处共同负责学校具体的安全保卫工作和安全教育工作。

学校茶炉房位于校园内小学生操场边，与学校食堂为同一建筑体（食堂于 2009 年已停业），砖混结构，平房、预制楼板，茶炉房建筑面约 11 平方米，安置一台 1000 kg/小时的燃煤加热常压开水锅炉，主要供住校学生的饮用水和生活用水，取水龙头安装在茶炉房隔壁的另一间房屋内，每日 17：00～18：00 供水一次。茶炉房内除常压开水锅炉外，再无其他设备设施，作业人员由学校聘用的门卫管理员李××兼职。

二、事故经过

9 月 12 日（星期天）上午 10 时左右，作业人员李××将茶炉引燃，准备下午供住校学生用水，由于其本职工作主要是门卫管理，星期天学校高二、高三年级全体学生又在补课，于是李××引燃茶炉后，就将茶炉房锁闭，回到了门卫室。10 时 50 分左右，校园外当地的老乡发现茶炉房窗户冒出火苗，便及时跑到学校告知门卫管理员李××，李××闻讯后就立即赶到茶炉房，打开房门实施浇水救火，在校老师文××和保洁员余××也闻讯随即赶到，就地取用二氧化碳干粉灭火器进行灭火，共计使用了四瓶灭火器（两瓶 2 kg，两瓶 4 kg），但因茶炉房堆放的引火用的废旧木材，火势较旺，未能将火扑灭，与此同时，家住学校附近的一位老师拨打了 119 火警电话，两台救火车于 11 点 40 分赶到学校，上午 11 时 50 分左右火被扑灭。

三、事故损失

茶炉房着火时，恰逢星期天，除高二、高三年级的补课学生，正在上课外，茶炉房附近无其他学生和老师，参与初起救火只有门卫管理员李××、老师文××和保洁员余××三人，因而，本次事故中无人员伤亡。

茶炉房为砖混结构、预制楼板，除放在房内引火用的废旧木材被烧毁外，未波及其他房屋建筑，常压开水锅炉也完好无损，直接经济损失估值约 100.00 元。

四、事故原因

1. 本次事故的主要原因是兼职司炉工李××安全意识不够，于9月2日上午将暑假期间学校维修课桌、凳子的一些废旧木材，作为生炉引火材料，堆放在了茶炉房内引发的。9月12日上午，兼职司炉工李××为了保证下午能按时供应热水，上午10点左右用引火木材点燃茶炉，由于烧水工作是李××的兼职工作，其主要的本职工作是门卫管理，因此茶炉点燃后，他就锁闭了茶炉房，离开了烧茶炉的工作岗位，回到了门卫室，茶炉房内无人监管，可能是炉内火星迸出，将引火用的废旧木材点燃，未及时发现失火苗头，控制火势，造成了火灾。

2. 学校人力资源匮乏，财力有限，是导致本次失火事故的另一原因。李××是本校聘用的临时工，身兼门卫管理员、住校男生管理员、报纸杂志邮件收发员、茶炉房司炉工等数职。由于学校财力有限，无力聘用多人分担他的工作，就形成了顾此失彼的局面。虽然学校有司炉工岗位管理职责规定，工作期间不得擅自离开工作岗位，但李××身兼数职，不能兼顾，当日茶炉点燃后，他为了看护学校大门，就暂时离开烧茶炉的工作岗位，致使茶炉房内无人监管。

3. 学校对后勤辅助人员，特别是聘用的临时工进行安全教育和培训不够，使得个别员工安全意识淡薄，是火灾发生的另一个原因。本学期开学前，8月31日学校安保处会同总务后勤、校工会等部门，对校舍、教学设施进行了全面检查，未发现安全隐患，当日也检查了茶炉房，没有发现里边堆放有引火的材料。在学校调查事故发生原因时，李××自述：是9月2日开学的第二天，才将学校暑假期间维修课桌、凳子的废旧木材作为引火材料，取了一些搬进茶炉房的。李××是本校聘用的临时工，文化水平不高，学校忽视了对其进行安全教育和培训，使得兼职司炉工李××的安全意识不足，擅自将易燃物放在茶炉房内，埋下了安全隐患。

五、事故教训和今后的防范措施

尽管本次失火事故所造成的损失不大，但也给学校的管理敲响了一个警钟，学校要认真牢记本次事故教训，树立“安全第一，安全无小事”的指导思想，加强学校安全管理，防止类似事故的再次发生。今后的防范措施如下：

1. 进一步落实各级安全生产责任制，特别是各部门领导的安全生产责任制，真正把安全生产法规、制度、措施、规程等落实到每个教研组、每个办公室和每个后勤作业人员，形成有效预防事故的管理机制。

2. 加大安全检查的力度，定期对学校的各个场所进行安全隐患排查，除重点部位要勤查外，对一些不起眼的部位也要定期、定时检查。

3. 积极开展安全教育活动，培养学生的安全意识。坚持每个学期对全体教职员工进行一次安全常识培训，提高员工的安全防范意识和自我保护意识，防止类似安全事故和其他安全事故的再次发生。

以上情况，敬请核实！

××学校

2018年9月14日

评析：

该例文是一份事故类的情况报告。在文中，缘由要素的叙述较为合适，过渡句也很规范，但事项要素的概括就存在许多的缺陷。例如，结构不够规范合理、层次较为混乱颠倒、叙述非常冗长絮叨、认识存在避重就轻等。

3. 回复报告

回复报告的正文一般包括缘由、过渡句、事项、期望、结束语等要素。其内容单一集中，篇幅短小，且有明确的时限。

（1）缘由：也就是上级机关的有关“要求”，如：“近日，接市府办《××××××××》（发文字号）的通知，要求我局就×××××问题作出答复，”。

（2）过渡句：一般用“现将有关情况报告如下：”。

（3）事项：即围绕上级机关所要了解的情况进行具体的、有针对性的陈述，切忌顾左右而言他，其内容和次序如下。

①情况的获取：包括调查的举措和调查的对象。

②情况的内容：包括事件的起因、过程、结果。

③情况的认识：包括情况的定性、处理的建议等提出。

（4）期望：围绕回复报告的内容、特点、执行建议等提出请求或期望，供上级参考的性质明显；如有相关内容，可以不写。

（5）结束语：通常用“特此报告”或“以上情况，敬请核实！”等。

例文评析

例文 3.11

××市××区人民政府
关于治理××湖水质污染的问题的答复报告

××市人民政府：

近日，接市府办《××××××××》（发文字号）的通知，要求我区就××湖水质污染的问题作出答复，现就通知中提出的有关问题及解决方案报告如下：

一、××湖水质污染问题的调查情况（略）

二、××湖水质污染问题的成因分析（略）

1. ××造纸厂的废水排放是污染源之一。（略）

2. ××热电厂的粉煤炭也是污染源之一。（略）

三、××湖水质污染问题的解决方案（略）

1. 坚决遏制相关企业排污排废是治理××湖水质污染的问题的根本。（略）

2. 解决××湖水质污染问题的关键是尽快建成××区污水处理厂。（略）

以上情况，敬请核实！

××市××区人民政府
××××年×月×日

评析：

该例文是一份回复报告。在文中，缘由、过渡句、事项、结束语等要素一应俱全，对上级询问的问题，进行了调查，并认真分析了成因，还提出了解决的方案，每个要素的内容表述也均符合要求，且紧紧围绕着其核心问题，有针对性地给予回答。结构合理、层次分明，为一份体例十分规范的回复报告。

4. 报送报告

报送报告的正文一般包括缘由、过渡句、事项、结束语等要素。

（1）缘由：也就是上级机关的有关“要求”。

（2）过渡句：一般用“现将……予以呈报。”。

（3）事项：对上级机关要求报送的有关材料或物件进行简要的陈述，其内容和次序是名称、数量、说明。

（4）结束语：通常用“特此报告”或“特此报告，敬请审阅。”等。

例文评析

例文 3.12

××市××局
关于报送二〇一八年工作总结和二〇一九年工作计划的报告

××市人民政府：

近接市府办《×××××××》（发文字号）的通知，要求我局于 12 月 30 日之前报送二〇一八年工作总结和二〇一九年工作计划，现将我局《二〇一八年工作总结 》和《二〇一九年工作计划》（共两件）予以呈报。

敬请审阅！

××市××局
2018 年 12 月 20 日

评析：

该例文是一份报送报告。在文中，缘由、过渡句、事项、结束语等要素一应俱全，而且每个要素的内容表述也均符合要求，结构合理、层次分明，可为报送报告的规范体例。

三、报告的写作要求

报告的写作应做到以下几方面。

（1）事实要真实。真实性是报告的生命线，无论何种报告均必须据实报告，实事求是，绝不允许文过饰非、歪曲夸大；有关数据需认真核实，不可弄虚作假。

（2）定性要准确。报告中对所述事实的定性认识一定要准确无误，既可以强调客观的因素，也必须注重主观的因素。

（3）不足要到位。报告切忌“报喜不报忧”，只谈成绩与经验，避而不谈不足和教训，这是非常不科学的态度。

（4）结语要规范。报告的结束语一律不准出现“示”或“准”的字样，否则就很容易造成“夹带请示事项”的嫌疑。

第四节　函

学习目标

1. 掌握函的内涵、特点、类型等基本常识；
2. 掌握函的结构与写法；
3. 鉴赏例文，写作训练。

知识链接

一、函的适用与种类

（一）函的适用

《条例》规定：函适用于不相隶属机关之间商洽工作、询问和答复问题、请求批准和答复审批事项。

函作为党政机关公文中唯一的一种平行文种，其适用的范围相当广泛。主要适用于平行机关之间行文、不相隶属机关之间行文，包括上级机关或下级机关行文。函的重要任务是用于不相隶属机关之间商洽工作、询问和答复问题，但也会用于向有关主管部门请求批准事项，向上级机关询问具体事项，还可用于上级机关答复下级机关的询问或请求批准事项，以及上级机关催办下级机关有关事宜。此外，函有时还可用于上级机关对某件原发文件做较小的补充或更正。

（二）函的种类

根据函的作用，可分为以下几种。

（1）商洽函：用于不相隶属机关之间商洽工作的函。

（2）询问函：用于不相隶属机关之间询问问题的函。

（3）请准函：用于不相隶属机关之间请求批准的函。

（4）答复函：用于不相隶属机关之间答复问题和审批事项的函。

（5）告知函：用于不相隶属机关之间相互通知事项的函。

（三）函的特点

（1）作者广泛：函普遍适用于各种社会活动，几乎所有的社会组织均可按需制发公函。

（2）格式灵活：函的格式为特定格式，灵活方便，可不遵守党政机关公文的标准格式。

（3）内容简便：函的内容也要求“一文一事”，因而行文时应开门见山、直抒事项，言语间也应朴素直白、简洁明了。

（4）行文平行：函的行文对象是不相隶属机关，相互之间无领导与被领导的关系，属于平行文，体现着双方平等沟通的关系。

（四）函与请示的区别

（1）行文方向不同：函是平行文，主要向不相隶属的机关行文，请示是上行文，只能向上级机关行文。

（2）内容范围不同：函可用于商洽、询问和答复，请示则只能用于请求指示或请求批准。

（3）复文方式不同：函的受文机关只能用函来回复，请示的受文机关既可用函来答复，也可以用下行文批复。

二、函的结构与写作

函一般由标题、发文字号、主送机关和正文四部分组成。

（一）标题的写作

函的标题原则上只能采用“发文机关＋发文事由＋文种”的结构，如：《××市人民政府办公厅关于××经贸洽谈会展的函》《××市××局关于办公用品采购的函》《××大学关于请求批准用水增容的函》《××市××局关于××文化交流活动的答复函》等。

由于函几乎都是对外正式行文，都应符合函的格式要求，也都有发文机关标识，因而其标题也可省略发文机关。

（二）发文字号的写作

函的发文字号，大体由机关代字、年号、顺序号组成，较大机关的函，可在发文字号中显示“函”字。

（三）主送机关的写作

函的主送机关应当是与其无隶属关系的对方机关。一般情况下，函的主送机关往往只有一个，则只需列明该机关的全称，如“××市教育局：”；如果需要同时向好几个机关发函，则可以罗列这些机关的简称，如“××市教育局、文化局、卫生局：”。

（四）正文的写作

1. 商洽函

商洽函的正文内容一般包括缘由、过渡句、事项、结束语等要素。

（1）缘由：双方商洽有关事项的起因。
（2）过渡句：一般用“特提出如下意见：”。
（3）事项：与对方商洽的相关事项。
（4）结束语：通常用“特此函达！”或“请即复函！”等。

例文评析

例文 3.13

××省社会科学院××研究所关于建立全面协作关系的函

××大学：

近年来，我所与你校双方在一些科学研究项目上互相支持，取得了一定的成绩，建立了良好的协作基础。为了巩固成果，建议我们双方今后能进一步在学术思想、科学研究、人员培训、仪器设备等方面建立全面的交流协作关系，特提出如下意见：

一、定期举行所、校之间学术讨论与学术交流（略）

二、根据所、校各自的科研发展方向和特点，对双方共同感兴趣的课题进行协作（略）

三、根据所、校各自人员配备情况，校方在可能的条件下对所方研究生、科研人员的培训予以帮助（略）

四、双方科研教学所需要高、精、尖仪器设备，在可能的条件下，予对方提供利用（略）

五、加强图书资料和情报的交流

以上各项，如蒙同意，建议互派科研主管人员就有关内容进一步磋商，达成协议，以利工作。特此函达，务希研究见复。

××省社会科学院××研究所
××××年×月×日

评析：

该例文是一份商洽函。文中的缘由、过渡句、事项、结束语等要素一应俱全，格式上非常规范。需要说明的是，该例文在第一自然段中的“为了……”，不是目的要素，而是用以说明双方此次商洽的缘由。还有，该例文在事项要素中，从多个方面分条列项地阐述了与对方商洽的相关事项，层次分明、条理清晰。因而，该例文是一份商洽函的范文。

2. 询问函

询问函的正文内容一般包括缘由、过渡句、事项、结束语等要素。
（1）缘由：询问对方有关事项的起因。
（2）过渡句：“现求询下列事项：”。

（3）事项：询问对方相关事项。
（4）结束语：通常用“特此函询！”或“请即复函！”等。

例文评析

例文 3.14

××省科学技术委员会关于询问贯彻全省科学技术工作会议情况的函

各地、市科委：

全省科学技术工作会议自今春召开以来，迄今已有半年。为了互通情况，并为使我省科技事业得到进一步发展，希针对下列所询问题，将你地、市有关情况于9月底前具报我委办公室。

一、省科学技术工作会议后，采取了哪些措施进行贯彻？

二、此半年来，有何科学发明和技术革新？效果如何？

三、在开展科学研究和科技交流方面，曾遇到哪些问题，如何解决？现在还存在哪些问题，哪些问题需要我们帮助解决？

特此函询！

××省科学技术委员会
××××年×月×日

评析：

该例文是一份询问函。文中的缘由、过渡句、事项、结束语等要素一应俱全，格式非常规范。但需要说明的是，该例文的过渡句中的“具报”一词用词不当，应该为“具告”。因而，该例文还算是一份规范的询问函。

3. 请准函

请准函的正文内容一般包括缘由、过渡句、事项、结束语等要素。
（1）缘由：请求对方审批有关事项的原因或情况。
（2）过渡句：一般用“特提出如下申请：”。
（3）事项：请求对方审批的相关事项。
（4）结束语：通常用“妥否，请予审批！”或“敬请审批！”等。

例文评析

例文 3.15

关于请求批准××同志转聘岗位的函

××县人力资源和社会保障局：

我单位××同志于1976年11月出生，中共党员，本科学历；1996年参加工作以来，一直在农业生产一线从事农业技术试验、示范推广工作；2002年评聘为助理农艺师，2009年3月被组织任命为××县农技中心副主任（副科级）。

自任职副主任以来，××同志立足本职，履职尽责，任劳任怨，兢兢业业，履行管理岗位和专业技术岗位“双肩挑”职责，为推动全县农业产业化发展，促进农业增效，农民增收做出了自己应有的贡献。在任职期间各年考核结果均为称职，其中2009、2011年度被评定为“优秀”等次。

根据该同志的现实工作表现和工作能力，经本人同意，单位班子会议研究，特向贵局提出××同志由专业技术岗位（十一级助理农艺师）转聘为副科级管理岗位（八级职员）的申请。

妥否，请予审批！

××县农技中心

2013年××月××日

评析：

该例文是一份请准函。文中的缘由、过渡句、事项、结束语等要素一应俱全，格式非常规范。但需要说明的是，该例文在结构上存在严重的头重脚轻的缺陷，其缘由要素中无须罗列该同志的光荣事迹，即使非常有必要，也应当作为附件提供。因而，该例文是一份不够规范的请准函。

4. 答复函

答复函的正文内容一般包括缘由、过渡句、事项、要求、结束语等要素。

（1）缘由：对方为什么来函。

（2）过渡句：一般用“现复函如下：”。

（3）事项：回复对方的相关事项。

（4）要求：针对回复事项对对方提出的相关要求。

（5）结束语：通常用“特此函复。”或“此复。”等。

例文评析

例文 3.16

××市人民政府办公厅关于临时工、合同工能否执法问题请示的复函

市市容环境卫生管理局：

你局《关于明确临时工、合同工能否执法问题的请示》收悉。现复函如下：

《中华人民共和国行政处罚法》已于××××年××月××日起执行。该法对行政执法主体及执法人员作出了明确而严格的规定。按照行政处罚法和国务院《关于贯彻实施〈中华人民共和国行政处罚法〉的通知》，从今年××月××日起，合同工、临时工再不能从事行政处罚工作。

你局应按照上述精神，对全市市容卫生执法人员进行清理，理顺执法体制，保证行政处罚法的贯彻实施，促进市容卫生管理工作。

此复。

××市人民政府办公厅

××××年××月××日

评析：

该例文是一份答复询问事项的答复函。文中的缘由、过渡句、事项、要求、结束语等要素一应俱全，格式非常规范。而且，该例文在表述上要言不烦、条理清晰。特别是事项要素中答复明确、依据充分。因而，该例文是一份答复询问事项的答复函的范文。

例文 3.17

关于同意举办××自修大学的复函

中国农工民主党××省委员会、××市委员会：

《关于举办××自修大学的报告》收悉。经研究，函复如下：

（一）同意你们举办××自修大学，组织青年走自学成才的道路。学生可以按照省高等教育自学考试指导委员会的有关规定参加自学考试。成绩合格者由省高等教育自学考试指导委员会发给证书，承认其学历。

（二）××自修大学的办学方式，可与赞助单位根据国务院、教育部有关文件的规定具体洽商确定。

特此函复。

××省教育厅

××××年××月××日

评析：

该例文是一份答复审批事项的答复函。文中的缘由、过渡句、事项、结束语等要素比较清晰，但要求要素略显含糊，格式需进一步规范。还有，该例文的事项要素在表达上不是很顺畅，明明说了“同意举办”“学生学历”“办学方式”三个意思，却只分了两点，条理不够清晰。因而，该例文是一份不够规范的答复审批事项的答复函。

5. 告知函

告知函的正文内容一般包括缘由、过渡句、事项、要求、结束语等要素。

（1）缘由：说明制发函的原因。

（2）过渡句：一般用“现告知如下：”或“特此奉告”。

（3）事项：告知对方的相关事项。

（4）要求：告知对方应注意的问题。

（5）结束语：通常用“敬上”等。

例文评析

例文 3.18

×××公司关于×××公司订购货物的出口许可证的函

敬启者：

贵方订购货物的出口许可证已获批准。货物即于8～10天内制作完成，特此奉告。我方建议，于见到由中华人民共和国中国银行开出不可撤销信用证时付款。

我方一接到贵方确认书后，信用证就已开出，而货物即行启运并将文件寄出，作为向银行结账凭据。

敬上

×××公司

××××年××月××日

评析：

该例文是一份告知对方有关情况的告知函。文中的缘由、过渡句、事项、要求、结束语等要素一应俱全，格式较为规范。而且，该例文在表述上非常简洁，事项与需注意的问题用一句话说清。因而，该例文是一份告知对方情况的告知函的范文。

三、函的写作要求

函的写作应做到以下几方面。

（1）行文要简洁：函的最大特点就是简洁，因而行文时应开门见山、直抒事项，言语间也应朴素直白、简洁明了。

（2）内容要单一：函在内容上也要求“一文一事”，无论什么种类的函，都只能针对一个问题或一件事情进行陈述。

（3）语气要友好：函是不相隶属机关之间的往来行文，本着相互尊重、友好协商的原则，在语气上应当体现出尊重、友好。

（4）格式可灵活：函在格式上可以灵活处理。如果是公函，可以遵照公文特定格式中有关信函格式的相关要求；如果是便函，则可以借鉴一般的书信格式。

第五节 纪　　要

学习目标

1. 掌握纪要的内涵、特点、类型等基本常识;
2. 掌握纪要的结构与写法;
3. 鉴赏例文，写作训练。

知识链接

一、纪要的适用与种类

(一) 纪要的适用

《条例》规定：纪要适用于记载会议主要情况和议定事项。

(二) 纪要的种类

纪要的种类适用一般有按会议纪要的性质和内容划分、按会议的形式划分、按会议的任务划分等。

(1) 按会议纪要的性质和内容划分：决议性纪要、情况性纪要。

(2) 按会议的形式划分：办公例会纪要、座谈会纪要。

(3) 按会议的任务划分：综合会议纪要、专门会议纪要。

(三) 纪要的特点

纪要具有如下几个特点。

(1) 行文关系的多样性：纪要既可以上报、汇报会议的情况和结果，也可以传播、交流会议信息，还可以下发要求共同遵守的事项。

(2) 记载内容的真实性：纪要必须如实地反映会议的情况，传达会议的议定事项，不能编造事实，更不能更改决议。

(3) 发布范围的狭窄性：纪要是记载会议主要情况和议定事项的内部文件，一般不向社会公开，只在参会单位发布。

(4) 执行事项的依据性：纪要记载了会议的情况和议定的事项，一经成文就要求与会各方据此遵守或执行。

(四) 会议纪要与会议记录的区别

会议纪要与会议记录都是在会议过程中产生的文件资料，很容易混淆。但它们之间的区别还是非常明显的，可以概括为以下四点不同。

(1) 性质不同：会议纪要是正式文件，属于党政机关公文；会议记录不是正式文件，它只是单位内部用于记录有关会议情况的一种资料。

(2) 作用不同：会议纪要具有法定的效力，与会各方均应遵守纪要中所载的议定事项；

会议记录只起着记载、凭证、查考、利用的作用。

（3）内容不同：会议纪要只记载会议的主要情况，内容上应概述；会议记录则需记录会议的全面情况，内容上也要求详述。

（4）行文不同：会议纪要既可以对外行文，也可以对内行文；会议记录一般不予行文，仅仅留存以备查考。

总之，会议记录是原始材料，真实地记录了与会人员的原话以及会议的具体过程，而会议纪要则是加工后的文章，具有法定的效力，可用于指导工作。

二、纪要的结构与写作

纪要一般由标题和正文组成。

（一）标题的写作

纪要的标题有三种写法。

一是“会议名称＋纪要”，如《第×××次市长办公会议纪要》。

二是“会议主办机关＋会议内容＋纪要”，如《××省经贸委关于企业扭亏联席会议的纪要》。

三是正副标题方法，正标题写明会议主题，副标题通常标注“会议名称＋纪要”。

（二）正文的写作

纪要的正文一般由缘由、过渡句、事项、结束语四个要素组成。

（1）缘由：即会议概况，包括会议原因、目的、时间、地点、名称、主持人、与会人员、基本议程等。

（2）过渡句：一般可写为“现将会议议定事项纪要如下：”。

（3）事项：即会议的精神和议定事项，一般包括会议内容、议定事项，还可概述会议指出、认为、强调、决定的有关事项或内容。

（4）结束语：一般是用单独的一个段落，以提出希望和发出号召来结束全文，也可不另起段落，只是在正文的最后一个段落之后写上结束语。

例文评析

例文 3.19

××市×××区行政审批主体部门联席会议的纪要

第一期

（××××年××月××日）

××××年××月××日上午××时，××市×××区行政审批主体部门联席会议在区政府二楼报告厅召开，会议由副区长×××主持，区长×××、纪委书记×××参加了会议并作重要讲话。现将会议议定事项纪要如下：

会议听取了区行政审批管理办公室主任×××关于行政审批工作的汇报，通过了《×××区行政审批工作管理办法》《关于行政审批运行管理工作的规定》《×××区委托受理行政审批事项暂行办法》《关于统一我区各行政审批主体部门数据报送工作的规定》四个文件。

会议强调……

会议提出……

会议责成……

参加会议的还有×××、×××、×××、×××、×××、×××、×××、×××、×××。

××市×××区办公室

××××年××月××日

评析：

该例文是一份情况性纪要。文中的缘由、过渡句、事项等要素的表述较为到位，但不见有结束语，格式不够规范。该例文不仅在事项要素中介绍了会议的相关议程与通过的文件，而且在最后还补录了与会人员的名单，着重于对会议情况的记载。因而，该例文是一份较为规范的情况性纪要。

例文 3.20

××××年第一次总经理办公会议纪要

××××年××月××日下午××时整，公司召开第一次总经理办公会议，研究讨论公司经济合同管理、资金管理办法、机关××××年××月份岗位工资发放等事宜，张××总经理主持，公司领导，总经办、党群办及相关处室负责人参加。现将会议议定事项纪要如下：

一、关于公司经济合同管理办法

会议认为……

二、关于职工因私借款规定

会议认为……

三、关于公司资金管理办法

会议认为……

四、关于职工工资由银行代发事宜

会议认为……

五、关于公司机关××月份效益工资发放问题

会议决定……

会议最后强调，公司机关要加强与运行船舶的沟通，建立公司领导每周上岗接船制度，完善机关管理员工随船工作制度，增强工作的针对性和有效性。

××公司行政部
××××年××月××日

评析：

该例文是一份决议性纪要。文中的缘由、过渡句、事项、结束语等要素一应俱全，格式非常规范。该例文内容的着重点是在事项要素中，从五个方面分条列项地陈述了本次会议的有关议定事项，而对会议的情况只是稍做必要的概述，因而可以说该例文是一份决议性纪要的规范体例。

三、纪要的写作要求

纪要的写作，应当做到以下几点。

（1）内容要真实：纪要必须如实地反映会议情况，不能随意增添删减，不能以偏概全，要如实体现会议的决定和领导的思想意图。

（2）重点要突出：纪要的内容既要记载会议情况，又要记载议定事项，但重点应将会议所研究的问题和决定事项逐条归纳，做到条理清楚、简明扼要。

（3）意见要一致：纪要中记载的意见应该是已经取得一致的意见；没有取得一致的意见，一般不写入纪要。但对少数人意见中的合理部分，也要注意吸收。

（4）表述有条理：纪要要在如实记录会议的基础上，做到紧紧围绕主题，对会议议定的事项进行分类、分层、分序，有条理、有顺序地将会议事项列出来。

（5）主语是会议：纪要用“会议”做主语，即“会议认为”“会议确定”“会议指出”“会议强调”“会议听取了”“会议讨论了”等。

思考与练习

1. 请合理扩充下面提供的材料，以全国 XZ 学会的名义拟写一份 600 字左右的、直接发给各个会员的会议通知。

全国 XZ 学会决定于××××年××月××日至××日在 J 省 N 市文化会堂，召开一年一度的 XZ 学会年会，此次年会由 J 省 XZ 学分会承办。年会的主要议题是研究和探讨当前 XZ 学的有关学术与教学的热点问题，确定全国 XZ 学会的发展方向与改革措施，并举行全国 XZ 学会的换届选举，重新建立全国 XZ 学会会员的联络渠道，等等。全国 XZ 学会的会员均可参加。会期为 7 天，××月××日报到。报到和住宿地点是：N 市金丰大酒店（N 市中山西路 438 号）。要求每位与会者提交相关学术论文一篇。会务费 500 元，其他费用自理，均可提供正式发票。会议期间将安排前往 JG 山开展革命历史教育活动。

2. 请分析下列案例在写作上存在的错误，并重新拟定该文。

关于领导班子作风建设专题民主生活会的请示

县委组织部：

根据你部下发的《关于召开以加强领导干部民主作风建设为主题的党员领导干部专题

民主生活会的通知》要求，我局拟定于本月12日上午召开领导班子民主生活会。

为了开好这次民主生活会，我局于本月6日召开党委会进行专题研究，将这次专题民主生活会的主题确定为“为民、开拓、务实、清廉”，并紧紧围绕这一主题着手做好民主生活会的各项准备工作。

一是广泛征求了意见，下发了《关于对××××年局领导班子民主生活会征求意见的通知》，公布了意见征求电话和电子信箱，在全局范围内广泛征求对局领导班子成员的意见。经整理和汇总，本次征集的意见共分安全生产、职工培训、经营管理、福利待遇四个方面，并归纳为23条。

二是局领导班子成员深刻进行了自我剖析。每个领导班子成员都结合自己的思想和工作实际，在广泛征求意见的同时，边学习、边思考、边反思，全面总结近年来自己在思想、工作、作风以及廉洁自律等方面存在的问题。并按照要求认真撰写了个人党性分析材料。

三是开展了谈心活动。班子成员分别与中层干部、分管部门和普通党员等广泛开展了谈心活动，深入开展了批评与自我批评，大家把平时不想说、不敢说、不能说的话都说了出来，真正做到思想见面，用心说话，与人为善，坦诚相见。

××县××局

××××年××月××日

3. 请为下文拟定一份同意代培涉外秘书人员的复函。

关于商洽委托代培涉外秘书人员的函

××学院:

据报载，贵院将于今年9月开办涉外秘书培训班，系统讲授涉外秘书业务、公关礼仪、实用文书写作等课程。这个培训项目为我公司新上岗的涉外秘书人员提供了一个难得的在职进修机会。为能尽快提高我公司涉外秘书人员的从业素质，拟选派8名在岗秘书人员随该班进修学习，委托贵院代培。有关代培费用及其他相关经费，将按时如数拨付。

如蒙慨允，恳请函复为盼!

××公司

××××年××月××日

第四章

党政机关公文写作（3）

本章导读

通知与通报容易混淆，通知是组织工作、传达信息、处理文件和任免干部的重要文件，通报是一个表彰先进、惩戒错误、传递信息的重要文种。通告与公告也容易混淆，两者都是宣传类、知照类公文，但两者在范围上、内容上有明显的区分。公报是比较正式的会议成果发布类公文。

第一节　通　　知

学习目标

1. 掌握通知的内涵、特点、类型、作用等基本常识；
2. 掌握通知的结构与写法；
3. 鉴赏例文，写作训练。

知识链接

一、通知的适用与种类

（一）通知的适用

《条例》规定：通知适用于发布、传达要求下级机关执行和有关单位周知或者执行的事项，批转、转发公文。

通知的适用范围较为广泛，主要用于下行文，也可用于平行文。发文机关根据法定职责和职权，可以选用通知印发文件或批转文件、布置工作或下达指示、周知信息或处理公务、任免干部等。要注意的是，发文机关在使用通知时，要遵守基本的行文规则。

（二）通知的种类

根据《条例》对通知适用范围的规定，可以将通知分为以下类型。

1. 文件办理类通知

（1）印发类通知：适用于印发本单位制定的规章制度、指导意见、领导讲话的重要文件，如《印发<关于促进分享经济发展的指导性意见>的通知》《××大学关于印发〈××大学本科生学士学位授予条例〉的通知》《××大学校办关于印发〈××校长在××××××大会上的讲话〉的通知》。

（2）转发类通知：适用于转发上级单位下发的重要文件，提出贯彻落实的具体要求，也适用于其他单位发来的重要文件。如《××省委宣传部转发〈中宣部关于组织学习习近平在庆祝改革开放40周年大会上讲话〉的通知》《××××高校转发〈省文明办关于在公共场所悬挂文明用文宣传标语的意见〉的通知》。

（3）批转类通知：适用于将下级机关的公文批转给其他下级机关，如《国务院批转〈民政部等部门关于扶持农村贫困户发展生产治穷致富的意见〉的通知》。

2. 工作布置类通知

适用于传达上级机关关于某项工作的指示精神，也适用于布置要求下级机关执行和有关单位执行的事项，此类通知具有较强的约束力，如《国务院关于坚决制止乱砍滥伐森林的紧急通知》《教育部关于做好2019年全国硕士研究生招生考试组考工作的通知》。

3. 信息周知类通知

适用于向下级机关或不相隶属机关传达、传递工作信息、工作情况、工作动态，以提出要求、请求，促进未来工作。此类通知周知性较强，指导性较弱。如《国务院办公厅关于2019年部分节假日安排的通知》《××××人民政府办公厅关于成立××××学院筹建工作领导小组的通知》《××市人民政府关于设立旧城拆迁改造工作举报热线电话的通知》《××××关于公布各高校2018届本科毕业生初次就业率的通知》。

4. 干部任免类通知

适用于省级及以下级别领导干部的任免。如《××××关于×××等同志职务任免的通知》《××××关于×××同志职务任命的通知》《××××关于×××等同志正式任职的通知》《××××关于同意×××辞职的通知》等。

（三）通知的特点

通知具有如下几个特点。

（1）广泛性：内容不受轻重繁简的限制；作者适用于一切社会组织；行文既可下行，也可平行。

（2）频繁性：使用最为频繁（据有关基层单位统计，在上级机关的来文中，通知几乎占来文数量的3/4）。

（3）告知性：通知要把需要周知的事项告知有关单位和人员，具有很强的告知性。

（4）执行性：通知在告知的同时，还需要办理和执行，并提出有关要求，具有执行性和约束力。

（四）通知与通告的区别

通知和通告是两个近似的文种，都用于公布或传达有关事项，在实际工作中极容易混用，因而，必须分清它们之间的区别。

《条例》对通知和通告的表述分别是：通知适用于发布、传达要求下级机关执行和有关单位周知或者执行的事项，批转、转发公文；通告适用于在一定范围内公布应当遵守或者周知的事项。两者的区别主要有以下几方面。

（1）发布的事项不同：通知的事项要求周知或执行；通告的事项要求遵守或周知。

（2）告知的对象不同：通知告知的一般是特定对象；通告告知的往往是无法确定的对象。

（3）告知的范围不同：对内告知时往往要用通知；而对外公开告知时则常常用的是通告。

（4）格式的要素不同：通知的格式必须要有主送机关；通告则无法设计主送机关。

二、通知的结构与写作

通知一般由标题、主送机关和正文三部分组成。

（一）标题的写作

1. 完整式标题

由制发机关、发文事由和文种名称（通知）三个部分组成。如：《××市人民政府关于召开二〇一八年度经济工作会议的通知》。

2. 省略式标题

（1）省略发文机关：正式行文时，由于有公文版头，所以可以省略发文机关名称，如：《关于开展讲师德树师风活动的通知》；机关内部公文也经常省略发文机关，如《关于组织全体教职工开展迎新活动的通知》。

（2）省略发文机关、发文事由：即《通知》，往往只在单位内部通知极个别的人员，或张榜、板书通知时才使用。一般不建议使用。

（二）主送机关的写作

（1）当只有一个主送机关时，应明确地在标题下一行居左顶格标注该机关的全称，如：“××市教育局：”。

（2）当需要同时主送多个机关时，应尽量地标注这些机关的全称或规范化简称，如：“市教育局、市文化局、市卫生局、市科技局、市公安局：”。

（3）当需要同时主送所有下级机关时，则只需标注这些机关的统称，如：“市属各区、县、局、委、办及企事业单位、群众团体：”或“校属各部门：”。

（三）正文的写作

1. 文件办理类通知

文件办理类通知包括印发类通知、转发类通知、批转类通知，其正文一般包括以下几方面。

（1）缘由：被印发、转发、批转文件的基本情况，包括发文机关、文件标题、发文字号以及上级机关对该文件的认定等。

（2）过渡句：一般用“现将《××××××××》批转给你们”。

（3）事项：批示意见，既可以对该文件的性质、作用、意义等做出批示，也可以对被批转文件所阐述的工作进行批示或提出要求。

（4）要求：或提出希望，如“请遵照执行”“望各单位认真参照执行”；或具体要求，如“请各单位认真参阅后，根据自己单位的实际情况，制订本单位的具体措施，并于××××年××月××日前予以上报。”等。

（5）结束语：如“特此通知！”。

总的来说，印发类通知、转发类通知、批转类通知的写作则相对比较简单，体例有如下几种。

（1）印发类通知的一般体例：“《×××××××××》已经党中央、国务院同意，现印发给你们，请结合实际认真贯彻落实。”

（2）转发类通知的一般体例： “现将《××××××××》转发给你们，望各单位认真遵照执行。特此通知！”

（3）批转类通知的一般体例：“×××同意《×××××××××》，现转发给你们，望认真遵照执行。特此通知！”

例文评析

例文 4.1

国务院关于印发《国务院工作规则》的通知

国发〔2018〕21 号

各省、自治区、直辖市人民政府，国务院各部委、各直属机构：

现将修订后的《国务院工作规则》印发给你们，自印发之日起施行。

国务院

2018 年 6 月 25 日

（此件公开发布）

评析：

印发类通知只需要说清楚印发依据、印发内容和印发说明，无须展开分析和论证。特别要说明的是，本文印发的依据和背景被略化，这并不意味着每个印发通知都要省略，必要时可以概述清楚。

例文 4.2

江西省人民政府办公厅关于转发省教育厅等部门江西省高校音体美专业师范生实习支教工作实施方案的通知

赣府厅字〔2018〕53 号

各市、县（区）人民政府，省教育厅，省财政厅，省人社厅，省公安厅：

省教育厅、省文明办、省财政厅、省人社厅、省公安厅、团省委《江西省高校音体美专业师范生实习支教工作实施方案》已经省政府同意，现转发给你们，请认真贯彻落实。

2018 年 5 月 29 日

（此件主动公开）

评析：

转发类通知与印发类通知写作思路类似，把依据、内容说清楚，如有相关说明也可概述。

例文 4.3

国务院　中央军委关于批转人力资源社会保障部总参谋部总政治部军人随军家属就业安置办法的通知

国发〔2013〕42 号

各省、自治区、直辖市人民政府，国务院各部委、各直属机构，各军区、各军兵种、各总部、军事科学院、国防大学、国防科学技术大学，武警部队：

国务院、中央军委同意人力资源社会保障部、总参谋部、总政治部《军人随军家属就业安置办法》，现转发给你们，请认真贯彻执行。

做好军人随军家属就业安置工作，事关广大官兵切身利益，事关军队战斗力建设，事关社会和谐发展，对深入贯彻落实党的十八大精神，实现党在新形势下的强军目标，全面建成小康社会具有重要意义。制定印发《军人随军家属就业安置办法》，是贯彻落实国家有关优待军人随军家属就业安置法律法规的客观要求，是增强部队凝聚力战斗力的实际举措，是服务部队、服务基层、服务官兵的具体体现。地方各级人民政府、各有关部门和军队各级，要站在维护国家安全、构建社会主义和谐社会的高度，充分认清做好新形势下军人随军家属就业安置工作的重要意义，切实加强组织领导，军地双方密切配合，加大安置工作力度，完善配套措施，积极主动地抓好工作落实，努力提高随军家属就业安置工作的质量和水平。要做好政策宣传和教育引导工作，在全社会营造关心支持国防和军队建设的良好氛围，支持和鼓励广大官兵及其家属立足本职，奋发进取，为实现中国梦强军梦作出新的贡献。

国务院　中央军委

2013 年 10 月 8 日

（此件公开发布）

评析：

该例文是一份非常规范的批转类通知！在文中，缘由、过渡句、事项、要求、结束语等要素一应俱全、明确到位。特别是在事项要素中，非常明确地对“做好新形势下军人随军家属就业安置工作”提出了具体的指示意见，层次分明、条理清晰、逻辑严明。确为批转类通知的范文。

2. 工作布置类通知

传达上级的工作指示、布置上级的工作任务和要求是工作布置类通知的主要任务，也是通知的主要内容。正文内容主要包括缘由、过渡句、事项、要求、结束语等要素。

（1）缘由：可根据工作布置的需要，谈背景、问题、依据、意义等，进而明确目的。

（2）过渡句：“现将有关情况（或要求）通知如下”。

（3）事项：将具体的有关工作事项或有关工作要求，分条列项地予以陈述或说明。

（4）要求：提出希望，如：“望各单位认真参照执行！”等。

（5）结束语：如“特此通知！”。

例文评析

例文 4.4

××市人民政府办公厅
关于做好市级行政审批事项下放承接工作的通知

×府厅字〔2013〕196 号

各县（区）人民政府，各开发区（新区）管委会，市政府各部门，市直各单位：

根据《××市人民政府关于深化第八轮行政审批制度改革全面简政放权的决定》（×府发〔2013〕22 号），我市决定向县区（含开发区、新区）下放行政审批事项共 240 项。为做好事项下放后的及时承接和规范管理，促进我市行政审批权力“放得下、接得住、管得好”，现就有关事项通知如下：

一、充分认识市级行政审批事项下放承接工作的重要性（略）

二、突出抓好市级行政审批事项下放承接工作重点

1. 放权单位要做到“四个规范”。（略）

2. 承接单位要做到“四个到位”。（略）

三、积极落实市级行政审批事项下放承接工作配套措施

1. 强化平台建设。（略）

2. 强化制度建设。（略）

3. 强化保障措施。（略）

四、必须统一市级行政审批事项下放承接工作步骤

（一）准备阶段（2013 年 6 月 8 日～6 月 22 日）

1. 制订实施方案。（略）

2. 准备人员、场所。（略）

（二）组织实施阶段（2013 年 6 月 23 日～7 月 25 日）

1. 组织交接。（略）

2. 集中进驻。（略）

（三）总结验收阶段（2013 年 7 月 26 日～8 月 1 日）（略）

五、务必明确市级行政审批事项下放承接工作要求

1. 加强组织领导。（略）

2. 加强协调指导。（略）

3. 加强监督考核。（略）

望各单位认真参照执行！

特此通知！

××市人民政府办公厅
2013 年 6 月 7 日

评析：

该例文是一份非常规范的工作布置类通知！在文中，缘由、过渡句、事项、要求、结束语等要素一应俱全、明确到位。特别是在事项要素中，分条列项地从五个大方面、若干个小点分别阐述了工作的重要性、重点、措施、步骤与要求，层次分明、条理清晰、逻辑严明。确为工作布置类通知的范文。

3. 信息周知类通知

信息周知类通知的正文以事项要素为主体，适当增加其他要素即可。

例文评析

例文 4.5

关于成立××市食品药品监督管理机构改革领导小组的通知

×府厅字〔2013〕499 号

各县人民政府，各开发区管委会，市政府各部门：

为贯彻落实《国务院关于地方改革完善食品药品监督管理体制的指导意见》，加强对我市食品药品监督管理机构改革工作的组织领导，统筹协调和整体推进我市食品药品监督管理体制改革和机构调整工作，经市政府研究，决定成立××市食品药品监督管理机构改革领导小组，领导小组组成人员名单如下：（略）

领导小组办公室设在市编办，××同志兼任办公室主任。领导小组不作为市政府议事

协调机构，任务完成后自动撤销。

特此通知。

××市人民政府办公厅
2013年11月15日

评析：

该例文是一份成立机构的周知类通知，其正文内容只有缘由、事项、结束语三个要素，言简意赅，并无不可。

例文4.6

通　　知

兹定于××××年××月××日××时整在××楼×××会议室召开《×××××会议》，敬请×××、×××、×××、×××等同志准时出席。

特此通知！

×××××××××
××××年××月××日

评析：

该例文是一份单位内部的会议通知，其正文虽然只有事项、要求与结束语三个要素，但已经成为单位内部会议通知的模板。

例文4.7

通　　知

兹因我校已改名××大学，现启用新的××大学印信，原××学院的印信一并作废。望各单位以后对前来贵处联系事宜的有关人员，一律以××大学的印信作为身份认证。

特此通知！

×××××××××
××××年××月××日

评析：

该例文是一份启用印信的周知类通知，其正文只有缘由、事项、要求与结束语四个要素，言短意明。

4. 干部任免类通知

适用于任、免干部，也适用于干部职位变化、辞职等。干部任免类通知的写法比较模式化。

（1）缘由。主要是简洁阐述干部任免的依据，如“党委决定”“国务院决定”“××会议研究决定”等。

（2）过渡句。经常省略。

（3）事项。被任免干部的信息、任免职位和职务。

（4）要求。经常说明试用期等，也经常会省略。

（5）结束语。“特此通知”，或省略。

例文评析

例文 4.8

关于×××同志职务任免的通知

校党字〔2018〕118 号

各院级党委（党总支），党群各部门，各学院、处（室、部、馆），各直属单位：

经××届××次党委会研究，党委决定：

×××同志任×师范大学后勤保障处副处长，免去其国有资产管理处副处长职务。

中共×大学委员会

2018 年 12 月 10 日

评析：

这是一份非常规范的职务任免通知，从任免依据入手，重点阐述任免内容。本通知没有附属说明，如试用期，所以未加标注。如果需要有，可以加入。

例文 4.9

国务院办公厅关于调整国家教材委员会组成人员的通知

国办发〔2018〕109 号

各省、自治区、直辖市人民政府，国务院各部委、各直属机构：

根据机构设置、人员变动情况和工作需要，国务院决定对国家教材委员会组成人员进行调整。现将调整后的组成人员名单通知如下：

主　任：孙春兰　国务院副总理

副主任：陈宝生　教育部部长

　　　　王晓晖　中央宣传部副部长、中央政研室副主任

　　　　丁向阳　国务院副秘书长

秘书长：朱之文　教育部副部长

委　员：（略）

国家教材委员会办公室设在教育部，由教育部教材局承担办公室工作。

国务院办公厅

2018 年 11 月 20 日

（此件公开发布）

评析：

职务、人员调整通知完全可以参照职务任命通知写作方法，同样是从依据、内容和备注说明等方面来写作。有所不同的是，机构、人员调整通知，有时会适当说明背景，但语言简略。

三、通知的写作要求

通知的写作应做到以下几点。

（1）说明要具体：通知所告知的事项应当具体，特别是相关的时间、地点、人物、物品等，都应当作具体的说明。

（2）依据要据实：通知所传达的事项往往需要执行，因而必须据实说明清楚做出通知的依据，才能做到有依有据。

（3）事项要有条理：通知所阐述的事项有时很多，因而必须要分条列项地予以说明，才能便于大家知晓与执行。

（4）要求要切实：通知所提的要求均应切合实际工作情况，执行起来才会具有可操作性，才可执行。

第二节　通　　告

学习目标

1. 掌握通告的内涵、特点、类型、作用等基本常识；
2. 掌握通告的结构与写法；
3. 鉴赏例文，写作训练。

知识链接

一、通告的概念与种类

（一）通告的概念

《条例》规定：通告适用于在一定范围内公布应当遵守或者周知的事项。

通告是公布性公文，通告的使用面比较广泛，一般机关、企事业单位甚至临时性机构都可使用，但是只适用于下行文或平行文，不宜用于上行文。而强制性的通告必须依法发布，其限定范围不能超过发文机关的权限。

（二）通告的种类

根据《条例》对通告适用范围的规定，可以将通告分为以下几种。

（1）遵守类通告：用于公布应当遵守的事项，如《××市人民政府关于关闭城郊非法生猪屠宰场的通告》。

（2）周知类通告：用于公布应当周知的事项，如《××市人民政府关于调整土地使用权颁证部门的通告》。

（三）通告的特点

通告具有如下几个特点。

（1）行业性：通告的内容往往针对实际业务活动。

（2）普遍性：通告的制发单位十分广泛，国家领导机构、地方各级行政机关以及企事业单位均可根据需要制发通告。

（3）公开性：通告通常采取传媒或公开张贴的宣布形式，与一般公文采用的文本方式截然不同。

（4）通俗性：为了达到“遵守”或“周知”的目的，通告的语言应当尽量简洁明了、通俗易懂。

（四）通告与公告的区别

通告和公告是两个近似的文种，都用于公布或宣布有关事项，但它们之间也存在着一定的差异，因而必须分清它们之间的区别。

《条例》对通告和公告的表述分别是：通告适用于在一定范围内公布应当遵守或者周知的事项；公告适用于向国内外宣布重要事项或者法定事项。它们有以下四处不同。

（1）发布的级别不同：公告要省级以上的机关才可发布；通告则一般单位均可发布。

（2）发布的范围不同：公告面向“国内外”；通告则只针对“一定范围内”。

（3）发布的方式不同：公告主要通过新闻媒介发布；通告还可以随处张贴。

（4）事项的特点不同：公告具有庄重性、新闻性；通告具有专门性、规范性。

二、通告的结构与写作

通告的主体结构由标题、正文、结束用语、发文机关署名、发文日期五个要素组成。

（一）标题的写作

（1）完整式标题。有些机关所发的通告，需要大范围地到处张贴，以便于宣传。此时，通告的标题就应当由制发机关、事由和名称（通告）三个要素组成。如：《××市公安局关于进一步依法规范集会游行示威活动的通告》。

（2）省略式标题。

①省略发文机关：正式行文时，由于有公文版头，所以标题中可以省略发文机关名称，如：《关于工商登记变更事项的通告》；机关单位内部发出的通告，也可省略发文机关。

②省略发文事由：有些单位的通告，由于其特殊的行业性质，所以标题中无须标注发文事由，如：《××市自来水公司通告》。

③省略发文机关、发文事由：有些基层单位在非常小的范围内所发的通告，往往也需要四处张贴，其标题可以直接写为《通告》。

（二）正文的写作

1. 遵守类通告

规范的遵守类通告的正文内容主要包括缘由、目的、过渡句、事项、要求、说明、结束语等要素。

（1）缘由：根据什么情况或政策、法规、文件、精神，由谁或经什么会议通过而做出此项通告。

（2）目的：做出此项通告的目的、动机或意义。

（3）过渡句：如“特此公布如下通告：”或“现将有关事项通告如下：”等。

（4）事项：分条列项地将需要执行的相关事项予以陈述或说明。

（5）要求：既可提出相应的希望，亦可提出具体的要求。

（6）说明：用以说明该通告的生效日期，如：“本通告自发布之日起施行”。

（7）结束语：通常都会表述为“特此通告”。

当然，在实际运用时，有些遵守类通告的正文内容也可以适当地减少一些要素，以达到更为直截了当、简洁明了的效果。

例文评析

例文 4.10

××市公安局关于进一步依法规范集会游行示威活动的通告

近日，我市部分市民自发举行了“保钓”集会游行示威活动，表达了我市人民的正义立场，彰显了我市人民的爱国热情。但由于没有依法申请和许可，导致游行队伍管理困难，影响了正常的交通秩序和人民群众的工作生活秩序。

为切实维护我市社会和谐稳定，保障广大公民的生命和财产安全，根据《中华人民共和国宪法》《中华人民共和国集会游行示威法》《中华人民共和国治安管理处罚法》《中华人民共和国刑法》和《××市实施〈中华人民共和国集会游行示威法〉若干规定》。现就有关事项通告如下：

一、公民举行集会、游行、示威活动，应当严格依照法律规定向××市公安机关提出申请并获得许可。经许可后，必须按照许可的目的、方式、标语、口号、起止时间、地点、指定路线和区域及其他事项进行。

二、凡经公安机关许可的集会游行示威活动，必须在指定的路线和区域内进行，并听从公安民警的指挥和引导。我市中心城区商贸设施集中、人员密集、重要国家机关较多、一些重大基础设施建设正在进行，特别是××广场、××路、××路、××大道等区域人员众多、车流量大，不宜举行大型集会游行示威活动。

三、严禁未经许可举行任何形式的集会、游行、示威活动，法律规定不需要申请许可的除外；严禁利用手机短信、互联网、微博或者其他方式组织、鼓动举行非法集会、游行、示威活动。

四、公民应当坚守文明法治的底线，冷静理智、合法有序地表达自己的情感，自觉维护社会秩序。绝不允许实施打砸抢烧以及其他侵害公民合法权益的违法行为。

凡违反本通告行为，不听制止的，公安机关有权命令解散；拒不解散的，公安机关有权采取必要手段强行驱散，对拒不服从的人员强行带离现场或者予以拘留。对于集会、游行、示威中借机进行打砸抢烧等违法行为的，公安机关将严肃查处；构成犯罪的，将依法追究其刑事责任。

本通告自发布之日起施行。

特此通告。

××市公安局

2018 年 9 月 20 日

评析：

该例文是一份非常规范的遵守类通告。在该例文中，缘由、目的、过渡句、事项、要求、说明、结束语等要素一应俱全、明确到位；特别是在事项要素中，该例文从四个方面分条列项地阐述了广大市民应当遵守的相关规定，事项具体、条理清晰、逻辑严明；而且在要求要素中，该例文对违反本通告的行为的处理，非常清楚、威严。确为遵守类通告的范文。

例文 4.11

通　告

为了净化校园环境，维护校园治安秩序和教职工及学生人身安全，严格执行我校交通管理规定，从即日起，实施以下规定。

1. 禁止一切车辆夜间在校内停放。
2. 禁止越野摩托车及重型摩托车进入校园。
3. 禁止无牌照车辆及酒后驾驶车辆进入校园。
4. 如发现有违规车辆及摩托车，巡逻队和门卫工作人员有权对违规车辆进行暂扣并对驾驶员进行批评教育。

5. 对严重违反规定者没收校内通行证并进行相应处罚。

希望广大教职工及学生为维护校园治安环境，严格遵守《校园管理规定》。

××大学保卫处
2012 年 10 月 8 日

评析：

该例文也是一份遵守类通告，但明显存在着四处缺陷：其一，无缘由要素，显得突如其来；其二，过渡句不恰当，像是命令的过渡句；其三，事项要素中的五条“规定”逻辑混乱、条理不清；其四，要求要素中的“为”字多余，属于语法错误，且此处出现的《校园管理规定》与前面所提到的“我校交通管理规定”语焉不详！

2. 周知类通告

规范的周知类通告的正文内容主要包括缘由、过渡句、事项、要求、结束语等要素。

（1）缘由：根据什么情况或政策、法规、文件、精神，由谁或经什么会议通过而做出此项通告。

（2）过渡句：如“现将有关事项通告如下：”或“特此提示大家”等。

（3）事项：简洁明了地将需要周知的相关事项予以陈述或说明。

（4）要求：既可提出相应的希望，亦可提出具体的要求，也可省略。

（5）结束语：通常都会表述为“特此通告”。

有的周知类通告的正文内容还可以仅仅保留缘由、事项、结束语等要素即可。

例文评析

例文 4.12

通　告

尊敬的业主及住户：

据××卫视直播××月××日报道，近期有不法分子冒充水、电、气、居委会、物业等人员身份骗得住户开门并实施抢劫，经调查许多住户在开门前缺乏安全警惕性，给不法分子以可乘之机。

为了广大住户的居家安全，××物业服务中心特在此提示大家：给陌生人员开门前请做好身份识别，物业人员上门拜访时会穿统一工服并佩戴工牌，如发现其他可疑人员请及时知会服务中心或报警处理（24 小时服务热线：×××××××××）。

和谐社区，你我共建！

特此通告！

××物业服务中心
2013 年 10 月 25 日

评析：

该例文是一份周知类通告，更是一份温馨的提示！因而只要符合基本的格式，具有相应的要素，说清了相关的事项，能切实地起到提醒广大住户的作用，就可以说是一份不错的通告。更难得的是文尾的“和谐社区，你我共建!”体现出来的温情，也为这份通告增色不少。

例文 4.13

××市自来水公司通告

为配合××大道下穿××路隧道工程，××市自来水公司定于12月19日（星期二）20：00至12月20日（星期三）11：00，在××大道××路进行大型供水管道更换工程。届时，××路沿线的供水压力将有所下降，请有关单位和居民做好储水准备。

特此通告!

××市自来水公司

2013年12月17日

评析：

该例文是一份常见的周知类通告，其体例已经被人们耳熟能详。其具体的事项、温馨的请求、清晰的条理、简洁的语言，都已成为这类通告的标志。

三、通告的写作要求

通告的写作应做到以下几方面。

（1）事项具体明确：无论是遵守类通告还是周知类通告，其告知的事项都必须具体、明确，才能便于大家的执行与遵守。

（2）要求合法切实：通告所提的要求均应合法，才能让人遵守；所提的要求还应当切实，大家遵守起来才会可行。

（3）语言简明通俗：通告要告知的对象大多是基层群众，因而语言上应力求简洁，甚至还应尽量通俗，便于大家及时理解并相互转告。

（4）态度严肃庄重：遵守类通告告知的是应当遵守的事项，态度理应严肃庄重；而周知类通告告知的即使是应当周知的事项，也应当严肃庄重。

第三节　通　　报

学习目标

1. 掌握通报的内涵、特点、类型、作用等基本常识；
2. 掌握通报的结构与写法；
3. 鉴赏例文，写作训练。

知识链接

一、通报的适用与种类

（一）通报的适用

《条例》规定：通报适用于表彰先进、批评错误、传达重要精神和告知重要情况。

通报的运用范围很广，各级党政机关和单位都可以使用，但其行文关系一般用于下行文，偶尔用于平行文，不能用于上行文。通报的作用是表扬好人好事，批评错误和歪风邪气，通报应引以为戒的恶性事故，传达重要情况以及需要各单位知道的事项。通报是各级机关、企事业单位和团体经常使用的文种。其目的是交流经验，吸取教训，教育干部、职工群众，推动工作的进一步开展。

（二）通报的种类

根据《条例》关于通报适用范围的规定，可以将通报分为以下几种。

（1）表彰性通报：用于表彰先进集体和个人，推广典型、弘扬正气、树立榜样，使广大群众得到启发、教育。

（2）批评性通报：用于批评、处分集体或个人的错误，通报事故或反面典型，使群众吸取教训，同时有针对性地提出改正错误的方法，以示警戒。

（3）情况通报：用于传达告知当前重要情况，增加工作透明度，同时沟通信息，指导当前工作，相互协作，使工作能够顺利进行。

（三）通报的特点

通报具有以下几个特点。

（1）真实性。通报中涉及的人和事，要真实有效，不得夸大其词；对通报中人、事的评价与处理，也应基于事实、符合标准，力求合情合理。

（2）典型性。不是任何人和事都可以作为通报的对象来写的。通报的人和事总是具备一定的典型性，能够反映、揭示事物的本质规律，具有广泛的代表性和鲜明的个性。这样的通报发出后，才能使人受到启迪，得到教益。

（3）周知性。通报的目的是使干部或群众知晓、了解现实生活中的一些典型事例或重要问题，周知性十分明显。

（4）教育性。通报让人们知晓一些现实生活中真实的典型事例或重要问题，其目的在于示范、指导、警示人们日后的生活和工作，激励人们向先进人物学习，或是从反面事例中吸取教训，保持警惕。

（四）通报与通知的区别

通报与通知是两个相似的文种，都可用于发布、传达相关事项，但有明显的区别。

《条例》对通报与通知的表述分别是：通报适用于表彰先进、批评错误、传达重要精神和告知重要情况；通知适用于发布、传达要求下级机关执行和有关单位周知或者执行的事项，批转、转发公文。它们有以下三处不同。

（1）发布的范围不同：通报仅用于表彰先进、批评错误和传达情况；而通知适用范围更广，可以发布规章制度，批转、转发文件等。

（2）语言的表达不同：通知只是发布、传达相关事项，一般不具备感情色彩，语言较为平实；而通报则具有表彰性或批评性，需要采用叙议结合的表达方式，感情色彩较为浓郁。

（3）发文的目的不同：通报的目的一般是教育宣传或交流沟通；而通知则要求受文机关了解事项，遵照执行。

二、通报的结构与写作

通报的主体结构由标题、正文和落款三部分组成。

（一）标题的写作

通报的标题一般由发文机关、事由和文种三部分组成，如《国务院办公厅关于对国务院第四次大督查发现的典型经验做法给予表扬的通报》，有时候，发文机关可以省略，如《2017 年第二季度全国政府网站抽查情况通报》。

（二）正文的写作

1. 表彰性通报

表彰性通报的正文主要包括缘由、过渡句、事项和结尾四个要素。

（1）缘由：简明扼要地概括先进事迹，写明核心内容，即时间、有关单位和人员、主要事迹和结果等，也可以省略这部分直接进入通报事项的叙述。

（2）过渡句：“希望受到表扬的地区、部门珍惜荣誉，再接再厉，取得新的更大成绩”。

（3）事项：写明先进事迹发生的时间、地点、涉及人员和单位、大致过程和结果、性质意义及表彰决定等。这一部分是通报的核心，应写得准确具体、详略得当、层次分明。

（4）结尾：对所通报的事迹进行归纳评述，并对受表彰单位提出希望，对其他单位提出要求。这一部分是通报的最终目的，应言简意赅、中心明确。

例文评析

例文 4.14

国务院办公厅关于对国务院第四次大督查发现的典型经验做法给予表扬的通报

国办发〔2017〕83 号

各省、自治区、直辖市人民政府，国务院各部委、各直属机构：

为进一步推动党中央、国务院重大决策部署贯彻落实，近期，国务院部署开展了第四次大督查。从督查情况看，各地区、各部门在以习近平同志为核心的党中央坚强领导下，认真落实中央经济工作会议部署和《政府工作报告》确定的各项任务，迎难而上、锐意进取，推动经济运行保持在合理区间，为实现全年经济社会发展主要目标任务奠定了坚实基础。在对18个省（区、市）开展实地督查中，发现有关地方在着力推进“三去一降一补”，深入实施创新驱动发展战略，深化“放管服”改革，促进创业创新，更好激发市场活力、增强企业竞争力、调动社会创造力，培育新动能、改造提升传统动能，防范化解风险和努力改善民生等方面，出新招、出实招、出硬招，创造和形成了一些好的经验做法，具有较强的学习借鉴意义。

为表扬先进，宣传典型，进一步调动和激发各方面真抓实干、改革创新的积极性、主动性和创造性，推动形成谋事创业、竞相发展的良好局面，经国务院同意，对天津市实施百万技能人才培训福利计划为产业转型升级提供人才支撑等 22 项地方典型经验做法予以通报表扬。希望受到表扬的地区珍惜荣誉，发扬成绩，再接再厉，作出新的更大贡献。

各地区、各部门要坚决贯彻落实党中央、国务院决策部署，坚持稳中求进工作总基调，坚持以新发展理念引领经济发展新常态，坚持以提高发展质量和效益为中心，坚持以推进供给侧结构性改革为主线，认真学习借鉴典型经验做法，结合实际创造性开展工作，发扬钉钉子精神，狠抓落实，开拓奋进，扎实推动稳增长、促改革、调结构、惠民生、防风险政策措施落地生效，保持经济平稳健康发展和社会和谐稳定，以优异成绩迎接党的十九大胜利召开。

附件：国务院第四次大督查发现的典型经验做法（共22项）

国务院办公厅
2017年9月29日

（此件公开发布）

评析：

该例文是一份表彰性通报。标题采用“发文机关＋发文事由＋文种”的方式。正文开头省略了事件的缘由，单刀直入地进入事项的叙述，并进行了分析评述，指明“具有较强的学习借鉴意义”，态度鲜明。第二段说明表彰依据，提出表彰决定，并希望受表彰单位能够再接再厉。第三段提出希望和要求，号召各单位、各部门都能够学习借鉴典型经验做法。最后附上附件。全文结构完整、层次分明、表述清晰，确为表彰性通报之范文。

2. 批评性通报

批评性通报的正文主要包括缘由、过渡句、事项、结尾四个要素。

（1）缘由：概括错误事实或现象，即简要交代事件的时间、涉及单位和人员、主要事项、结果。

（2）过渡句：一般用“现将有关情况通报如下”或“特通报如下”。

（3）事项：载明事故发生的时间、地点、涉及人员和单位、大致过程和结果、性质意义及处罚决定等。可按照事件的时间顺序来写，也可以按照事物的逻辑顺序来写。

（4）结尾：对所通报的错误现象进行归纳评述，提出纠正的办法，并对其他单位提出要求，希望能够引以为戒。

例文评析

例文 4.15

国务院办公厅关于西安地铁“问题电缆”事件调查处理情况及其教训的通报

国办发〔2017〕56 号

各省、自治区、直辖市人民政府，国务院各部委、各直属机构：

党中央、国务院高度重视质量安全。习近平总书记明确指出，供给侧结构性改革的主攻方向是提高供给质量，提升供给体系的中心任务是全面提高产品和服务质量，要树立质量第一的强烈意识，下最大气力抓全面提高质量。李克强总理强调，我们追求的发展必须是提质增效升级的发展，提质就是要全面提高产品质量、服务质量、工程质量、环境质量，从而提高经济发展质量。西安地铁“问题电缆”事件曝光后，习近平总书记、李克强总理作出重要批示，要求加强全面质量监管，彻查此事，严肃处理。国务院责成质检总局会同有关部门和单位组成西安地铁“问题电缆”部门联合调查组，赴陕西省开展了深入调查，并组织对“问题电缆”进行排查更换。近日，国务院常务会议听取了调查处理情况汇报，决定依法依纪对西安地铁“问题电缆”事件进行严肃问责，严厉打击违法犯罪，进一步落实“放管服”改革要求，加强全面质量监管。现将有关情况通报如下。

一、主要问题及原因

通过调查核实，2014 年 8 月至 2016 年底，陕西省西安市地铁 3 号线工程采购使用陕西奥凯电缆有限公司（以下简称奥凯公司）生产的不合格线缆，用于照明、空调等电路，埋下安全隐患，造成恶劣影响。这是一起严重的企业制售伪劣产品违法案件，是有关单位和人员与奥凯公司内外勾结，在地铁工程建设中采购和使用伪劣产品的违法案件，也是相关地方政府及其职能部门疏于监管、履职不力，部分党员领导干部违反廉洁纪律、失职渎职的违法违纪案件。暴露的问题主要有以下几个方面：

一是生产环节恶意制假售假。（略）

二是采购环节内外串通。（略）

三是使用环节把关形同虚设。（略）

四是行政监管履职不力。（略）

以上问题叠加，导致“问题电缆”被大量采购使用，造成恶劣社会影响，严重损害了政府公信力。总结问题原因，主要有以下五个方面。

（一）质量安全意识不强。（略）

（二）落实“放管服”改革要求不到位。（略）

（三）协同监管执法机制不健全。（略）

（四）工程建设管理不完善。（略）

（五）党风廉政建设和反腐败工作抓得不实不细。（略）

二、责任追究情况

（一）严肃追究相关政府和监管部门责任。（略）

（二）严肃追究相关人员领导责任和监管责任。（略）

陕西省对厅级人员处理如下：（略）

（三）严肃追究建设单位、施工单位和工程监理单位及人员责任。（略）

（四）严肃追究奥凯公司及涉案人员责任。（略）

三、举一反三，全面加强质量安全工作

西安地铁“问题电缆”造成安全隐患和重大经济损失，严重损害了政府的形象和公信力，性质十分恶劣，教训十分深刻。各地区、各部门要引以为戒、举一反三，以对人民高度负责的态度，深入推进“放管服”改革，进一步加强全面质量监管。

（一）必须树立质量第一的强烈意识，下最大气力抓全面提高质量。（略）

（二）必须加强事中事后监管，全面落实好“放管服”改革各项工作要求。（略）

（三）必须完善机制，加快构建健康有序的市场环境。（略）

（四）必须压实责任，进一步加强党风廉政建设和反腐败工作。（略）

国务院办公厅

2017 年 6 月 21 日

（此件公开发布）

评析：

该例文是一份批评性通报。首段写明发文缘由和事件的主要情况。接着开始叙述事件的主要问题及分析原因，问题有四个方面，原因有五个方面。然后是对该事件的处理，即责任追究情况，又分为了四个方面。最后是对今后的工作提出要求，“举一反三，全面加强质量安全工作”。全文层次分明、行文思路清晰、语言表述到位、评价得当，确为批评性通报之范文。

3. 情况通报

情况通报的正文主要包括情况介绍、过渡句、情况分析、对策要求四个要素。

（1）情况介绍：讲明事件的主要情况，应言简意赅、中心明确。

（2）过渡句：一般用“现将有关情况通报如下”。

（3）情况分析：全面具体地介绍事件的主要情况、存在的问题，并做简要分析。

（4）对策要求：针对事件中存在的问题提出对策，并提出对今后工作的要求。

例文评析

例文 4.16

2017 年第二季度全国政府网站抽查情况通报

国务院办公厅政府信息与政务公开办公室近期组织开展了 2017 年第二季度全国政府

网站抽查，并对部分网站办事服务功能进行了专项检查。现将有关情况通报如下：

一、抽查情况

（一）总体情况。截至2017年6月1日，全国正在运行的政府网站36 916家。其中，国务院部门及其内设、垂直管理机构政府网站2133家，省级政府门户网站32家，省级政府部门网站2543家，市级政府门户网站519家，市级政府部门网站16 646家，县级政府门户网站2778家，县级以下政府网站12 265家。

国务院办公厅政府信息与政务公开办公室随机人工抽查各地区和国务院部门政府网站524个，总体合格率94%，比2017年第一季度提高3个百分点。其中，北京等14个地区政府网站抽查合格率为100%；北京、天津、上海等6个地区连续两个季度抽查合格率达100%；山西、河南等地抽查合格率与第一季度相比明显上升。

各地区和71个国务院部门共抽查本地区、本部门政府网站8616个，占运行政府网站总数的23%，总体合格率94%。经抽样复核，地区和部门抽查情况整体真实准确，抽查情况和问题网站名单已在中国政府网公开。此外，第一季度通报的不合格政府网站已完成整改。

（二）《政府网站发展指引》贯彻落实情况。《政府网站发展指引》（国办发〔2017〕47号，以下简称《指引》）印发后，各地区、各部门迅速部署落实。江苏、福建等地专门制定贯彻落实《指引》的相关文件；湖南逐项梳理《指引》要求，制订全省政府网站问题整改责任清单；宁夏对照《指引》要求，及时调整政府网站考评指标；北京、山西、海南、烟草局等13个地区和部门政府网站季度抽查比例超过30%。工商总局、邮政局等部门所有网站全部添加"我为政府网站找错"监督举报平台入口。

（三）国务院重要信息联动发布情况。县级以上地方政府门户网站和国务院部门政府网站中，有96%的政府网站在首页显著位置开设了国务院重要政策信息专栏，89%的政府网站能够在国务院重要信息发布后24小时内进行转载，比第一季度分别提高6个和9个百分点。

（四）网站纠错留言办理情况。第二季度，"我为政府网站找错"栏目网民有效留言8681条，总体办结率达97%。内蒙古、上海、发展改革委等16个地区和部门留言按期办结率达100%。

（五）地方部门问责情况。各地区、各部门进一步加大了对不合格政府网站责任单位和人员的问责力度，据各地区、各部门报送情况统计，第二季度有93名有关责任人被上级主管单位约谈，21人作出书面检查，18人被通报批评，7人受到警告或记过处分，10人被调离岗位或免职，3人被辞退。

二、主要问题

（一）个别地区和部门常态化监管力度仍需加强。青海、新疆政府网站抽查合格率低于70%。江西、河南及交通运输部上报的合格网站中有个别网站存在突出问题。外交部、人民银行、公务员局等部门"我为政府网站找错"栏目网民留言办结率低于70%，体育总局、参事室、扶贫办等部门网民留言平均办理时间超过15个工作日。另外，一些地方的专项工作网站如"甘肃政务服务网"、"江西省公共资源交易网"、湖北省"武汉市政府公共数据服务网"等，未在全国政府网站信息报送系统中填报。

（二）部分网站仍存在应付检查、日常运维不到位等问题。四川省"达州市机关后勤"

网在省内季度抽查结束后即停止更新。河南省“西平县住房和城乡建设局”网未按流程申请下线迁移即擅自关停。青海省共和县“共和教育网”首页大版面刊登商业广告。此外，部分政府网站存在名称、域名不规范等问题。

（三）一些网站办事服务功能亟待完善。部分政府网站办事服务仍存在“空架子”、不实用等问题。河北省邯郸市“邯郸市民网”的“行政许可”栏目“企业办事”主题中10余项服务内容为空。浙江省“杭州市行政审批服务管理办公室”网“行政审批”栏目中40余项办事指南仅有事项名称但无实质内容。

三、工作要求

各地区、各部门要按照《指引》有关要求，进一步推进各级政府网站健康有序发展。

（一）加强政府网站规范管理。加快做好本地区、本部门政府网站查遗补漏工作，重点梳理“政务服务网”、“公共资源交易网”、“数据开放网”等各类专项工作网站，并在全国政府网站信息报送系统中填报有关信息。各级各类政府网站均要在首页添加“我为政府网站找错”监督举报平台入口，规范网站名称和域名，加强链接管理，严禁刊登商业广告。各地区、各部门要每季度对本地区、本部门政府网站至少开展一次巡查抽检并公开有关情况，抽查比例不低于30%。

（二）推进政府网站集约发展。各地区、各部门要结合实际尽快制订本地区、本部门政府网站集约化实施方案。对无力维护、问题多发的基层网站，要加快整合，严格做好内容迁移、公告和基本信息变更报备工作，杜绝“擅自关停”、“只关停不迁移内容”等问题。

（三）不断提高网站功能实用性。各地区、各部门要进一步完善政府网站信息发布、解读回应和互动交流功能，政府门户网站和具有对外服务职能的部门网站要加强政务服务功能建设，为企业和群众提供准确好用的办事服务。要对网站信息数据进行科学分类、及时更新，对信息数据无力持续更新或维护的栏目要进行优化整合。

从2017年第三季度起，将把上述要求纳入全国政府网站抽查内容。对本次通报的问题网站，各有关地区和部门要采取有力措施进行整改，整改情况及第三季度网站抽查情况请于2017年9月20日前书面报送国务院办公厅政府信息与政务公开办公室。

附件：1. 2017年第二季度网站监管工作成效明显的地区和部门

2. 各地区政府网站运行和抽查情况

3. 国务院部门及其内设、垂直管理机构政府网站运行和抽查情况

4. 抽查发现存在突出问题的政府网站名单

5. 各地区、各部门上报的合格网站中发现存在突出问题的政府网站名单

国务院办公厅

2017年7月25日

评析：

该例文是一份情况通报。第一段交代了情况的起因，即“开展了2017年第二季度全国政府网站抽查”，接着从五个不同的方面介绍了抽查情况，紧接着提出了从抽查情况中发现的三个主要问题，然后进一步提出工作要求，最后附上附件。结构完整，层次清晰，先叙述情况，后进行分析，最后提出要求，思路明晰，语言到位。

（三）落款的写作

通报的落款要写上发文机关和成文日期，标注在正文右下方。

三、通报的写作要求

通报的写作应做到以下几点。

（1）内容要真实：通报的目的在于通过对典型事例的表彰或批评给人以经验或教训，发挥宣传教育和沟通情况的作用。因此，通报的内容必须真实，不能有半点弄虚作假，否则很难让人信服，很难达到通报的目的。

（2）态度要鲜明：无论是哪一种通报，态度都要鲜明，是表彰还是批评要使人一眼看出，不能含糊其词，否则通报的说服力会大大减弱。

（3）行文要及时：通报贵在及时，过时的事例不能得到很好的社会反响，教育效果也会大打折扣。

（4）语言要庄重：通报的语言要简洁、庄重，特别是表彰性通报和批评性通报，语言色彩要与客观事实相协调，不讲空话、套话，不夸大或隐瞒事实。

第四节　公　　报

学习目标

1. 掌握公报的内涵、特点、类型、作用等基本常识；
2. 掌握公报的结构与写法；
3. 鉴赏例文，写作训练。

知识链接

一、公报的概念与种类

（一）公报的适用与概念

《条例》规定：公报适用于公布重要决定或者重大事项。

公报一般指国家、政府、政党、团体或其领导人所发表的关于重大事件，或会议经过和决议等正式文件。也有以会议的名义发表的公报。关于会议会谈进展、经过，或就某些问题达成协议的正式文件，称“公报”“联合公报”“新闻公报”。有时其中包含有关于这些国家间相互权利和义务的协议，具有条约的性质。由一国政府编印的专门登载法律、法令、决议、命令、条约、协定或其他官方文件的刊物，有时也称“公报”。

（二）公报的种类

根据《条例》对公报适用范围的规定，可以将公报分为以下几种。

（1）会议公报：指党政机关或团体召开会议时就会议情况和决定事项讨论通过后发布的公报。

（2）联合公报：指党政之间、国家之间、政府之间就某些重大问题经过会议、协商之后达成共识而由双方共同签署发布的公报。

（3）新闻公报：指以新闻的形式将重大事件向国内外发布的公报，具备新闻的及时性和真实性。

（三）公报的特点

公报具有如下几个特点。

（1）制发的权威性：公报的制发机关要以党中央、中央政府或国家的名义，发布的内容都是国内外普遍关心的重大事件或重要决定。

（2）发布的公开性：公报没有主送机关，一般是在报刊上公开，供所有人阅读。

（3）内容的新闻性：公报的内容一般是人民群众广为关心的新近发生的重大事件或重要决定，因此内容具有新闻的及时性和真实性。

二、公报的结构与写作

公报一般由标题、题注、正文和落款四部分组成。

（一）标题的写作

标题的写作有以下两种形式。

（1）由发文机关、事由和文种组成。

（2）由会议名称和文种组成。

（二）题注的写作

在标题正下方的括号内注明公报发布的日期，会议公报还可注明通过的程序，联合公报可注明发布的地点。

（三）正文的写作

1. 会议公报

会议公报的正文一般包括开头、主体和结尾三个要素。

（1）开头：写明会议的基本情况，即时间、地点、人物、事件等，要写得简明扼要、清楚明白。

（2）主体：介绍会议的议定事项和主要精神，说明所做出的决议等，要写得详细具体、条理分明。

（3）结尾：强调会议的重要意义或对相关人员、单位提出希望、号召或要求。

例文评析

例文 4.17

中国共产党第十九届中央委员会第三次全体会议公报

（2018 年 2 月 28 日中国共产党第十九届中央委员会第三次全体会议通过）

中国共产党第十九届中央委员会第三次全体会议，于 2018 年 2 月 26 日至 28 日在北京举行。

出席这次全会的有，中央委员 202 人，候补中央委员 171 人。中央纪律检查委员会副书记和有关方面负责同志列席会议。

全会由中央政治局主持。中央委员会总书记习近平作了重要讲话。

全会听取和讨论了习近平受中央政治局委托作的工作报告。全会审议通过了中央政治局在广泛征求党内外意见、反复酝酿协商的基础上提出的拟向十三届全国人大一次会议推荐的国家机构领导人员人选建议名单和拟向全国政协十三届一次会议推荐的全国政协领导人员人选建议名单，决定将这两个建议名单分别向十三届全国人大一次会议主席团和全国政协十三届一次会议主席团推荐。全会审议通过了《中共中央关于深化党和国家机构改革的决定》和《深化党和国家机构改革方案》，同意把《深化党和国家机构改革方案》的部分内容按照法定程序提交十三届全国人大一次会议审议。

全会充分肯定党的十九届一中全会以来中央政治局的工作。一致认为，面对复杂多变的国际形势、艰巨繁重的国内改革发展稳定任务，中央政治局全面贯彻党的十九大和十九届一中、二中全会精神，高举中国特色社会主义伟大旗帜，坚持以马克思列宁主义、毛泽东思想、邓小平理论、“三个代表”重要思想、科学发展观、习近平新时代中国特色社会主义思想为指导，不忘初心、牢记使命，全面加强党对一切工作的领导，坚持稳中求进工作总基调，勇于创新，扎实工作，统筹推进“五位一体”总体布局，协调推进“四个全面”战略布局，团结带领全党全国各族人民，坚定信心，凝心聚力，只争朝夕，真抓实干，着力全面深化改革、保持经济平稳健康发展，着力全面依法治国、推进中国特色社会主义法治体系建设，全力以赴打好防范化解重大风险、精准脱贫、污染防治的攻坚战，着力全面从严治党、切实转变工作作风，全面推进社会主义经济建设、政治建设、文化建设、社会建设、生态文明建设和党的建设，在决胜全面建成小康社会、开启全面建设社会主义现代化国家新征程上迈出新的步伐，推动党和国家各项事业取得新的成绩。

全会认为，开好十三届全国人大一次会议和全国政协十三届一次会议，对动员全党全国各族人民为决胜全面建成小康社会、夺取新时代中国特色社会主义伟大胜利而奋斗具有重大意义。

全会提出，深化党和国家机构改革是推进国家治理体系和治理能力现代化的一场深刻变革。（略）

全会强调，面对新时代新任务提出的新要求，党和国家机构设置和职能配置同统筹推进“五位一体”总体布局、协调推进“四个全面”战略布局的要求还不完全适应，同实现国家治理体系和治理能力现代化的要求还不完全适应。(略)

全会强调，深化党和国家机构改革的指导思想是，全面贯彻党的十九大精神，坚持以马克思列宁主义、毛泽东思想、邓小平理论、“三个代表”重要思想、科学发展观、习近平新时代中国特色社会主义思想为指导，适应新时代中国特色社会主义发展要求，坚持稳中求进工作总基调，坚持正确改革方向，坚持以人民为中心，坚持全面依法治国，以加强党的全面领导为统领，以国家治理体系和治理能力现代化为导向，以推进党和国家机构职能优化协同高效为着力点，改革机构设置，优化职能配置，深化转职能、转方式、转作风，提高效率效能，为决胜全面建成小康社会、开启全面建设社会主义现代化国家新征程、实现中华民族伟大复兴的中国梦提供有力制度保障。深化党和国家机构改革，必须贯彻坚持党的全面领导、坚持以人民为中心、坚持优化协同高效、坚持全面依法治国的原则。

全会提出，深化党和国家机构改革的目标是，构建系统完备、科学规范、运行高效的党和国家机构职能体系，形成总揽全局、协调各方的党的领导体系，职责明确、依法行政的政府治理体系，中国特色、世界一流的武装力量体系，联系广泛、服务群众的群团工作体系，推动人大、政府、政协、监察机关、审判机关、检察机关、人民团体、企事业单位、社会组织等在党的统一领导下协调行动、增强合力，全面提高国家治理能力和治理水平。既要立足实现第一个百年奋斗目标，针对突出矛盾，抓重点、补短板、强弱项、防风险，从党和国家机构职能上为决胜全面建成小康社会提供保障；又要着眼于实现第二个百年奋斗目标，注重解决事关长远的体制机制问题，打基础、立支柱、定架构，为形成更加完善的中国特色社会主义制度创造有利条件。

全会提出，深化党和国家机构改革的首要任务是，完善坚持党的全面领导的制度，加强党对各领域各方面工作领导，确保党的领导全覆盖，确保党的领导更加坚强有力。(略)

全会提出，转变政府职能，优化政府机构设置和职能配置，是深化党和国家机构改革的重要任务。(略)

全会提出，统筹党政军群机构改革，是加强党的集中统一领导、实现机构职能优化协同高效的必然要求。(略)

全会提出，治理好我们这样的大国，要理顺中央和地方职责关系，更好发挥中央和地方两个积极性。(略)

全会提出，机构编制法定化是深化党和国家机构改革的重要保障。(略)

全会强调，深化党和国家机构改革是一个系统工程，各级党委和政府要把思想和行动统一到党中央关于深化党和国家机构改革的决策部署上来，增强“四个意识”，坚定“四个自信”，坚决维护以习近平同志为核心的党中央权威和集中统一领导，把握好改革发展稳定关系，不折不扣抓好党中央决策部署贯彻落实，依法依规保障改革，增强改革的系统性、整体性、协同性，加强党政军群各方面机构改革配合，使各项改革相互促进、相得益彰，形成总体效应。

全会号召，全党全国各族人民要紧密团结在以习近平同志为核心的党中央周围，统一思想，统一行动，锐意改革，确保完成深化党和国家机构改革的各项任务，不断构建系统完备、科学规范、运行高效的党和国家机构职能体系，为决胜全面建成小康社会、加快推进社会主义现代化、实现中华民族伟大复兴的中国梦而奋斗！

评析：

该例文是一份会议公报，介绍了党的十九届三中全会的情况，标题由会议名称和文种组成，题注在标题正下方，标明了会议事件和名称，符合公报的写作规范。正文中，在开头三段介绍了会议的基本情况，包括时间、地点、参会人员、主持方和事件，让人一目了然。主体部分首先指出了习近平总书记在会议上做的工作报告的意义，以及全会做出的一系列重大决策部署对于推动党和国家的长远健康发展具有重要意义。接着以高屋建瓴之势，明确指出深化党和国家机构改革是推进国家治理体系和治理能力现代化的一场深刻变革，强调了党和国家机构改革的重要性，从多个方面提出了深化机构改革的途径和方法，既有理论论述，又有具体方法的阐述。结尾部分对全党全国各族人民提出了号召，具有感染力。该公报结构完整、条理清晰，正确反映了会议内容，代表了全体与会人员的意志。

2. 联合公报

联合公报的正文一般包括开头、主体和结尾三个要素。

（1）开头：介绍基本情况，即时间、地点、人物、事件等。

（2）主体：写明双方议定的事项，可分条列项撰写。

（3）结尾：强调双方对会谈的肯定态度或补充公报的意义，也可以是希望、祝愿。

例文评析

例文 4.18

中越联合公报

一、应中华人民共和国主席习近平邀请，越南社会主义共和国主席陈大光于 2017 年 5 月 11 日至 15 日对中华人民共和国进行国事访问并出席“一带一路”国际合作高峰论坛。

访问期间，国家主席习近平同陈大光国家主席举行会谈，国务院总理李克强，全国人大常委会委员长张德江，全国政协主席俞正声，中共中央政治局常委、书记处书记刘云山分别会见陈大光国家主席。在友好、坦诚的气氛中，双方相互通报了各自党和国家的情况，就双边关系及共同关心的国际地区问题深入交换意见，就不断深化中越全面战略合作伙伴关系达成重要共识。除北京外，陈大光国家主席前往福建省参观访问。

二、双方对两国经济社会发展取得的成就感到高兴。越方衷心祝愿中国共产党成功召开第十九次全国代表大会，相信在中国共产党领导下，中国人民将胜利实现既定目标，把中国建设成为富强、民主、文明、和谐的社会主义现代化国家。中方衷心祝愿越南党、国家和人民胜利实现越共十二大提出的目标，早日把越南建设成为民富、国强、民主、公平、文明的现代化工业国。

三、双方认为，中越友谊是两党两国和两国人民的宝贵财富，应不断传承、维护和发扬。在国际地区形势深刻复杂演变的背景下，双方要坚持相互尊重，保持战略沟通，增进政治互信，不断深化互利合作，妥善管控和处理存在的分歧和出现的问题，推动中越全面战略合作伙伴关系继续健康稳定发展，为两国人民带来切实利益，为促进地区和平稳定繁荣作出积极贡献。

四、双方同意通过灵活方式保持两党两国高层密切接触的传统，就双边关系的重大问题和国际地区形势及时交换意见，加强对中越关系发展的引领和指导。发挥好中越双边合作指导委员会的协调作用，推动落实双方高层共识。有效落实 2016—2020 年两党合作计划，办好两党高层会晤、理论研讨会，推进两党团组交流和干部培训合作，继续推动地方党组织交流合作。加强中国全国人大和越南国会、中国全国政协和越南祖国阵线之间的友好交流合作。

五、双方同意继续加强外交、国防、安全和执法领域交流合作。落实好此访期间签署的两国外交部关于加强新形势下合作的协议，保持两部领导经常性接触和对口司局交流。落实好 2025 年前国防合作共同愿景声明，用好国防部直通电话，办好边境高层会晤、防务安全磋商。发挥好合作打击犯罪会议、战略安全对话机制作用，加强在反恐、打击跨国犯罪、出入境管理和网络安全等领域合作，配合保障各自国家举办的重大国际会议和政治活动安全。推动《中越引渡条约》早日生效。办好两国海军、海警北部湾联合巡逻、舰船互访及海上联合搜救训练，加强两军和两国执法部门业务交流。

六、双方同意加强配合，采取各项有效措施，共同推动经贸、产能与投资、基础设施、货币金融领域合作持续健康稳定发展。

（一）发挥中越经贸合委会及相关合作机制的作用，推动双边贸易平衡发展。落实好《农产品贸易领域合作谅解备忘录》，优先开展越南乳类及乳制品输华的准入评估工作。加快履行各项法律程序，对越南部分水果开放市场；开展包括大米、木薯在内的农林水产领域合作。按照平等互利、尊重各自主权独立和领土完整的原则，在符合双方法律规定和国际惯例的基础上，加快商签《中越跨境经济合作区建设共同总体方案》。中方愿为越南在重庆、杭州贸易促进机构开展工作提供便利，并继续为越南在华有关地方增设贸易促进机构创造便利条件。

（二）推动投资与产能合作早日取得新进展，鼓励代表中国先进技术和发展水平的企业赴越南投资符合越南需要和可持续发展战略的项目。

（三）在符合各自利益、能力和条件的基础上，加快商签对接“一带一路”倡议和“两廊一圈”框架合作备忘录。发挥陆上基础设施合作工作组在提升两国互联互通中的作用。按计划积极推进中越陆上基础设施合作交通领域和能源领域五年规划研究和编制工作，推动河内轻轨 2 号线（吉灵 - 河东轻轨）项目如期完工，尽早完成老街 - 河内 - 海防标准轨铁路规划编制工作。指导双方企业尽快解决合作项目中存在的问题和障碍。

（四）发挥金融与货币合作工作组作用，鼓励双方金融机构为双方条件成熟的合作项目提供融资支持，并为此创造条件，促进两国经贸投资合作。双方为使用亚洲基础设施投资银行资金开展基础设施互联互通项目创造条件，鼓励私营投资机构参与投资。中方将为越方根据相关规定申请中方优惠贷款及其他资金提供便利。

七、双方同意大力推进农业、水资源、环境、科技、交通运输等领域合作。按照双方已达成的共识，积极推动落实海上渔业活动突发事件联系热线，妥善处理有关问题，使之符合两国友好关系。加强在适应干旱和盐碱地条件杂交稻种方面的研究合作。开展好澜沧江－湄公河水资源可持续利用合作，进一步加强在水资源管理、保护和可持续利用方面的技术交流与合作。办好中越科技合作联委会会议，有效推进联合研究项目、青年科学家交流、技术转移合作，加强科技人力资源培训。推动核安全监管领域合作。为双方促进交通基础设施互联互通合作创造条件。

八、双方同意扩大文化、体育、旅游、教育、卫生等领域合作。加强舆论引导，促进媒体交流，加大对两国友好的宣传力度。继续办好第17次中越青年友好会见、人民论坛等民间交往活动。2017年内完成越中友谊宫建设。

九、双方同意加强对两国地方特别是边境省区开展友好交流和互利合作的指导和支持，发挥好地方现有机制作用，加强经贸、旅游合作。积极研究加强管理两国边境地区季度性务工人员的措施，保障其正当权益。

十、双方同意继续发挥好中越陆地边界联合委员会机制的作用，落实好中越陆地边界各项法律文件，加强边境地区治安、安全管理。继续推动边境口岸的开放和升格，采取措施提升通关便利化，就规范边境地区设关活动进行沟通，防范打击走私、非法出入境等各类违法行为，维护边境地区的安全和社会秩序。

十一、双方就海上问题坦诚深入交换意见，一致同意继续恪守两党两国领导人达成的重要共识和《关于指导解决中越海上问题基本原则协议》，用好中越政府边界谈判机制，寻求双方均能接受的基本和长久解决办法。

双方一致同意做好北部湾湾口外海域共同考察后续工作，稳步推进北部湾湾口外海域划界谈判并积极推进该海域的共同开发，继续推进海上共同开发磋商工作组工作，有效落实商定的海上低敏感领域合作项目。双方高度评价北部湾渔业资源增殖放流与养护项目。

双方一致同意继续全面、有效落实《南海各方行为宣言》（DOC），在协商一致基础上，早日达成“南海行为准则”（COC）；管控好海上分歧，不采取使局势复杂化、争议扩大化的行动，维护南海和平稳定。

十二、越方重申坚定奉行一个中国政策，支持两岸关系和平发展与中国统一大业，坚决反对任何形式的“台独”分裂活动。越南不同台湾发展任何官方关系。中方对此表示赞赏。

十三、双方同意继续加强在联合国、亚太经合组织、中国－东盟、东盟与中日韩（10＋3）、东亚峰会、东盟地区论坛、澜沧江－湄公河合作等多边框架内的协调与配合，共同推动地区的联结与融合进程，支持东盟在正形成的地区架构中的团结、统一和中心地位，为维护地区乃至世界的和平、稳定和繁荣作出贡献。中方支持并愿积极参与越方主办的2017年亚太经合组织领导人非正式会议，越方祝贺“一带一路”国际合作高峰论坛取得圆满成功，相信这将为各国带来共同利益。

十四、访问期间，双方签署了《中华人民共和国外交部和越南社会主义共和国外交部关于加强新形势下合作的协议》、《中华人民共和国商务部和越南社会主义共和国工贸部关于电子商务合作的谅解备忘录》、《中共中央党校与越南胡志明国家政治行政学院合作谅解备忘录》等合作文件。

十五、双方一致认为此访取得了圆满成功，增进了互信，巩固了传统友谊，深化了中越全面战略合作伙伴关系，为促进地区乃至世界的和平、稳定、合作与可持续发展作出了积极贡献。陈大光国家主席对习近平主席及中国党、政府和人民所给予的隆重、热情和友好接待表示衷心感谢，郑重邀请习近平总书记、国家主席再次访问越南并出席亚太经合组织第二十五次领导人非正式会议。习近平总书记、国家主席对此表示感谢并愉快地接受了邀请。

2017年5月15日于北京

评析：

该例文是一份中国与越南之间的联合公报。全文采用的是分条列项的方式，第一条为开头，最后一条为结尾。题注标在正文末尾，也符合公报的写作规范，全文内容完整、层次清晰。中间部分将中越双方议定的事项一一列出，最后一段就此次会谈的意义做出了强调。语言简练，圆润缜密，不失为一篇联合公报的范文。

3. 新闻公报

新闻公报的正文一般包括开头、主体和结尾三个要素。

（1）开头：对事件进行简要的概括，要挑选最重要的部分，用凝练简洁的语言。

（2）主体：具体的事件过程和与此相关的情况。

（3）结尾：对事件的相关评价或是未来的安排。

例文评析

例文 4.19

上海合作组织成员国元首理事会会议新闻公报

（2017年6月8日至9日，阿斯塔纳）

2017年6月8日至9日，上海合作组织（以下简称“上合组织”或“本组织”）成员国元首理事会会议在阿斯塔纳举行。哈萨克斯坦共和国总统纳扎尔巴耶夫、中华人民共和国主席习近平、吉尔吉斯共和国总统阿坦巴耶夫、俄罗斯联邦总统普京、塔吉克斯坦共和国总统拉赫蒙、乌兹别克斯坦共和国总统米尔济约耶夫出席会议。

会议由哈萨克斯坦共和国总统纳扎尔巴耶夫主持。

上合组织秘书长阿利莫夫、上合组织地区反恐怖机构（以下简称“地区反恐怖机构”）执行委员会主任瑟索耶夫列席会议。

上合组织观察员国代表团团长阿富汗伊斯兰共和国总统加尼、白俄罗斯共和国总统卢卡申科、印度共和国总理莫迪、蒙古国总统额勒贝格道尔吉、巴基斯坦伊斯兰共和国总理谢里夫、伊朗伊斯兰共和国外长扎里夫与会。

联合国秘书长古特雷斯、独联体执行委员会主席兼执行秘书列别杰夫、集体安全条约组织副秘书长然库利耶夫、东南亚国家联盟秘书长黎良明、亚洲相互协作与信任措施会议秘书处执行主任宫建伟列席了会议。

元首们强调，上合组织扩员具有历史意义。元首们认为，本次上合组织成员国元首理事会会议给予印度和巴基斯坦成员国地位将促进上合组织发展和提升本组织潜力。

元首们支持进一步深化与上合组织观察员国和对话伙伴各领域互利合作。

为推动落实《上合组织至2025年发展战略》，元首们讨论了本组织发展现状及前景，包括2016年上合组织塔什干峰会决议落实情况。

元首们认为，应进一步加强上合组织作为高效、全面地区性组织的地位，积极参与构建更加公正合理、符合各国共同及各自利益的多极世界秩序，推动国际关系民主化进程，建立高效的全球及地区安全与合作架构，推动构建人类命运共同体。

成员国重申，应坚持落实《上合组织成员国长期睦邻友好合作条约》，在共同关心的领域进一步深化相互理解与尊重，推进富有成效的合作，通过友好协商解决有关边界问题，将相互间的边界建设成永久和平友好的边界。

元首们就上合组织框架内重点合作方向和阿富汗、中东北非及乌克兰局势等重大地区和国际问题广泛交换意见。

元首们重申，在恪守公认的国际法准则和原则基础上，采取政治外交手段解决地区冲突是唯一选择。

元首们支持阿富汗伊斯兰共和国政府和人民为实现国家和平、稳定、繁荣，摆脱恐怖主义、极端主义和毒品犯罪威胁所作努力，认为联合国应在实现阿富汗稳定发展的国际合作中发挥核心协调作用。

元首们支持在联合国安理会相关决议基础上通过开展国内广泛对话政治解决阿拉伯叙利亚共和国问题。元首们相信，阿斯塔纳进程将为有关方在联合国主导的日内瓦谈判框架下寻求各方均可接受的叙利亚危机解决方案创造必要条件。

元首们对有关各方努力执行伊朗伊斯兰共和国与六国在欧盟参与下达成的伊朗核问题全面协议予以肯定。

元首们主张在全面履行2015年2月12日明斯克协议基础上尽快解决乌克兰危机。

元首们强调，上合组织进一步发展与联合国及其专门机构、亚信、集安条约组织、独联体、东盟及其他国际、地区组织和机构各领域合作具有重要意义。

元首们支持恪守《联合国宪章》宗旨和原则，特别是关于国家平等、主权、不干涉内政、相互尊重领土完整、边界不可侵犯、不侵略他国、和平解决争端、不使用武力或以武力相威胁等原则，以及旨在维护和平与安全，发展国家间合作，巩固独立，保障自主决定国家命运及政治、经济社会和文化发展道路的权利等其他公认的国际法准则。

成员国欢迎哈萨克斯坦共和国当选2017—2018年联合国安理会非常任理事国。

元首们重申，成员国主张巩固联合国在国际关系中的核心协调作用，认为联合国安理会改革应增加其代表性和效率，有关政府间谈判应通过最广泛协商，寻求"一揽子"解决方案，维护会员国团结，不应人为设定时限，强行推动尚未获得会员国广泛支持的方案。

元首们强调恪守《不扩散核武器条约》，全面平衡推进其中规定的各项宗旨和原则，致力于加强条约作用及其有效性和普遍性。

元首们相信，《中亚无核武器区条约》议定书尽快对所有签署国生效将为保障地区安全、巩固国际核不扩散条约体系作出重要贡献。

元首们强调，上合组织成员国决心加强协作，共同应对安全威胁与挑战，就维护综合安全，特别是打击恐怖主义、分裂主义、极端主义及其思想的散播和宣传，打击跨国有组织犯罪，巩固国际信息安全，应对紧急事态等领域深化对话与合作。

元首们积极评价成员国主管部门和地区反恐怖机构在打击恐怖主义、分裂主义和极端主义（“三股势力”）方面所作努力，支持就此进一步加强工作。

元首们强调，应积极推动尽快通过联合国关于打击国际恐怖主义的全面公约，以及在考虑各成员国利益基础上批准联合国反恐领域19个综合性法律文件。

成员国强调，2017年6月9日在阿斯塔纳签署的《上合组织反极端主义公约》将与《打击恐怖主义、分裂主义和极端主义上海公约》《上合组织反恐怖主义公约》《上合组织成员国打击恐怖主义、分裂主义和极端主义2016年至2018年合作纲要》以及《联合国全球反恐战略》、联合国安理会相关决议等联合国有关文件一道，巩固应对新威胁和新挑战领域国际法律基础。《上合组织反极端主义公约》旨在巩固上合组织全体成员国安全，提高主管部门合作效率，完善该领域相关立法。

元首们支持在联合国框架内制定信息空间负责任国家行为的普遍规范、原则和准则，认为2015年1月以上合组织成员国名义将《信息安全国际行为准则》修订稿作为联合国正式文件散发是朝此方向迈出的重要一步。

成员国将继续深化打击信息通信领域犯罪合作，呼吁由联合国发挥核心协调作用，制定该领域国际法律文书。

元首们支持在反腐败领域开展双边及多边合作，包括进行经验和信息交流。元首们指出，腐败威胁国家和地区安全，其各种表现形式将导致国家治理效率低下，对投资吸引力产生消极影响，阻碍经济社会持续发展。

元首们认为，应积极施策，强化自身经济能力建设，落实国家长期发展战略，为世界经济复苏注入新动能，维护经济金融稳定，保障持续、快速、平衡、包容增长。元首们支持开展广泛的国际合作，落实2030年可持续发展议程。

元首们强调，为发展区域经济合作创造良好条件和促进寻求国际合作新模式的倡议具有重要意义。

元首们高度评价2016年11月2日至3日在比什凯克召开的上合组织成员国政府首脑（总理）理事会会议成果，指出在主管部门推动下，本组织经济合作显著加强。

成员国欢迎“一带一路”倡议，高度评价2017年5月14日至15日在北京举行的“一带一路”国际合作高峰论坛成果并愿共同落实，支持在相互尊重、平等互利原则基础上促进可持续发展的各项国际、地区和国别倡议对接合作。

元首们指出，应根据2016年11月3日上合组织成员国政府首脑（总理）理事会在比什凯克通过的决议，继续在专家层面讨论建立上合组织开发银行和发展基金（专门账户）问题，保障上合组织框架内合作项目融资。

元首们支持提升本地区互联互通能力，完善交通领域多边合作，发展包括高铁在内的铁路交通，建设多式联运物流中心，推广先进创新技术，实施共同感兴趣的基础设施合作项目。

为此，元首们强调，必须有计划地切实落实《上合组织成员国政府间国际道路运输便利化协定》。

元首们认为，必须尽快落实2016年11月3日上合组织成员国政府首脑（总理）理事会在比什凯克通过的关于制定《上合组织公路协调发展规划》草案的决议，以促进公路网络协调发展，提升交通可达性，优化本组织国家主要商品生产和消费区之间的交通联系。

元首们指出，上合组织成员国农业和海关领域各项合作的共识正在得到积极落实。

元首们强调，上合组织实业家委员会和银行联合体积极参与成员国经济社会发展和投融资合作多边项目具有重要意义。

元首们指出，应吸收本组织观察员国和对话伙伴政府机构与企业界参与上合组织项目合作。

元首们表示，本组织人文合作对巩固睦邻友好合作关系具有重要意义，将继续高度重视加强卫生、文化、环保、科技、创新、体育等领域合作，以及根据《上合组织成员国旅游合作纲要》落实行动计划，推进旅游领域合作。

元首们听取并批准了上合组织秘书长关于本组织过去一年工作的报告和地区反恐怖机构理事会关于地区反恐怖机构2016年工作的报告。元首们积极评价上合组织常设机构为推动和协调本组织务实合作以及巩固本组织国际声望作出的努力。

哈萨克斯坦担任主席国期间，上合组织举行了成员国政府首脑（总理）理事会会议（2016年11月2日至3日，比什凯克）、外交部长理事会会议（2017年4月20日至21日，阿斯塔纳）、国家协调员理事会会议（2016年8月至2017年6月，阿斯塔纳、北京、比什凯克）、地区反恐怖机构理事会会议（2016年9月13日，阿拉木图；2017年3月30日，塔什干）、总检察长会议（2016年11月29日至30日，三亚）、最高法院院长会议（2016年9月21日至22日，杜尚别）、安全会议秘书会议（2017年4月5日至6日，阿斯塔纳）、财长和央行行长会晤（2016年9月29日至30日，比什凯克）、教育部长会议（2016年10月20日，杜尚别）、司法部长会议（2016年10月28日，阿拉木图）、文化部长会议（2017年6月2日，阿斯塔纳）、国防部长会议（2017年6月7日，阿斯塔纳）、经贸部长会议（2016年10月12日，比什凯克）、科技部长会议（2016年9月4日，伊赛克湖州）、禁毒部门领导人会议（2017年4月14日，阿斯塔纳）、“和平使命－2016”联合反恐演习（2016年9月5日至12日，巴雷克奇）、总参谋长（联合参谋部参谋长）会议（2016年9月20日，乔蓬阿塔）、“合作－2016”联合反恐演习（2016年10月19日，杜尚别）、边防部门领导人会议（2016年6月8日，奇姆肯特）以及“团结－2016”边防联合行动（2016年9月25日至11月1日，成员国边境地区）、实业家委员会理事会会议（2016年6月7日，阿斯塔纳）、银行联合体理事会会议（2017年6月8日，阿斯塔纳）、银联体和实业家委员会联合商务论坛（2017年6月8日，阿斯塔纳）、上合组织论坛（2017年5月11日至12日，塔什干）、第十一届教育周（2017年4月25日至27日，阿斯塔纳）、“发展绿色经济、旅游与体育”为主题的上合组织青年论坛（2017年6月7日至11日，阿斯塔纳）、成员国领军学者研讨会（2017年6月6日，阿斯塔纳）及其他各层次活动。

元首们积极评价司法部长会议（2016年10月28日，阿拉木图）成果，责成继续落实会议达成的共识，包括继续就建立司法鉴定合作机制开展合作。

元首们强调，上合组织参加以“未来的能源”为主题的2017年阿斯塔纳专项世博会（2017年6月10日至9月10日，阿斯塔纳）具有重要意义。

元首们就第二十八届世界大学生冬季运动会（2017年1月29日至2月8日，阿拉木图）成功举办向哈萨克斯坦共和国总统纳扎尔巴耶夫表示祝贺。哈方对上合组织成员国对筹备和举办该活动给予的全方位支持表示感谢。

元首们高度评价哈萨克斯坦共和国担任上合组织主席国期间所做工作，对哈方在阿斯塔纳举办各项活动时给予的热情接待表示感谢。

上合组织成员国元首理事会下次会议将于2018年6月在中华人民共和国举行。上合组织下任主席国将由中华人民共和国担任。

评析：

这是一份关于上海合作组织成员国元首理事会会议的新闻公报，标题由事由和文种构成，标题正下方的题注标明了会议的时间、地点。在正文中，开头简明扼要地介绍了会议的基本情况，并介绍了参与会议的人员、组织。接着详细说明了会议的主要内容，即达成的共识和议定的事项。最后，表达了对会议的高度评价和对会议主持方的高度赞美，并说明了下一届理事会的举办时间及地点。全文结构完整、语言准确、格式规范、行文流利，堪为新闻公报的范文。

（四）落款的写作

有的公报标题下方没有题注，应该在正文右下方写明发文机关和时间。

三、公报的写作要求

公报的写作应做到以下几点。

（1）使用要慎重：公报是党和国家的高级机关用来公布重大事件、重要会议和重要决策的，作为一种历史性文件，它要流传于后世。因此，对于公报内容的筛选要严格把关，非权力机关不得使用公报。

（2）重点要突出：公报的内容大多比较繁杂，因此要注意抓住重点，紧扣主旨。

（3）用语要准确：公报用于公布重大事件、重要会议或重要决策，其重要性不言而喻，因而语言的使用一定要准确概括，不能有歧义，要尽量做到言简意赅。

第五节　公　　告

学习目标

1. 掌握公告的内涵、特点、类型、作用等基本常识；
2. 掌握公告的结构与写法；
3. 鉴赏例文，写作训练。

知识链接

一、公告的概念与种类

（一）公告的适用与概念

《条例》规定：公告适用于向国内外宣布重要事项或者法定事项。

公告，是指政府、团体对重大事件当众正式公布或者公开宣告、宣布。对于公告的理解可注意两个方面：一是向国内外宣布重要事项，公布依据政策、法令采取的重大行动等；二是向国内外宣布法定事项，公布依据法律规定告知国内外的有关重要规定和重大行动等。

（二）公告的种类

根据《条例》对公告适用范围的规定，可以将公告按其内容分为以下几类。

（1）重要事项的公告：用于宣布有关国家政治、经济、军事、外交等方面的重要事项，通常由国家机关向国内外宣布，如宣布国家领导人出访、公布国家领导机构的选举结果、发布重要的科技成果。

（2）法定事项的公告：用于宣布各级立法机构颁布的法律法规，依照有关程序将一些重要事项告知于民。

（3）有特定对象的公告：用于向特定对象发布的公告，如法院下达的强制执行的公告、经济方面的招标公告、申请专利的公告，具有专业性。

（三）公告的特点

公告具有如下几个特点。

1. 限制性

公告与通告不同，是专门用于宣布重大事项和法定事项，只有国家最高权力机关（全国人大及其常委会），国家最高行政机关（国务院）及其所属部门，各省、自治区、直辖市行政领导机关，某些法定机关，如税务局、海关、铁路局、人民银行、检察院、法院等，才有制发公告的权力。一般的党政机关、社会团体、企事业单位不能发布公告。

2. 广泛性

公告的告知范围涉及国内外，一般在新闻媒介上发布，受众十分广泛。

3. 单一性

公告的内容庄重严肃，体现着国家权力部门的威严，既要能够将有关信息和政策公之于众，又要考虑在国内国际可能产生的政治影响。公告宣布的事项比较单一，一文一事。

4. 新闻性

公告的内容，都是新近的、群众应知而未知的事项，在一定程度上具有新闻的特点。

公告的发布形式也有新闻性特征，它一般不用红头文件的方式传播，而是在报刊上公开刊登。

5. 通俗性

由于公告的受众十分广泛，为使国内外人民懂得、接受，公告的语言要尽量通俗、凝练，只做客观叙述，一般不加以评论。

（四）公告与公报的区别

公告与公报都是用来向国内外宣布、告知某一重要事项的公文，都具有公开性和严肃性，发布机关都具有权威性，因而在使用中要注意这两者的区别。

《条例》对公告和公报的表述分别是：公告适用于向国内外宣布重要事项或者法定事项；公报适用于公布重要决定或者重大事项。它们有以下两处不同。

（1）发布机关不同：公告多用于政府机关，公报更多地用于党的领导机关。

（2）发布内容不同：公告多用于宣布重大消息，内容单一，行文简短；公报多用于公布某一重要会议或重大事项的具体内容，内容繁杂，行文较为冗长。

二、公告的结构与写作

公告一般由标题、编号、题注、正文和落款五部分组成。

（一）标题的写作

公告的标题有以下四种写作形式。

（1）由发文机关＋事由＋文种组成。

（2）由事由＋文种组成。

（3）由发文机关＋文种组成。

（4）直接以文种为标题，即“公告”，将发文机关置于正文之后。

（二）编号的写作

编号即单独标注的顺序号，位于标题之下，用于同一发文机关在同一时间或同一会议发布的多份公告之上。

（三）题注的写作

落款处若没有签署制发公告的时间，则需在题注处标明制发公告的年、月、日。

（四）正文的写作

1. 重要事项的公告

发布重要事项的公告的正文一般包括缘由、事项、结束语等要素。

（1）缘由：写明发文的依据、目的和原因，要写得简明扼要，有时也可省略。

（2）事项：交代重要事项发生的时间、地点。

（3）结束语：通常用“特此公告。”或“现予公告。”等。

例文评析

例文 4.20

全国人民代表大会常务委员会公告

〔十二届〕第二十八号

重庆市人大常委会决定罢免孙政才的第十二届全国人民代表大会代表职务。天津市人大常委会决定接受李朝兴辞去第十二届全国人民代表大会代表职务。吉林省人大常委会决定接受郑亨日辞去第十二届全国人民代表大会代表职务。江西省人大常委会决定接受莫建成辞去第十二届全国人民代表大会代表职务。依照《中华人民共和国全国人民代表大会和地方各级人民代表大会代表法》的有关规定，孙政才、李朝兴、郑亨日、莫建成的代表资格终止。

截至目前，第十二届全国人民代表大会实有代表 2900 人。

特此公告。

全国人民代表大会常务委员会

2017 年 11 月 4 日

评析：

该例文是一份向国内外宣布重要事项的公告，公布了全国人民代表大会常务委员会的人员任免情况，内容简洁，言简意赅。标题采用的是“发文机关＋文种”的形式，编号注明了人大常委会的届数和顺序号。正文中省略了缘由，直接进入事项的写作，简明扼要、一目了然。最后在落款处注明发布机关和时间。该公告结构完整、语气庄重，可以称得上是一篇宣布重要事项公告的范文。

2. 法定事项的公告

法定事项的公告的正文一般包括缘由、过渡句、事项、结束语等要素。

（1）缘由：即公告的缘由，也就是发文的原因、依据和目的。

（2）过渡句：用“现对……有关事项公告如下”或“现将有关事项公告如下”。

（3）事项：即应当遵守和办理的重要事项、法定事项的内容，可采用分条列述的形式。

（4）结束语：通常用“特此公告”或“现予公告”。

例文评析

例文 4.21

关于税收协定执行若干问题的公告

为统一和规范我国政府对外签署的避免双重征税协定（简称“税收协定”）的执行，现对税收协定中常设机构、海运和空运、演艺人员和运动员条款，以及合伙企业适用税收协定等有关事项公告如下：

一、不具有法人资格的中外合作办学机构，以及中外合作办学项目中开展教育教学活动的场所构成税收协定缔约对方居民在中国的常设机构。

常设机构条款中关于劳务活动构成常设机构的表述为“在任何十二个月中连续或累计超过六个月”的，按照“在任何十二个月中连续或累计超过183天”的表述执行。

二、海运和空运条款与《中华人民共和国政府和新加坡共和国政府关于对所得避免双重征税和防止偷漏税的协定》及议定书（以下简称“中新税收协定”）第八条（海运和空运）规定内容一致的，按照以下原则执行：

（一）缔约国一方企业以船舶或飞机从事国际运输业务从缔约国另一方取得的收入，在缔约国另一方免予征税。

从事国际运输业务取得的收入，是指企业以船舶或飞机经营客运或货运取得的收入，以及以程租、期租形式出租船舶或以湿租形式出租飞机（包括所有设备、人员及供应）取得的租赁收入。

（二）上述第（一）项的免税规定也适用于参加合伙经营、联合经营或参加国际经营机构取得的收入。对于多家公司联合经营国际运输业务的税务处理，应由各参股或合作企业就其分得利润分别在其所属居民国纳税。

（三）中新税收协定第八条第三款中“缔约国一方企业从附属于以船舶或飞机经营国际运输业务有关的存款中取得的利息收入”，是指缔约国双方从事国际运输业务的海运或空运企业，从对方取得的运输收入存于对方产生的利息。该利息不适用中新税收协定第十一条（利息）的规定，应视为国际运输业务附带发生的收入，在来源国免予征税。

（四）企业从事以光租形式出租船舶或以干租形式出租飞机，以及使用、保存或出租用于运输货物或商品的集装箱（包括拖车和运输集装箱的有关设备）等租赁业务取得的收入不属于国际运输收入，但根据中新税收协定第八条第四款，附属于国际运输业务的上述租赁业务收入应视同国际运输收入处理。

“附属”是指与国际运输业务有关且服务于国际运输业务，属于支持和附带性质。企业就其从事附属于国际运输业务的上述租赁业务取得的收入享受海运和空运条款协定待遇，应满足以下三个条件：

1. 企业工商登记及相关凭证资料能够证明企业主营业务为国际运输；

2. 企业从事的附属业务是其在经营国际运输业务时，从事的对主营业务贡献较小但与主营业务联系非常紧密、不能作为一项单独业务或所得来源的活动；

3. 在一个会计年度内，企业从事附属业务取得的收入占其国际运输业务总收入的比例原则上不超过10%。

（五）下列与国际运输业务紧密相关的收入应作为国际运输收入的一部分：

1. 为其他国际运输企业代售客票取得的收入；

2. 从市区至机场运送旅客取得的收入；

3. 通过货车从事货仓至机场、码头或者后者至购货者间的运输，以及直接将货物发送至购货者取得的运输收入；

4. 企业仅为其承运旅客提供中转住宿而设置的旅馆取得的收入。

（六）非专门从事国际运输业务的企业，以其拥有的船舶或飞机经营国际运输业务取得的收入属于国际运输收入。

三、海运和空运条款中没有中新税收协定第八条第四款规定的，有关税收协定缔约对方居民从事本公告第二条第（四）项所述租赁业务取得的收入的处理，参照本公告第二条第（四）项执行。

四、演艺人员和运动员条款与中新税收协定第十七条（艺术家和运动员）规定内容一致的，按照以下原则执行：

（一）演艺人员活动包括演艺人员从事的舞台、影视、音乐等各种艺术形式的活动；以演艺人员身份开展的其他个人活动（例如演艺人员开展的电影宣传活动，演艺人员或运动员参加广告拍摄、企业年会、企业剪彩等活动）；具有娱乐性质的涉及政治、社会、宗教或慈善事业的活动。

演艺人员活动不包括会议发言，以及以随行行政、后勤人员（例如摄影师、制片人、导演、舞蹈设计人员、技术人员以及流动演出团组的运送人员等）身份开展的活动。

在商业活动中进行具有演出性质的演讲不属于会议发言。

（二）运动员活动包括参加赛跑、跳高、游泳等传统体育项目的活动；参加高尔夫球、赛马、足球、板球、网球、赛车等运动项目的活动；参加台球、象棋、桥牌比赛、电子竞技等具有娱乐性质的赛事的活动。

（三）以演艺人员或运动员身份开展个人活动取得的所得包括开展演出活动取得的所得（例如出场费），以及与开展演出活动有直接或间接联系的所得（例如广告费）。

对于从演出活动音像制品出售产生的所得中分配给演艺人员或运动员的所得，以及与演艺人员或运动员有关的涉及版权的所得，按照中新税收协定第十二条（特许权使用费）的规定处理。

（四）在演艺人员或运动员直接或间接取得所得的情况下，依据中新税收协定第十七条第一款规定，演出活动发生的缔约国一方可以根据其国内法，对演艺人员或运动员取得的所得征税，不受到中新税收协定第十四条（独立个人劳务）和第十五条（非独立个人劳务）规定的限制。

（五）在演出活动产生的所得全部或部分由其他人（包括个人、公司和其他团体）收取的情况下，如果依据演出活动发生的缔约国一方国内法规定，由其他人收取的所得应被视为由演艺人员或运动员取得，则依据中新税收协定第十七条第一款规定，演出活动发生的缔约国一方可以根据其国内法，向演艺人员或运动员就演出活动产生的所得征税，不受到中新税收协定第十四条（独立个人劳务）和第十五条（非独立个人劳务）规定的限制；如果演出活动发生的缔约国一方不能依据其国内法将由其他人收取的所得视为由演艺人员或运动员取得，则依据中新税收协定第十七条第二款规定，该国可以根据其国内法，向收取所得的其他人就演出活动产生的所得征税，不受到中新税收协定第七条（营业利润）、第十四条（独立个人劳务）和第十五条（非独立个人劳务）规定的限制。

五、有关合伙企业及其他类似实体（以下简称“合伙企业”）适用税收协定的问题，应按以下原则执行：

（一）依照中国法律在中国境内成立的合伙企业，其合伙人为税收协定缔约对方居民的，该合伙人在中国负有纳税义务的所得被缔约对方视为其居民的所得的部分，可以在中国享受协定待遇。

（二）依照外国（地区）法律成立的合伙企业，其实际管理机构不在中国境内，但在中国境内设立机构、场所的，或者在中国境内未设立机构、场所，但有来源于中国境内所得的，是中国企业所得税的非居民企业纳税人。除税收协定另有规定的以外，只有当该合伙企业是缔约对方居民的情况下，其在中国负有纳税义务的所得才能享受协定待遇。该合伙企业根据《非居民纳税人享受税收协定待遇管理办法》（国家税务总局公告 2015 年第 60 号发布）第七条报送的由缔约对方税务主管当局开具的税收居民身份证明，应能证明其根据缔约对方国内法，因住所、居所、成立地、管理机构所在地或其他类似标准，在缔约对方负有纳税义务。

税收协定另有规定的情况是指，税收协定规定，当根据缔约对方国内法，合伙企业取得的所得被视为合伙人取得的所得，则缔约对方居民合伙人应就其从合伙企业取得所得中分得的相应份额享受协定待遇。

六、内地与香港、澳门特别行政区签署的避免双重征税安排执行的有关问题适用本公告。

七、本公告自 2018 年 4 月 1 日起施行。《〈中华人民共和国政府和新加坡共和国政府关于对所得避免双重征税和防止偷漏税的协定〉及议定书条文解释》（国税发〔2010〕75 号）第八条和第十七条同时废止。

特此公告。

国家税务总局

2018 年 2 月 9 日

评析：

该例文是一份公布法定事项的公告。开头简要介绍了发文依据和目的，然后分条列述公告事项，大点里有小点，条理清晰，内容明确具体，语言简洁庄重，确为一篇规范的公告。

3. 有特定对象的公告

有特定对象的公告的正文一般包括缘由、事项、结束语等要素。

（1）缘由：交代发布公告的原因、依据和目的，有时可省略。

（2）事项：公布的具体事项，写明时间、地点、事件和需注意的事项，要言简意赅，少加议论。

（3）结束语：用“特此公告”或“现予公告”。

例文评析

例文 4.22

最高人民法院开庭与庭审直播公告（2 月 9 日开庭）

最高人民法院定于 2018 年 2 月 9 日上午 9 点在最高人民法院第六巡回法庭第十二法庭公开开庭审理金石财富投资有限公司与新疆投资发展（集团）有限责任公司与叶成光与海峡石化工贸有限公司股权转让纠纷一案。中国庭审公开网、最高人民法院官方微博、最高人民法院官方微信、新浪司法进行庭审直播。

特此公告。

2018 年 2 月 8 日

评析：

这是一份法院公开审理案件的公告，有其特定的告知对象，即案件相关人员和关注案件进展的人员。正文中，省略了缘由的写作，直接用一句话写明了案件审理的时间、地点和案件的大致情况，让人一目了然。语气庄重、内容明确，是一篇规范的公告。

（五）落款的写作

标注发文机关和日期，若是以个人名义发布则标注职务姓名和日期。如果标题中已有发文机关，则落款的发文机关可省略，只标注日期在正文右下方。有一些重要的公告还需要在落款处标注地点。

三、公告的写作要求

公告的写作应做到以下几点。

（1）使用要慎重：公告涉及的内容是国家重要事项和法定事项，要求发布机关的级别很高，属于十分庄重的文种，因此使用起来要慎重。

（2）语言要简练：公告的内容单一，目的在于告知事项，因此要言简意赅、简明扼要，语气要庄重，少加议论或不议论。

（3）条理要清晰：公告的目的在于将重大事项或法定事项公布出来，因此一定要紧扣主题、条理清晰。内容较多可采用分条列项的写法，内容较少则可采用篇段合一的写法，总之要让人一目了然、过目即明，切忌含糊其词、含混不清。

思考与练习

1. 请谈谈对通知与通报、通告与公告的异同的理解。
2. 请谈谈对公报特性的理解。

第五章

计划与总结类文书写作

本章导读

事前做好准备计划，事后做好反思总结，这是对机关工作的基本要求。本章选择了几种最常用的计划与总结类文书进行分析，希望广大读者可以借此了解和掌握这类文书的基础知识，从而学会撰写这些文书。

第一节　计　　划

学习目标

1. 掌握计划的内涵、特点、类型等基本常识；
2. 掌握计划的结构与写法；
3. 鉴赏例文，写作训练。

知识链接

一、计划的概念、分类与特点

（一）计划的概念

计划，是通过对未来工作所做的预想、预测，来确定工作的内容、工作的方法、工作的进程、工作的时间和工作的目标等。计划是对计划类文书的统称，因不同的内容和安排，有不同的种类（名称）。

（二）计划的分类

计划的分类比较复杂，按性质分，可分为综合性计划和专题性计划；按内容分，可分为工作计划、学习计划、生产计划；按时间分，可分为长期规划、短期计划、年度计划、季度计划、月计划、周计划等；按范围分，可分为国家计划、部门计划、单位计划、个人计划；按表达方式分，可分为条文式计划、表格式计划、文表结合式计划。根据不同的分类，计划有不同的名称。

1. 规划

规划是对全局或长远工作做出统筹部署，是计划中最宏大的一种。时间上一般在 3 年以上，如职业规划；范围上一般涉及全局性重要工作，如十三五规划；内容一般是粗线条、概括性的。

2. 设想

设想，也称为初步想法，是为制订某些规划、计划做出准备的粗略文书。内容一般呈现初步性、不成熟性，写法上一般较为概括、粗略，范围一般可大可小，时间一般不远。一般来说，时间长远的称设想，范围较广泛的称构想，时间不远、范围不大的可称思路或打算。

3. 要点

要点是计划的摘要，即经过整理，把主要内容摘出来的计划，是计划中最为简略的一种。

4. 方案

方案是计划中内容最为详细、复杂的一种。是为了全面部署某些具有某些职能的复杂工作。一般有指导思想、工作目标、工作重点、实施步骤、政策措施等。

5. 安排

安排是计划中最为具体的一种。一般用于安排比较确切、单一的工作，内容一般具体详细，要求一目了然。如《会议用车安排》。

（三）计划的特点

计划具有如下几个特点。

（1）预见性。工作计划是先于工作而制订的一种构想，预见性是其最大的特点。

（2）科学性。工作计划的制订方式和内容要点，均要求科学，这是可行性的保障。

（3）可行性。工作计划的根本目的是完成工作，计划中的措施与安排必须切实可行，才能保障工作完成。

（4）约束性。工作计划一经完成，就产生了约束性，约束人们照章办事。

二、工作计划的结构与写作

工作计划一般由标题、正文和落款三部分组成。

1. 标题的写作

最完整的工作计划标题，包括单位名称、时间、内容、文种四个部分，如“江西师范大学 2019 年教学工作计划”。单位名称、时间可酌情省略，或在文尾注明。

如果计划尚未正式确定，或是征求意见稿、讨论稿，须在标题后用括号注明“草案”“初稿”“未定稿”“讨论稿”等字样。

2. 正文的写作

正文包括前言、主体和结尾三部分。

（1）前言。前言部分是用简洁凝练的语言概述制订该工作计划的缘由、依据、目标等方面，要说清楚“为什么”“凭什么”制订计划，包括计划的依据、指导思想、目标、任务等。

（2）主体。此部分是工作计划的核心，围绕具体的工作内容、任务、方法、步骤而展开，要说清楚“做什么”“怎么做”的问题。做什么即具体目标、具体任务，要切实、具体、明确；怎么做包括实施主体、实施措施、实施时间、实施保障、实施评价等。

（3）结尾。工作计划大多以展望前景、执行计划时应该注意的事项、与计划相关的情况说明、提出希望等方式结尾，也可视具体情况而省略。

3. 落款的写作

落款位于正文右下方，由署名和日期组成。正式的工作计划还需要加盖公章。

例文评析

例文 5.1

2019 年春季体艺处工作计划

为了全面提高学生素质，坚持以人为本的理念，继续以认真贯彻实施新课程为重点，突出“健康第一”的工作宗旨，紧紧围绕“办卓越的教育”这个中心，不断规范体育、艺术的课堂教学，提高体育、艺术教学质量，不断促进学生全面发展。特制订本学期工作计划。

一、体育工作

1. 切实贯彻《新课程标准》，不断深化教学内容、教学方法和教学模式的改革，体现快乐体育、终身体育的指导思想，在增强学生体质的同时注重培养锻炼习惯，掌握科学的锻炼方法，形成规范的体育技能。

2. 认真组织体育教师参加各类学习和业务培训活动，加强校本学习与培训，建设学习型体育教研组；提高教师业务素质，利用好每一次外出学习交流的机会，要求教师认真做好学习笔记，认真写好学习心得，组织教师开展“三个一”活动，精读一本业务书籍、上好每一节体育课、撰写一篇论文，培养教师做到认真钻研业务，不断提高教学水平。

3. 以申报特色足球学校为平台，加大规范体育运动队训练、艺术社团活动。新的学期，我校将紧抓申报“足球特色学校”这一工作，抓好一批足球队的训练，由基本技能向专业化技能过渡，组建一个融展演性、实战性为一体的足球社团。并通过这一工作影响和带领其他社团，形成出特色、育人才的发展思路，不断推进学生综合素质的提高。

4. 以特色早操为引领，坚持开展形式多样、丰富多彩的大课间活动，时间在 30 分钟左右，增强学校群体的全员性、趣味性。进一步开展好每天一小时阳光体育运动，加大对广播操、眼保健操的检查力度，确保广播操、眼保健操的质量。

5. 以全县中小学生运动会为契机，不断规范体育训练工作。本学期将进行“全县中小学生运动会”，我校要以备战运动会为平台，校运动队的训练工作要不断提升。有计划开展活动，确保训练时间，提高训练质量，培养运动员的兴趣，努力提高运动员的成绩，确保在运动会上勇夺“总分团体第一”的优异成绩。

二、艺术工作

学校艺术教育工作要以《学校工作计划》为指导，全面提高学生审美能力；积极开展艺术活动，增强学生艺术素养。

1. 积极参加校内外的教研交流活动，落实音乐和美术《课程标准》，认真开发校本课程，开发教育资源，提高教学质量，提高学生艺术素质。

2. 以参加“陕西省第六届艺术展演”为平台，提高艺术教师的专业水平。本学期学校将组织艺术组细心编排，认真训练，尽早确定展演的节目，进行节目人员的选拔，把展演活动与平时的教学结合起来，以活动的开展促进全体教师不断提高自身的业务水平。

3. 广泛开展形式多样的艺术教育活动，丰富校园文化。加强学生美术和音乐社团建设，充分调动学生参与活动的积极性，充分展示学生的艺术才能，丰富学生的校园文化生活，巩固艺术教育教学成果。加强管理，保障学校教育活动的健康开展。

4. 开展丰富多彩的课外艺术活动。以全县中小学生校园歌手大赛为平台，利用好社团活动这一载体，以“展我风采”为主题，组织学生开展书画比赛等活动，不断提高各项活动的参与度，促进学生全面发展。

评析：

此计划是单位工作计划。标题采用了“时间＋单位名称＋文种”的格式，省略了内容要素。正文的前言部分，简明扼要地表述了制订该计划的缘由、依据和目标。主体部分则将工作细分为两大块，再依次条列具体的工作要求，操作性强。结尾部分和落款则被省略了。总体而言，这个工作计划的质量还是很高的。

三、计划的写作要求

计划的写作要做到以下几点。

（1）顾全大局，服从整体。大局意识、服从意识等意识，是制订计划的根本意识，也是计划写作的基本要求。制订计划时，必须从整体利益出发，把本单位、本部门的小计划纳入国家、上级的大计划之中，正确处理好个人与集体、当前与长远、局部与整体的关系。

（2）讲究实际，切实可行。工作计划的制订，必须建立在实事求是的基础上，拿出切实可行的措施和方法，切忌假大空。制订计划时，要对当地现实情况加以具体的科学分析，要进行认真、深入、系统、全面的调查研究，根据需要与可能相结合的原则来制订计划。

（3）内容明确，语言简洁。工作计划的具体内容、任务、方法、步骤一定要明确，不能模糊不清。要根据每一个时期任务的主次、缓急来安排工作的程序，把中心工作和重点任务突出。语言须简洁、朴实自然，讲求实用，不可长篇大论。

第二节 活动策划

学习目标

1. 掌握活动策划的内涵、特点、类型等基本常识；
2. 掌握活动策划的结构与写法；
3. 鉴赏例文，写作训练。

知识链接

一、活动策划的概念、类型与特点

（一）活动策划的概念

活动策划是一份对于未来的活动或者事件进行规划和筹备，为组织者展现活动指导思想、具体安排和实施方案的书面材料。活动策划书即对某个未来的活动或者事件进行策划，并展现给读者的文本。策划书是目标规划的文字书，是实现目标的指路灯。

（二）活动策划的类型

活动策划的类型复杂、形式多样。不同的活动，具有不同的活动策划。

（1）节庆类活动策划。节庆类活动策划是以科学设计、周密安排节庆活动为主要内容的策划活动，如2018年教师节慰问活动策划、2019年元旦走访活动策划、2019年六一儿童节活动策划等。

（2）主题类活动策划。每一个主题活动，都可以形成专门的策划方案，以保证活动的顺利进行，如会展策划、比赛策划、晚会策划、交流策划等。

（3）营销类活动策划。营销类活动策划是以盈利销售、品牌推广、市场发掘等为主题的活动策划，如2018年江铃汽车展销活动策划、2019年出国留学项目推介活动策划等。

（三）活动策划的特点

活动策划具有如下几个特点。

（1）功利性。活动策划的最终目的是该活动的成功举办，事先必须明确策划书的目标，为目标而进行。

（2）可操作性。活动策划的内容必须切实可行，能够为工作人员所接受认可，不可是空中楼阁，无法下手。

（3）创造性。创造性是活动策划的灵魂，成功的活动策划都有其自身的特色。

（4）宣传性。制订活动策划的目的，就是要引发关注、形成共鸣，实现工作目标。活动策划的制作应实现科学性、可行性和通俗性、传播性的融合。

二、活动策划的结构与写作

一份完整的活动策划应该具备策划书名称，活动背景、宗旨与意义，活动开展的时间、地点与形式，活动内容，工作人员与经费预算，注意事项和落款等内容。

（1）策划书名称。策划书名称应尽量具体，包括时间、单位、内容、文种诸要素，如“2018 年红星商场‘双十一’促销活动策划书”。也可采用正副标题的写法，正标题模糊，副标题写清具体要素。

（2）活动背景、宗旨与意义。策划要点出该活动举办的缘由、目标与效益。

（3）活动开展的时间、地点与形式。在周密考虑后确定举办活动的时间和地点以及该活动的组织形式。

（4）活动内容。详细介绍活动的具体内容和流程。

（5）工作人员与经费预算。活动策划要合理规划人员和资金，安排好每位工作人员的职责与任务，考虑到每一笔开支。

（6）注意事项。如活动安保、紧急预案、后勤卫生等方面。

（7）落款。落款由策划人（单位）签名（公章）和时间组成。

例文评析

例文 5.2

寝室文化活动策划书

活动背景：

当我们成为大学生的那一刻，我们的学习生活方式发生了巨大的改变，我们不再成天埋头苦读于沉闷的教室，寝室随之成为我们的最基本组成单位了。因此，丰富我们的大学生活，营造互助互爱、积极愉悦、学习氛围浓厚的寝室氛围对我校学风的完善、文化的深化、“信敏廉毅”精神的传承显得尤为重要。

活动目的：

寝室文化包含着深刻的内涵、有着丰富的活动内容和多样的活动形式，对学生的思想修养、文化修养、综合能力等各方面有着积极的影响。在前一届活动的基础上，我们不断努力，不断创新，迎来了江西财经大学又一届“寝室文化节”活动！

通过本次活动的开展，希望同学们能在准备中增进彼此间的了解、深化相互的友谊，达到进一步融洽学校氛围的目的。同时，由于各学院在其专业方面的特殊优势，可以使同学们在比赛的过程中一方面展示自己的才学，另一方面可以进行学习上的切磋，起到互相激励的作用、达到共同进步的目的。再者，在呼应国家“建立节约型社会”、学校建立“节约江财”的主题的同时，亦可激发大家的创新意识，体现江财学子的思维活跃的特点。

活动时间：

初赛：3 月 25 日～26 日

决赛：4月8日 18：20（18：30开始）

活动地点：

国际交流中心学术报告厅

活动构成：

一、寝室文化艺术节征文大赛

二、寝室文化艺术节书画、摄影、手工制品展

三、寝室魅力展示大赛

活动流程：

一、寝室文化艺术节征文大赛

1. 征文主题：我的寝室“情结”

2. 征文要求：

①体现丰富多彩的大学生寝室文化生活，反映寝室成员之间团结互助的亲情、友情，记述身边乐事、趣事等，展现我校学生积极向上的精神风貌。

②语言流畅、内容充实、文字精练，要有真情实感。

③题目不限、题材不限，字数3000字以内。

④请在篇尾注明作者的姓名、性别、年龄、班级、寝室。

⑤我们将评选出1个一等奖，2个二等奖，3个三等奖，5～10个优秀奖。

⑥截止日期：3月26日。

二、寝室文化艺术节书画、摄影、手工制品展（略）

三、寝室魅力展示大赛（略）

经费预算：（略）

注意事项：（略）

评析：

这篇活动策划书内容较为完整，活动背景和目的表述得十分充分，紧紧围绕着活动主题，甚至还将活动进行细分，流程也十分顺畅，安排合理、组织得力，操作性的确很强。

三、活动策划的写作要求

活动策划的写作要做到以下几点。

（1）紧扣主题，重点突出。一场活动最好只有一个主题，撰写活动策划就要紧紧围绕这个主题，明确工作重点。

（2）考虑充分，安排周密。策划组要充分考虑情况，针对会出现的特殊情况提早准备好紧急预案。

（3）易于操作，有条不紊。活动策划要具有良好的可操作性，工作人员各有其职责，有条不紊地开展工作。

第三节 工 作 总 结

学习目标

1. 掌握工作总结的内涵、特点、类型、作用等基本常识；
2. 掌握工作总结的结构与写法；
3. 鉴赏例文，写作训练。

知识链接

一、工作总结的概念与特点

（一）工作总结的概念

总结是对一定时期内的工作、学习、生活等各方面的情况进行回顾、反思和分析研究，肯定成绩，找出问题，得出经验和教训，摸索事物的发展规律，用于指导下一阶段工作的一种应用文书，是单位或个人对过去某一时期内的自身工作情况进行回顾反思后形成的一种书面材料。

（二）工作总结的特点

工作总结具有如下特点。

（1）自我性。工作总结是对自身工作的评价与剖析，多采用第一人称视角，建立在自身实践工作的基础上。

（2）说理性。工作总结需要对前期工作进行理性总结、分析，也需要对未来工作进行理性的建议、安排。

（3）客观性。工作总结是对过去工作的回顾与反思，必须实事求是，基于客观事实，不能随意更改，弄虚作假。

（4）时效性。为了更好地吸取教训、总结经验，应及时撰写工作总结。

（三）工作总结的类别

从不同的角度出发，可以将工作总结细分为不同的类别。

（1）从性质角度出发，工作总结可分为综合性总结和专题性总结。

（2）从范围角度出发，工作总结可分为个人总结、单位总结、部门总结、地区总结等。

（3）从时间角度出发，工作总结可分为阶段总结、月度总结、季度总结、年度总结等。

（四）工作总结的作用

（1）工作总结是提高认识和工作能力的重要手段。工作总结是对过去工作情况的回顾与反思，通过工作总结，可以有效得知工作中的问题，吸取宝贵的工作经验，最终提高认识和工作能力。

（2）工作总结是指导和推进下一步工作的必要环节。工作总结是建立在自身的实践工作基础上，通过工作总结，可以肯定成绩或发现问题，为接下来的工作打好坚实的基础。

二、工作总结的结构与写作

工作总结包括标题、正文和落款三部分。

1. 标题的写作

工作总结的标题有公文式和文章式两种基本形式。

公文式标题包括单位名称、时间、内容和文种四个要素，如“江西师范大学 2017 年度教学工作总结”。视具体情况，单位名称、时间、内容也可省略。

文章式标题，则多是对该总结内容的提炼和概括，如“转变工作作风，优质服务初显成效”。

此外，还可以将公文式标题和文章式标题结合起来，形成正副标题。通常情况下，正标题概括该总结的基本内容和观点，副标题标明单位名称、时间、内容和文种。

2. 正文的写作

工作总结的正文可以由前言、成绩和经验、问题和教训、今后打算四个方面的内容组成。

（1）前言。概述已经完成的工作情况，如背景、时间、地点、过程、做法、成绩、评价等，要求概述、简述，大致使读者了解最基本的信息。

（2）成绩和经验。成绩指的是该工作实行以来获得的具体成果，包括物质方面和精神方面。经验是在具体工作实践中获得的感受和体悟。这部分就是将工作取得的成果和工作感受呈现出来，材料要准备充分，做到言之有物、客观科学。

（3）问题和教训。问题是在工作实践中发现的一些还未解决的问题。任何工作都不可能不存在问题，这部分就是将发现的问题条列出来，并认真分析问题产生的原因和解决的方法，为以后工作提供教训。当该工作总结主要目的是反思时，此部分则是文章重点与支柱。

（4）今后打算。在全面总结出该工作的经验和教训的基础上，撰写人要认真思考今后的打算和努力的方向，在此表明奋斗的决心，展望未来的工作前景。

3. 落款的写作

落款由署名和日期组成，位于正文右下方。

例文评析

例文 5.3

××公司××××年度年终工作总结

××××年以来，在总公司的正确领导和支持下，紧紧围绕公司的发展战略及目标来开展各项工作，通过努力，各方面都取得了一定的进步，完成了自己的本职工作，现将××××年开展的各项工作总结如下：

一、提高自身素质，强化理论和业务学习

这一年来作为文化传媒公司执行董事，我重视加强理论和业务知识学习，在工作中，坚持一边工作一边学习，不断提高自身综合素质，把具备良好的政治和业务素质作为做好本职工作的前提和必要条件，不断学习、不断提高。

二、团队建设及各项业务工作开展情况

（一）每周组织员工业务学习，提升每个员工的工作能力，公司要求学习不能单一，每个员工不仅要对自己工作岗位的知识进行巩固学习，还必须学习掌握传媒各项业务工作，为未来公司的发展培养高素质的人才。

（1）在管理工作中，坚持每周听取上周工作情况汇报，研究安排下周工作，加强管理，督促各项工作有序稳定地落实。

（2）在工作中，坚持以人为本，充分发挥员工的主观能动性和团队精神，共同完成复杂、繁重的工作，听取公司员工的建议，不断地完善在工作中存在的不足。

（二）在公司每个员工的共同努力下完成了与市宣传部、机关事务中心、检察院、广播电视局、国土局、扶贫局、两河农业园区管理委员会、24个乡镇及各景区等单位的合作，完成了春花秋月乌蒙大草原两次活动的宣传及印制品的制作，在完成工作的同时也得到了这些单位对我们工作的肯定和认可。

三、自觉遵守各项规定，强化廉洁自律的自觉性

严格要求传媒每一位员工遵守各项规章制度，自觉做到与总公司领导保持高度一致，不滥用职权、玩忽职守，廉洁奉公，不利用职务之便谋取私利，坚持以制度用人、制度管人。

四、工作中存在的困难与不足

（一）没有太多的广告媒体资源，使公司在发展上受到限制。

（二）视频制作部缺乏有经验的专业人士。

××公司

××××年××月××日

评析：

该工作总结采用的是公文式标题。正文部分只涵盖了前三部分内容，缺少今后打算这部分，且成绩和经验部分没有足够的材料，问题和教训部分没有得到足够的重视，总体质量有待提高和改善。从内容上看，总结为个人工作总结，但公文标题、落款都有问题。

三、工作总结的写作要求

工作总结的写作要做到以下两方面。

（1）实事求是，科学客观。撰写人必须坚持实事求是的原则，既报喜，也报忧，杜绝弄虚作假，科学客观地将工作中的成绩和问题清楚地表述出来。

（2）剪裁合理，详略得当。根据工作的具体完成情况，撰写人要有针对性地选择重点内容详细地叙述，围绕要点行文，合理安排不同部分的篇幅，做到剪裁合理、详略得当。

第四节 述职报告

学习目标

1. 掌握述职报告的内涵、特点、类型等基本常识；
2. 掌握述职报告的结构与写法；
3. 鉴赏例文，写作训练。

知识链接

一、述职报告的概念、特点与类别

（一）述职报告的概念

述职报告，是指各级国家机关、企事业单位等团体组织的领导或管理人员，向上级单位、主管领导、本单位人事部门或本单位群众，汇报自己履行岗位职责情况而写的一种自我评述性总结报告。

（二）述职报告的特点

述职报告具有如下几个特点。

（1）自述性。述职报告采用第一人称陈述自身职守情况，具有明显的自述性。

（2）总结性。述职报告的主要任务就是回顾、总结并自我评价前期工作情况。

（3）真实性。撰写人必须坚持实事求是的原则，客观地陈述自身履职的真实情况，全面准确地反映自己任职以来取得的成绩和存在的问题，既要报喜，也要报忧。

（三）述职报告的类别

依据不同的分类标准，可以将述职报告细分为多种。

（1）依据述职者的不同，述职报告可分为个人述职报告与单位述职报告。

（2）依据时间的不同，述职报告可分为年度述职报告、季度述职报告和任期述职报告。

（3）依据性质的不同，述职报告可分为晋职述职报告和例行性述职报告。

（4）依据内容的不同，述职报告可分为综合性述职报告、专题性述职报告和单项工作述职报告。

二、述职报告的结构与写作

述职报告主要包括标题、称谓、正文和落款这四部分内容。

（1）标题。述职报告的标题可以由单位名称、职务、姓名、时间和文种五个要素组成，如“××大学学工处处长×××2018 年述职报告”，也可以省略一些要素，最省略时可直接用文种做标题，如“述职报告”。

（2）称谓。称谓随报告对象而定，一般先领导，后同事。

（3）正文。正文的内容主要包括述职者的基本情况、具体工作情况和结尾三部分。基本情况，如述职者的政治面貌、学历、职务职责、任职时间等。具体工作情况是报告的重中之重，重点陈述述职者在任职期间做了哪些工作，获得了哪些成绩，存在哪些不足。结尾可以总结全文，也可以展望未来，最后一般以“以上，谢谢大家”“特此报告，请领导同志们审查”等习惯用语结束全文。

（4）落款。落款包括署名和日期，位于正文右下方。

例文评析

例文 5.4

述 职 报 告

尊敬的各位领导，同事们:

大家好!

时光飞快，一转眼已经与（公司名）携手相伴整整一个年头，非常荣幸能够加入（公司名）与大家并肩作战，在过去的一年里我收获颇多，万分感谢。

今天在这里，我将我过去一年的工作向各位领导、同事们做以下汇报，便于以后更方便的工作与沟通。

一、工作岗位职责

我所在的部门是网络部，担任 SEO 工作（结合你的实际工作），主要工作内容如下:

1. 网站维护，内容编辑与更新，增加网站收录，网站框架改版等。
2. 网站内部优化，提升网站关键词排名。
3. 网站外部推广，提高网站浏览量，配合优化工作。
4. 论坛及站外优化，口碑推广（问答、论坛、博客、贴吧等）。
5. 配合公司线上线下品牌活动。
6. 文章编辑创作与收集。
7. 品牌推广优化与对外合作。
8. 微信运营配合。
9. 配合其他人的工作（线下销售、视频拍摄、后勤支援）等。

二、工作中所取得的成绩

在过去一年的努力中和与部门各领导同事的配合中，我的 SEO 工作也取得了一定的成绩。

1. 官网策划与上线。刚入职时，官网重新搭建改版上线，目前已经基本步入正规正常运作。

2. 官网内容填充与产品上架。官网产品及时添加，详情页的更替，让公司产品得到更好的展示。

3. 官网改版。官网多次改版，应销售和其他部门的意见，整合修改，达到更优。

4. 官网权重1，PR1，IP日均500左右。官网经过这一年来的优化与运营，网站权重和PR都上升到1，网站日均浏览量从最初的个位数达到目前500人次左右。

5. 官网后台开始有少量的咨询信息。官网目前已经有少量的客户咨询留言，为销售助力。

6. 关键词排名，多位靠前（公司名、生物酶、清洗液、生物酶清洗等均在首页和前三页能看见我们官网品牌的影子）。

7. 百度品牌官网商标认证、百度百科企业百科上线。目前官网品牌词及商标都已经在认证（部分在年审）中，有效提升网站及（公司名）的品牌展示效果。

三、工作中存在的问题以及解决方案

虽然在工作中取得了一点小小的成绩，但是距离最好的结果还有很大一段距离，个人工作中还是存在许多不足，同时也分析一下工作不足的原因和一些解决办法。

1. 工作不够积极主动。这个可能与公司的整体的大的工作氛围有一些关联，希望公司能培养好的工作氛围，发挥员工最大的主观能动性。

2. 工作缺乏预见性、很多问题想得不够全面。这个与自己自身的能力技术和认知有一定的关系，没有理解领导同事及部门的具体需求，从而不易决策，不易执行。

3. 个人工作缺乏计划。个人工作计划总会被打乱，计划有时候也不能有效执行，存在诸多问题。这个大多与个人和部门领导沟通有关，如果部门同事间能够有效沟通，明确目标，应该能很好解决这个问题。

4. 不善于沟通。这与个人的性格和工作习惯有很大关系，同时也感觉公司部门同事间缺乏沟通交流，多交流多沟通应该能完美解决这个问题。

个人工作中存在的问题其实还有很多，但是这些问题显得尤为突出，在今后的工作中希望能有所改进，希望各位领导同事能够监督，一起成长。

×××

××××年××月××日

评析：

本文内容充实、准备充分，将述职人的工作职责、成绩和不足全部娓娓道来，客观真实，有很强的说服力，是一篇较好的述职报告。

三、述职报告的写作要求

述职报告的写作要做到以下两方面。

（1）实事求是，客观真实。述职者必须在实事求是的基础上撰写述职报告，客观真实地陈述自身工作的成绩与问题，既不能夸大取得的成绩，又不能太过谦虚，更不能弄虚作假，淡化甚至抹杀存在的不足与问题。

（2）突出重点，把握个性。述职者要抓住重点，不能把所有工作情况都报告出来，必须突出重点问题，不需要事无巨细。另外，述职者要把握个性，只需要陈述清楚自身工作的成绩和问题，不能张冠李戴，把集体成绩当作自身功劳。

思考与练习

1. 计划类文书的特点有哪些？
2. 计划类文书的类型有哪些？
3. 工作计划和活动策划有何区别？
4. 工作总结与述职报告有何区别？

第六章

会议类文书写作

本章导读

会议是机关单位传达精神、布置工作、安排任务、研究决策、宣传鼓动的常见方式，在会议的不同阶段，会有不同的应用文书。本章选择了几种最常见的与会议相关联的应用文书进行分析，希望广大读者可以借此了解和掌握这类文书的基础知识。

第一节　会议通知

学习目标

1. 掌握会议通知的内涵、特点等基本常识;
2. 掌握会议通知的结构与写法;
3. 鉴赏例文，写作训练。

知识链接

一、会议通知的内涵

（一）会议通知的概念

会议通知，是会议主办方向参会单位或个人发出的关于会议主题、时间、地点、要求等基本信息的应用文。会议通知包括书面通知和口头通知两种形式，较为正式的会议、庄重的会议、规模较大的会议，一般要发送书面通知。

会议通知是党政机关法定公文通知中的一类，属于工作布置类通知，相关规范要求原则上遵守通知的要求。会议通知的适用范围较大，各级党政机关、企事业单位、社会团体均可使用会议通知。

（二）会议通知的特点

会议通知具有如下几个特点。

（1）周知性。会议通知主要的任务是要将会议的基本信息发布给相关人员。

（2）时效性。会议通知必须在会议举办前发出，具有明显的时间性。

（3）具体性。会议通知中的信息必须全面、准确、具体，清楚地将会议信息告知参会人员，方便其参会。

二、会议通知的写作

会议通知一般包括标题、主送机关、正文和落款四个部分。

1. 标题的写作

一般情况下，完整的标题格式是“会议主办方＋会议名称＋文种”。在一些非正式会议中，会议通知的标题可以省略主办方和会议名称，只用“会议通知”或“通知”作为标题，如：《国家安全监管总局办公厅关于召开全国安全生产宣传教育暨信息公开工作会议的通知》《关于举办第五届“创青春”中国青年创新创业大赛的通知》《北京师范大学关于参加 2018 年学术研究表彰大会的通知》《2019 年国家安全工作会议通知》。

2. 主送机关的写作

主送机关，即称谓，是对具体参会单位和人员的称呼，应根据实际的情况决定。

3. 正文的写作

正文一般包括发文缘由和具体事项两部分的内容。

（1）发文缘由。这部分主要是阐述发布该通知的原因和依据等，多以“现将有关事项通知如下”结尾。

（2）具体事项。简单的会议通知应有的基本事项具体有会议名称、会议主题、会议时间、会议地点、参会人员等。复杂的会议通知除了以上的基本信息外，还会有会议议程、准备材料、发言大纲和接待安排等方面的内容。大型会议的通知会从参与人员的角度出发，提供与参加会议相关的一些信息作为附件，如交通路线图等。

4. 落款的写作

落款由主办单位名称和发文日期组成，单位名称上还可加盖单位公章，以示正式。

三、会议通知的写作要点

（1）全面具体。会议通知一定要将基本信息如数涵盖，方便参会单位与人员理解。

（2）礼貌规范。会议通知的撰写要符合行文规范。

（3）简洁陈述。会议通知的表达方式以概述为主，语言要求简洁，不加评论。

例文评析

例文 6.1

关于召开××××××会议的通知

××××：

为××××××××××××××××××××××，兹定于××××年××月××日

（周×）在××召开××会议。现将有关事项通知如下：

一、会议时间

××××年××月××日（周×）××：××～××：××

二、会议地点

××公司×楼第×会议室

三、参会人员

×××、×××、×××、×××、×××、×××、×××、×××、×××、×××、×××、×××、×××、×××、×××、×××、×××、×××

四、会议议题

1. ×××

2. ×××

五、具体要求

1. 请×××部做好×××××××××资料准备。

2. 请×××部做好×××××××××资料准备。

3. ××××××××××。各单位汇报材料要以数据说话，重点进行结果和整改措施汇报，于××××年××月××日下班前发到集团×××部。

4. 请与会领导妥善安排好工作，提前15分钟到场，集中精力开好会议。

特此通知。

×××××××××

××××年××月××日

评析：

此文是会议通知的一个模板。该模板内容全面、格式完整，涵盖了一般会议通知的应有之义。

例文6.2

国家安全监管总局办公厅关于召开全国安全生产宣传教育暨信息公开工作会议的通知

厅函〔2018〕22号

各省、自治区、直辖市及新疆生产建设兵团安全生产监督管理局，各省级煤矿安全监察局，总局和煤矿安监局机关有关司局，应急指挥中心，有关直属事业单位：

经研究，定于2018年2月1日至2日在广西壮族自治区南宁市召开全国安全生产宣传教育暨信息公开工作会议，国家安全监管总局党组成员、副局长徐绍川，国家煤矿安监局副局长杨富将出席会议并讲话。现将有关事项通知如下：

一、会议内容

深入学习宣传贯彻党的十九大精神和习近平新时代中国特色社会主义思想，认真学习贯彻全国安全生产电视电话会议、全国安全生产工作会议和全国宣传部长会议精神，总结党的十八大以来安全生产宣传教育和信息公开工作，通报 2017 年安全生产宣传教育和信息公开工作情况，交流经验、研讨问题，部署 2018 年安全生产宣传教育和信息公开工作任务。

二、参加人员

各省（区、市）、新疆生产建设兵团安全监管局，省级煤矿安全监察局分管宣传教育工作负责人和宣传教育处（室）主要负责人；总局办公厅、政策法规司、规划科技司、统计司、人事司（宣教办）、直属机关党委，煤矿安监局办公室，应急指挥中心，宣教中心、培训中心、研究中心、通信中心、安科院、安全生产报社、信息研究院、华北科技学院、煤矿文工团分管宣传思想工作负责人；江苏省江阴市、广东省深圳市、山西省忻州市、浙江省温州市、广西壮族自治区贺州市、陕西省西安市、河北省石家庄市、甘肃省庆阳市安全监管局主要负责人。

三、有关要求

（一）请各省级安全监管局负责通知辖区内有关试点城市安全监管局参会及准备材料相关事宜，于 1 月 22 日前统一将参会人员报名回执报送至国家安全监管总局人事司（宣教办）新闻宣传处（联系人及电话：曹旸、王晓飞，010-64464481<带传真>）。

（二）请各省级安全监管局准备 2017 年安全生产宣传教育工作 PPT 汇报材料（时间不超过 7 分钟），请江阴市、深圳市、忻州市、温州市、贺州市、西安市、石家庄市、庆阳市等 8 个试点城市安全监管局准备试点城市建设情况 PPT 汇报材料（时间不超过 7 分钟），并于 1 月 24 日前将汇报材料电子版报送至国家安全监管总局人事司（宣教办）新闻宣传处（电子邮箱：xcc@chinasafety. gov. cn）。

（三）各单位的汇报材料要紧紧围绕安全生产宣传教育工作，结合自身实际情况，重点从工作推进落实、取得成效入手，突出经验总结、突出亮点展现，注重用具体工作和数据说话，严格控制篇幅和时长。

（四）请参会人员于 1 月 31 日下午到广西荔园山庄（西园饭店）报到（地址：南宁市青山路 22 号，电话：0771-5333399）。

附件：参会人员报名回执

国家安全监管总局办公厅

2018 年 1 月 10 日

评析：

本会议通知较为规范，严格遵照会议通知的写作要求，在写明会议背景的基础上，叙述了会议的内容、参加人员和参与要求。通知结构规范、内容清晰、语言简洁，较好地完成了通知任务。

第二节 会议议程

学习目标

1. 掌握会议议程的内涵、特点等基本常识；
2. 掌握会议议程的结构与写法；

3. 鉴赏例文，写作训练。

知识链接

一、会议议程的内涵

（一）会议议程的概念

会议议程，是对会议过程进行详细编排后形成的书面文件，是为使会议顺利召开所做的内容和程序工作，是会议需要遵循的程序。它包括两层含义：一是指会议的议事程序，二是指列入会议的各项议题。

会议议程是整个会议议题性活动顺序的总体安排，不包括会议期间的仪式性、辅助性的活动。会议日程是将各项会议活动（包括仪式性、辅助性活动）落实到单位时间，凡会期满 1 天（两个单位时间）的会议都应当制定会议日程。

（二）会议议程、会议日程、会议程序的联系与区别

会议议程是对议题性活动的程序化，即将会议的各项议题按照主次、轻重的原则以及先报告、再讨论审议、后表决的次序编排起来并确定下来。它所涵盖的内容除了足以实现会议目标的各种议案，如主体规则等之外，还包括与会者姓名、会议时间及会议地点等项目。

会议日程是将会议议程规定的各项活动按单位时间具体落实安排。会议的日程不仅细化议程框架内的全部议题性活动，还要具体安排会议过程中的仪式性活动，以及其他相关的辅助活动，如招待会、考察、参观、聚餐、娱乐等。

会议程序是指在一次相对独立的会议活动中，将所有的工作环节和活动细节，按照时间先后加以排列的顺序。会议的程序可以供与会者了解每次会议活动的具体内容与时间顺序，同时也是会议主持人掌握会议的操作依据。

会议议程是一次会议活动顺序的总的安排，具有概括、明了的特点，更改的可能性小，凡是两项以上议题的会议，都应当实现制定议程。会议日程是将各项会议活动（包括辅助活动）落实到单位时间，凡会期满 1 天的会议都应当制定会议日程，会议半天以内、且都是议题性活动的会议，只需制定议程，而不必制定日程。会议程序则是一次单元性会议活动，或单独的仪式性活动的详细顺序和步骤，是会议议程的具体化和明细化，可供会议主持人直接操作及掌控节奏。概括较大、活动较多、会期较长的会议，往往同时制定会议的议程、日程和程序，以适应不同层次活动的需要。以举行颁奖、选举、揭牌等仪式为主的会议活动，一般只制定会议程序，不制定议程。

二、会议议程的写作

会议议程一般由标题、正文等构成。

1. 标题的写作

会议议程的标题一般包括会议名称和文种两要素，如《先进工作者表彰大会议程》《全

国高校马克思主义理论学科建设大会议程》《××××大学教育工作大会议程》。也可以直接用文种做标题：《会议议程》。

2. 正文的写作

正文导语部分简要概述会议的基本情况，包括会议的背景、依据、任务和总体安排，用“主要议程如下”“具体安排如下”等方式过渡到正文主体。

正文主体是对会议具体安排的有序呈现，包括时间安排和会议内容两方面。如会议召开时间不超过半天，一般在议程前标明序号；如会议召开时间超过半天，则需将时间细分为每天上午、下午。会议内容则依据具体会议而定。

正文结束语经常省略。

三、会议议程的写作要点

（1）安排要合理。会议议程的安排涉及会议能否正常开展，议程安排务必反复推演，力求合情合理。

（2）表述要清晰。会议议程的安排一般根据会议的时间顺序来制作，可以分条列点，也可以制作表格，无论哪种方式，都要求结构清晰、一目了然，以便会务组织。

（3）语言要精简。会议议程的安排表述清楚即可，无须评论。

例文评析

例文 6.3

第十三届全国人民代表大会常务委员会第七次会议议程

2018 年 12 月 23 日至 29 日

一、审议《中华人民共和国农村土地承包法修正案（草案）》

二、审议《中华人民共和国耕地占用税法（草案）》

三、审议《中华人民共和国车辆购置税法（草案）》

四、审议《中华人民共和国公务员法（修订草案）》

五、审议《中华人民共和国法官法（修订草案）》

六、审议《中华人民共和国检察官法（修订草案）》

七、审议《民法典合同编（草案）》

八、审议《民法典侵权责任编（草案）》

九、审议国务院关于提请审议《中华人民共和国外商投资法（草案）》的议案

十、审议国务院关于提请审议《中华人民共和国疫苗管理法（草案）》的议案

十一、审议国务院关于提请审议《中华人民共和国资源税法（草案）》的议案

十二、审议国务院关于提请审议《中华人民共和国专利法修正案（草案）》的议案

十三、审议国务院关于提请审议《〈中华人民共和国村民委员会组织法〉、〈中华人民共和国城市居民委员会组织法〉修正案（草案）》的议案

十四、审议国务院关于提请审议《〈中华人民共和国土地管理法〉、〈中华人民共和国城市房地产管理法〉修正案（草案）》的议案

十五、审议国务院关于提请审议《〈中华人民共和国产品质量法〉等 17 部法律的修正案（草案）》的议案

十六、审议国务院关于提请审议《关于再次延长授权国务院在北京市大兴区等三十三个试点县（市、区）行政区域暂时调整实施有关法律规定期限的决定（草案）》的议案

十七、审议国务院关于提请审议授权提前下达部分新增地方政府债务限额的议案

十八、审议全国人民代表大会常务委员会委员长会议关于提请审议《全国人民代表大会常务委员会关于召开第十三届全国人民代表大会第二次会议的决定（草案）》的议案

十九、审议国务院关于提请审议批准《上海合作组织反极端主义公约》的议案

二十、审议国务院关于《中华人民共和国国民经济和社会发展第十三个五年规划纲要》实施中期评估报告

二十一、审议国务院关于 2017 年度中央预算执行和其他财政收支审计查出问题整改情况的报告

二十二、审议国务院关于财政医疗卫生资金分配和使用情况的报告

二十三、审议国务院关于发展海洋经济加快建设海洋强国工作情况的报告

二十四、审议国务院关于生育保险和职工基本医疗保险合并实施试点情况的总结报告

二十五、审议国务院关于全国农村承包土地的经营权和农民住房财产权抵押贷款试点情况的总结报告

二十六、审议国务院关于农村土地征收、集体经营性建设用地入市、宅基地制度改革试点情况的总结报告

二十七、听取国务院关于个人所得税专项附加扣除有关情况的报告

二十八、审议全国人民代表大会常务委员会执法检查组关于检查《中华人民共和国海洋环境保护法》实施情况的报告

二十九、审议全国人民代表大会宪法和法律委员会关于第十三届全国人民代表大会第一次会议主席团交付审议的代表提出的议案审议结果的报告

三十、审议全国人民代表大会教育科学文化卫生委员会关于第十三届全国人民代表大会第一次会议主席团交付审议的代表提出的议案审议结果的报告

三十一、审议全国人民代表大会华侨委员会关于第十三届全国人民代表大会第一次会议主席团交付审议的代表提出的议案审议结果的报告

三十二、审议全国人民代表大会环境与资源保护委员会关于第十三届全国人民代表大会第一次会议主席团交付审议的代表提出的议案审议结果的报告

三十三、审议全国人民代表大会社会建设委员会关于第十三届全国人民代表大会第一次会议主席团交付审议的代表提出的议案审议结果的报告

三十四、听取全国人民代表大会常务委员会办公厅关于第十三届全国人民代表大会第一次会议代表建议、批评和意见办理情况的报告，国务院扶贫开发领导小组办公室关于第十三届全国人民代表大会第一次会议代表建议、批评和意见办理情况的报告

三十五、审议全国人民代表大会常务委员会法制工作委员会关于 2018 年备案审查工作情况的报告

三十六、审议第十三届全国人民代表大会常务委员会代表资格审查委员会关于个别代表的代表资格的报告

三十七、审议任免案

评析：

相对比较重大的会议、会议议程比较多的时候，完全可以采取本议程的格式，即分条列点式结构模式。本模式省略了导语和结束语，直接罗列议题，一目了然。

例文 6.4

××××年全国工程地质学术年会
会议议程

10 月 26 日（星期四）	
日程：工程地质专委会委员、IAEG 会员报到	
8：00～18：00	工程地质专委会委员、IAEG 会员报到，入住大公馆
10 月 27 日（星期五）	
日程：工程地质专委会暨 IAEG 中国委员会××××年联席会议 全国工程地质学术年会代表报到	
8：30～22：30	全国工程地质学术年会代表报到，入住大公馆
16：00～18：00	工程地质专委会暨 IAEG 中国委员会××××年联席会议，地点：周官
18：00～20：30	晚餐
10 月 28 日（星期六）	
10 月 28 日上午	

日程	时间	会场	会议内容	主持人
开幕式	8：00～8：30	大宴会厅	主持人介绍会议嘉宾	×××
			专委会主任委员致开幕词	
			国家自然科学基金委员会领导致贺词	
			中国地质学会领导致贺词	
			广西壮族自治区地方领导致贺词	
			桂林理工大学校领导致欢迎词	
			会议筹备工作报告	

续表

10月28日（星期六）

10月28日上午

8：30～9：00 合影

日程	时间	会场	会议内容	召集人
特邀大会报告（7个）	9：00～9：30	大宴会厅	×××（中国科学院院士、中国地质科学院岩溶地质研究所）	××× ×××
	9：30～10：00		×××（中国科学院院士，国家自然科学基金委员会）	
	10：00～10：30		×××（中国工程院院士，同济大学）	
	10：30～11：00		×××（中国科学院遥感应用研究所）	××× ×××
	11：00～11：30		×××（中国科学院地质与地球物理研究所）	
	11：30～12：00		×××（中山大学）	
	12：00～12：30		×××（香港大学）	

12：30～14：00　午餐

10月28日下午

日程	时间	会场	会议内容	召集人
分会场报告	14：00～18：15	大宴会厅	岩溶及特殊岩土 分2个单元，每个单元由2个召集人负责主持	××× ××× ××× ×××
		贵官	重大工程建设中的地质问题 分2个单元，每个单元由2个召集人负责主持	××× ××× ××× ×××
		周官	新理论、新技术 分2个单元，每个单元由2个召集人负责主持	××× ××× ××× ×××
		隋官	青工委报告 分2个单元，每个单元由2个召集人负责主持	××× ××× ××× ×××
		晋官	研究生论坛 分2个单元，每个单元由2个召集人负责主持	××× ××× ××× ×××

18：30～20：30　晚宴

续表

<table>
<tr><td colspan="5">10月29日（星期日）</td></tr>
<tr><td colspan="5">10月29日上午</td></tr>
<tr><td>日程</td><td>时间</td><td>会场</td><td>会议内容</td><td>召集人</td></tr>
<tr><td rowspan="3">分会场
报告</td><td rowspan="3">8:00～12:25</td><td>大宴
会厅</td><td>岩溶及特殊岩土
分2个单元，每个单元由2个召集人负责主持。</td><td>×××
×××
×××
×××</td></tr>
<tr><td>汉宫</td><td>海洋地质工程
分2个单元，每个单元由2个召集人负责主持</td><td>×××
×××
×××
×××</td></tr>
<tr><td>贵宫</td><td>重大工程建设中的地质问题
分2个单元，每个单元由2个召集人负责主持</td><td>×××
×××
×××
×××</td></tr>
<tr><td rowspan="3"></td><td rowspan="3"></td><td>周宫</td><td>新理论、新技术
分2个单元，每个单元由2个召集人负责主持</td><td>×××
×××
×××
×××</td></tr>
<tr><td>隋宫</td><td>青工委报告
分2个单元，每个单元由2个召集人负责主持</td><td>×××
×××
×××
×××</td></tr>
<tr><td>晋宫</td><td>研究生论坛
分2个单元，每个单元由2个召集人负责主持</td><td>×××
×××
×××
×××</td></tr>
<tr><td colspan="5">12:30～14:00　午餐</td></tr>
<tr><td colspan="5">10月29日下午</td></tr>
<tr><td>日程</td><td>时间</td><td>会场</td><td>会议内容</td><td>主持人</td></tr>
<tr><td rowspan="7">特邀
大会
报告
（7个）</td><td>14:00～14:30</td><td rowspan="8">大宴
会厅</td><td>×××（中铁第一勘察设计院集团有限公司）</td><td rowspan="3">×××
×××</td></tr>
<tr><td>14:30～15:00</td><td>×××（中国科学院武汉岩土力学研究所）</td></tr>
<tr><td>15:00～15:30</td><td>×××（中国地质大学（武汉））</td></tr>
<tr><td>15:30～16:00</td><td>×××（中国科学院力学研究所）</td><td rowspan="4">×××
×××</td></tr>
<tr><td>16:00～16:30</td><td>×××（长江三峡勘测研究院有限公司）</td></tr>
<tr><td>16:30～17:00</td><td>×××（桂林理工大学）</td></tr>
<tr><td>17:00～17:30</td><td>×××（国家自然科学基金委员会）</td></tr>
<tr><td>闭幕式</td><td>17:30～18:00</td><td>××××年全国工程地质学术年会总结
专委会委员致闭幕词</td><td>×××</td></tr>
<tr><td colspan="5">18:00～20:30　晚餐</td></tr>
<tr><td colspan="5">会后考察</td></tr>
<tr><td colspan="5">大会结束</td></tr>
</table>

评析：

这篇会议议程内容十分丰富，安排细致具体、条理清晰，还以表格的形式表述会议的具体流程，使参会人员一望便知，操作性很强，是一篇优秀的会议议程。

第三节 会 议 记 录

学习目标

1. 掌握会议记录的内涵、特点、类型等基本常识；
2. 掌握会议记录的结构与写法；
3. 鉴赏例文，写作训练。

知识链接

一、会议记录的概念、特点和分类

（一）会议记录的概念

会议记录是指在会议过程中，由记录人员把会议的组织情况和具体内容记录下来而形成的材料。会议记录是机关单位工作过程、工作内容的重要记载，是单位的内部资料，供查阅、对照、档案传承之用。

会议记录的“记”有详记与略记之别。略记是记会议大要，会议上的重要或主要言论。详记则要求记录的项目必须完备，记录的言论必须详细完整。若需要留下包括上述内容的会议记录则要靠“录”。“录”有笔录、音录和影像录几种，对会议记录而言，音录、影像录通常只是手段，最终还要将录下的内容还原成文字。笔录也常常要借助音录、影像录，以之作为记录内容最大限度地再现会议情境的保证。

（二）会议记录的特点

会议记录具有如下几个特点。

（1）初始性。会议记录是对会议过程中的内容和情况的初始记录，它没有经过整理和综合归纳等加工。

（2）真实性。不管会议情况如何，发言如何，记录者都必须真实记录下这些情况，不得删减或增添，更不能张冠李戴，弄虚作假，应具有无与伦比的真实性。

（3）指导性。这一特性包含两层含义：一是会议本身的权威性；二是会议记录集中反映了会议的主要精神和决定事项。因而记录一经下发，将对有关单位和人员产生约束力，起着类似于指示、决定或决议等指挥性公文的作用。会议记录还可以作为与会同志向单位领导汇报、向群众传达的文字依据。

（4）备考性。一些会议记录主要不是为了贯彻执行，而是为了向上汇报或向下通报情况，必要时可做查阅之用。

（三）会议记录的分类

（1）办公会议记录：记述机关或企业、事业单位等对重要的、综合性工作进行讨论、研究、议决等事项的一种会议记录。办公会议记录一般有：例行办公会议记录，即记述例行办公会议情况及其议决事项的会议记录。现场办公会议记录，即为解决某重大问题而召集有关方面和有关单位在现场研究、议决或协商的办公会议记录。

（2）专题会议记录：专门记述座谈会讨论、研究的情况与成果的一种会议记录。其主要特点是主题的集中性与观点意见的纷呈性相结合，既要归纳比较集中、统一的认识，又要将各种不同观点和倾向性意见都归纳表达出来。

二、会议记录的写作

完整的会议记录一般包括标题、会议组织情况、会议内容和结尾四个部分。

（1）标题。标题的格式是“会议名称＋文种”，如“班委会议记录”。

（2）会议组织情况。会议组织情况主要有会议时间、会议地点、主持人姓名职务、出席人、缺席人、列席人、记录人姓名职务这些内容。

（3）会议内容。会议内容的记录根据实际的会议情况而展开，没有什么标准的模式。但大致的内容还是有的，如会议的主题、发言情况、表决情况、决定或决议等。

（4）结尾。一般要另起一行以“散会”结尾，并且主持人和记录人都需要在右下方签名。

一般来说，会议记录的格式内容如下：

××公司办公会议记录

时间：××××年××月××日××时
地点：×××
出席人：×××……
缺席人：×××……
主持人：×××
记录人：×××

主持人发言：（略）
与会者发言：×××（略）
×××（略）
散会
主持人：×××（签名）
记录人：×××（签名）
（本会议记录共×页）

三、会议记录的写作要点

会议记录写作要做到以下几点。

（1）实事求是，客观真实。真实性是会议记录的灵魂，无论是详细记录还是概要记录，记录人都必须确保记录文字客观真实，不得有弄虚作假之处，不能更改他人的发言。

（2）全面完整，要点突出。记录人要尽可能将会议情况全面地记录下来，力图反映会议的全貌。记录人还应在尊重原意的基础上，注重结构完整，保证要点突出。

（3）讲究速度，书写清楚。记录人要跟上发言人的速度，最好掌握一些速记技能，并且要将发言人的具体发言书写清楚，字迹一定要清晰。

例文评析

例文 6.5

会议记录

时间：××××年××月××日

地点：公司会议室

主持人：马燕（公司副总经理）

出席人：公司各部门主任

记录：祁迎峰（办公室主任）

一、主持人讲话：今天主要讨论一下《中国办公室》软件是否投入开发以及如何开展前期工作的问题。

二、发言：

技术部朱总：类似的办公软件已经有不少，如微软公司的 Word，金山公司的 WPS 系列，以及众多的财务、税务、管理方面的软件。我认为首要的问题是确定选题方向，如果没有特点，千万不能动手。

资料部祁主任：应该看到的是，办公软件虽然很多，但从专业角度而言，大都不是很规范。我指的是编辑方面的问题，如 Word 中对于行政公文这一块就干脆忽略掉，而书信这一部分也大多是英文习惯，中国人使用起来很不方便。WPS 是中国人开发的软件，在技术上很有特点，但中文应用文方面的编辑十分简陋，离专业水准很远。我认为我们定位在这一方面是很有市场的。

市场部唐主任：这是在众多航空母舰中间寻求突破，我认为有成功的希望，关键的问题就是必须小巧，并且速度极快。因为我们建造的不是航空母舰，这就必须考虑到兼容问题。

（略）

三、决定。

各部门都同意立项，初步的技术方案将在十天内完成，资料部预计需要三个月完成资料编辑工作，系统集成约需要二十天，该软件预定于元旦投放市场。

散会。

主持人：（签名）

记录人：（签名）

评析：

这篇会议记录格式较为完整，内容涵盖了会议记录的基本内容，并将会议上的发言情况详细地记载下来了，符合会议记录的基本要求，称得上是一篇合格的会议记录。

第四节　会议讲话

学习目标

1. 掌握会议讲话的内涵、特点、类型等基本常识；
2. 掌握会议讲话的结构与写法；
3. 鉴赏例文，写作训练。

知识链接

一、会议讲话的内涵

（一）会议讲话的概念

会议讲话是在各种会议或集会上，为实现传达精神、布置工作、宣传鼓动、汇报总结、交流经验、沟通信息等工作目的的讲话。会议讲话因会议情况不同、讲话者身份不同或者讲话的主题不同而有不同名称，可称之讲话、发言、汇报、演说等，是党政机关、企事业单位、社会团体工作的重要形式。

（二）会议讲话的种类

根据会议讲话的主体、内容和性质，可将会议讲话大概划分为以下三类。

一是领导讲话。包括工作报告、纪念讲话、动员讲话、开幕词、闭幕词、接见词、会见词、欢迎词、欢送词等。

二是工作汇报。包括总结报告、情况报告、计划报告等。

三是交流发言。包括经验交流、思想交流、信息交流等。

（三）会议讲话的特点

（1）灵活。会议讲话是与会各方布置工作、汇报总结、交流信息的重要载体，既可以用于下行文，也可以用于上行文和平行文。

（2）务实。会议讲话要围绕机关单位或个人的工作实际展开分析并提出科学、具体的措施要求，切忌讲空话、讲大话，切忌文不对会、文不对题。

（3）通俗。会议讲话是与会各方以面对面口语交流的形式布置工作、汇报总结、交流信息，要求内容通俗、形式活泼，以实现讲话初衷。

（四）会议讲话的写作要求

（1）主题突出，有的放矢。讲话稿要紧紧围绕会议的主题和内容而展开，不要试图包括全部内容，只需要突出最重要的观点和看法。

（2）有理有据，打动听众。讲话稿应将足够的证据和充分的论证摆出来，从而说服听众接受自身的观点和想法，并要满含情感，以情理动人，给听众留下深刻的印象。

（3）语言通俗，篇幅适度。讲话稿的语言要适当口语化，符合听话人的听觉需求，多用比喻等修辞手法。并且，讲话的篇幅不宜太长，否则会使得听众疲惫不堪，不能达到预期的效果。

二、工作讲话、动员讲话、纪念讲话的写作

工作讲话、动员讲话，是机关单位（领导）为布置工作、传达精神、鼓励动员、交流总结而做的讲话，具有明显的指导性、约束性。纪念讲话是机关领导为纪念重要的人、事件或节庆日而做的讲话，具有较强的纪念性和鼓舞性。工作讲话、动员讲话、纪念讲话一般由标题、题注、称谓、正文组成。

1. 标题的写作

会议讲话的标题通常有三种写法，分为以下两大类。

（1）单标题。讲话稿的单标题既可以是公文式，也可以是文章式。公文式标题一般包括讲话人、会议名称和文种三部分，如："在全省教育系统安全工作会议上的讲话""在纪念马克思诞辰 200 周年大会上的讲话""王锐在全市创建全国文明城市动员大会上的讲话"。有时讲话人可以省略。文章式标题则是对讲话稿的主题的高度概括，揭示该讲话的主旨和重点。

（2）正副标题。正副标题是公文式和文章式的结合，正标题是讲话稿的主题概括，副标题包括讲话人、会议名称和文种。

2. 题注的写作

会议讲话人、讲话时间经常会作为题注，标注在标题下方。

3. 称谓的写作

讲话稿的称谓要根据具体情况而定，紧密贴切会议内容和参会人员的身份性质，讲究礼貌，使用尊称。其中，应用范围最广泛的称谓是"同志们""女士们、先生们"。

4. 正文的写作

讲话的正文通常包括三部分内容，即引言、主体和结尾。

（1）引言。引言又称开场白，起着引出下文和定下基调的作用。通常是用简练的语言概括整篇讲话的要点，使听众对整篇讲话有个基础大概的了解。引言部分应短小精悍，不同凡响，这样才能吸引听众的注意力，得到较好的反馈。

（2）主体。主体部分是讲话的核心与关键，必须因地制宜，根据会议的主题重点来安排讲话的内容、结构。一般来说，一次讲话最好只有一个中心，整篇讲话稿都需要围绕这个中心内容展开论述。至于结构，主体部分应有条理，层次分明。概括地说，有递进式、并列式和混合式这三种结构，撰写人要根据具体的讲话内容选择最适宜的结构。

（3）结尾。结尾部分通常要概括整篇讲话的主题，与开头形成首尾呼应，深化讲话的主旨内容。一般情况下，讲话的最后需要感谢参会人员，拉近讲话人和听众的距离。

例文评析

例文 6.6

狠抓信访维稳工作　维护社会和谐稳定

各位领导、同志们：

今天我们在这里召开全县信访工作会议，目的就是要进一步提升信访工作效率，化解社会矛盾，优化发展环境……下面我就今年以来全县信访维稳工作讲几点意见。

一、要认清形势，切实增强当前信访维稳工作的责任感和紧迫感

今年以来，县委、县人民政府高度重视信访维稳工作，在推进全县经济社会发展的同时，始终坚持把维护社会稳定作为压倒一切的政治任务来抓，坚持以科学发展观为统领，认真贯彻落实全国信访局长电视电话会议和区、市信访工作电视电话会议及区、市“三大纠纷”维稳工作会议精神，按照中央和自治区关于“更加注重改善民生、保持社会和谐稳定”的要求，紧紧围绕“全力维护社会稳定”这一主题，畅通信访渠道，维护信访秩序，进一步落实工作责任，加大“三大纠纷”维稳工作力度，有效解决群众的合理诉求。

（略）

二、高度重视，突出重点，强化措施，进一步做好信访维稳工作

当前全县信访维稳工作的主要目标是，以维护社会政治稳定为最主要任务，以解决群众实际问题为根本，坚持一手抓发展，一手抓信访维稳、保稳定，确保全县上访总量、到县集体访总量降下来，为全县经济超常规、跨越式发展创造良好的社会环境。

（略）

三、加强组织领导

做好新形势下的信访维稳工作，领导重视是关键，落实责任制是保证。各乡（镇）、各单位特别是主要领导要充分认识做好当前信访维稳工作的极端重要性，自觉把信访维稳工作摆上重要议事日程，及时研究加强信访维稳工作的意见和措施，为推动信访维稳工作深入开展提供有力的领导保障。

（略）

同志们，做好信访维稳工作意义重大，责任重大。我们要齐心协力，狠抓落实，排查隐患，切实做好我县当前的信访突出问题和“三大纠纷”调处工作，为维护社会和谐稳定、推动我县经济社会更好更快的发展做出积极贡献。

评析：

这是一篇中规中矩的领导工作讲话，讲话从背景引入，围绕工作讲话的主要任务，分析了开展特定工作的形势，就加强重点工作提出了要求，最后提出希望和要求。值得注意的是，工作讲话的写作非常灵活，当讲话人身份、工作任务、听众有变化的时候，工作讲话的写法应有所调整，不能一成不变。

例文 6.7

在纪念马克思诞辰 200 周年大会上的讲话（摘要）

（2018 年 5 月 4 日）

习近平

同志们：

今天，我们怀着十分崇敬的心情，在这里隆重集会，纪念马克思诞辰 200 周年，缅怀马克思的伟大人格和历史功绩，重温马克思的崇高精神和光辉思想。

马克思是全世界无产阶级和劳动人民的革命导师，是马克思主义的主要创始人，是马克思主义政党的缔造者和国际共产主义的开创者，是近代以来最伟大的思想家。两个世纪过去了，人类社会发生了巨大而深刻的变化，但马克思的名字依然在世界各地受到人们的尊敬，马克思的学说依然闪烁着耀眼的真理光芒！

1818 年 5 月 5 日，马克思诞生在德国特里尔城的一个律师家庭。（概述生平，略）

1848 年，席卷欧洲的资产阶级民主革命爆发，马克思积极投入并指导这场革命斗争。革命失败后，马克思深刻总结革命教训，力求通过系统研究政治经济学，揭示资本主义的本质和规律。1867 年问世的《资本论》是马克思主义最厚重、最丰富的著作，被誉为“工人阶级的圣经”。晚年，马克思依然密切关注世界发展新趋势和工人运动新情况，努力从更宏大的视野思考人类社会发展问题。

——马克思的一生，是胸怀崇高理想、为人类解放不懈奋斗的一生。（略）

——马克思的一生，是不畏艰难险阻、为追求真理而勇攀思想高峰的一生。（略）

——马克思的一生，是为推翻旧世界、建立新世界而不息战斗的一生。（略）

马克思是顶天立地的伟人，也是有血有肉的常人。他热爱生活，真诚朴实，重情重义。马克思、恩格斯的革命友谊长达 40 年。正如列宁所说：“古老传说中有各种非常动人的友谊故事”，但马克思、恩格斯的友谊“超过了古人关于人类友谊的一切最动人的传说”。马克思无私资助革命事业，即使在自己生活极度困难的情况下仍然尽最大努力帮助革命战友。马克思和妻子燕妮患难与共，谱写了理想和爱情的命运交响曲。

同志们！

马克思给我们留下的最有价值、最具影响力的精神财富，就是以他名字命名的科学理论——马克思主义。这一理论犹如壮丽的日出，照亮了人类探索历史规律和寻求自身解放的道路。

马克思有一句名言：“批判的武器当然不能代替武器的批判，物质力量只能用物质力量来摧毁；但是理论一经掌握群众，也会变成物质力量。”马克思主义主要由哲学、政治经济学、科学社会主义三大组成部分构成。这三大组成部分分别来源于德国古典哲学、英国古典政治经济学、法国空想社会主义，然而，最终升华为马克思主义的根本原因，是马克思对所处的时代和世界的深入考察，是马克思对人类社会发展规律的深刻把握。马克思说：“共产党人的理论原理，决不是以这个或那个世界改革家所发明或发现的思想、原则为根据的。”“这些原理不过是现存的阶级斗争、我们眼前的历史运动的真实关系的一般表述。”

只有在整个人类发展的历史长河中，才能透视出历史运动的本质和时代发展的方向。马克思的科学研究，就像列宁所说的那样，“凡是人类社会所创造的一切，他都有批判地重新加以探讨，任何一点也没有忽略过去。凡是人类思想所建树的一切，他都放在工人运动中检验过，重新加以探讨，加以批判，从而得出了那些被资产阶级狭隘性所限制或被资产阶级偏见束缚住的人所不能得出的结论。”马克思的思想理论源于那个时代又超越了那个时代，既是那个时代精神的精华又是整个人类精神的精华。

——马克思主义是科学的理论，创造性地揭示了人类社会发展规律。（略）

——马克思主义是人民的理论，第一次创立了人民实现自身解放的思想体系。（略）

——马克思主义是实践的理论，指引着人民改造世界的行动。（略）

——马克思主义是不断发展的开放的理论，始终站在时代前沿。（略）

同志们！

《共产党宣言》发表170年来，马克思主义在世界上得到广泛传播。在人类思想史上，没有一种思想理论像马克思主义那样对人类产生了如此广泛而深刻的影响。

在马克思亲自领导下，在马克思主义指导下，“第一国际”等国际工人组织相继创立和发展，在不同时期指导和推动了国际工人运动的联合和斗争。在马克思主义影响下，马克思主义政党在世界范围内如雨后春笋般建立和发展起来，人民第一次成为自己命运的主人，成为实现自身解放和全人类解放的根本政治力量。

列宁领导的十月革命取得胜利，社会主义从理论变为现实，打破了资本主义一统天下的世界格局。第二次世界大战结束后，一大批社会主义国家诞生，特别是中华人民共和国成立，极大壮大了世界社会主义力量。尽管世界社会主义在发展中也会出现曲折，但人类社会发展的总趋势没有改变，也不会改变。

马克思、恩格斯积极支持被压迫民族和人民的解放斗争。进入20世纪后，以列宁为代表的马克思主义者继承和发展马克思主义民族理论，指导和支持殖民地半殖民地国家民族解放运动。第二次世界大战结束后，一大批获得独立和解放的民族国家建立起来，彻底瓦解了帝国主义的殖民体系，世界各民族平等交往、共同发展展现出光明前景。

今天，马克思主义极大推进了人类文明进程，至今依然是具有重大国际影响的思想体系和话语体系，马克思至今依然被公认为“千年第一思想家”。

同志们！

马克思主义不仅深刻改变了世界，也深刻改变了中国。中华民族在几千年的历史进程中创造了灿烂的中华文明，为人类文明进步作出了重大贡献。1840年鸦片战争以后，西方列强凭着坚船利炮野蛮轰开了中国的大门，中华民族陷入内忧外患的悲惨境地。

帝国主义的野蛮侵略和中国人民的深重苦难引起了马克思高度关注。第二次鸦片战争期间，马克思撰写了十几篇关于中国的通讯，向世界揭露西方列强侵略中国的真相，为中国人民伸张正义。马克思、恩格斯高度肯定中华文明对人类文明进步的贡献，科学预见了“中国社会主义”的出现，甚至为他们心中的新中国取了靓丽的名字——“中华共和国”。

近代以后，争取民族独立、人民解放和实现国家富强、人民幸福就成为中国人民的历史任务。在旧式的农民战争走到尽头，不触动封建根基的自强运动和改良主义屡屡碰壁，资产阶级革命派领导的革命和西方资本主义的其他种种方案纷纷破产的情况下，十月革命一声炮响，为中国送来了马克思列宁主义，给苦苦探寻救亡图存出路的中国人民指明了前进方向、提供了全新选择。

在这个历史大潮中，一个以马克思主义为指导、一个勇担民族复兴历史大任、一个必将带领中国人民创造人间奇迹的马克思主义政党——中国共产党应运而生。

中国共产党诞生后，中国共产党人把马克思主义基本原理同中国革命和建设的具体实际结合起来，团结带领人民经过长期奋斗，完成新民主主义革命和社会主义革命，建立起中华人民共和国和社会主义基本制度，进行了社会主义建设的艰辛探索，实现了中华民族站起来的伟大飞跃。这一伟大飞跃以铁一般的事实证明，只有社会主义才能救中国！

改革开放以来，中国共产党人把马克思主义基本原理同中国改革开放的具体实际结合起来，团结带领人民进行建设中国特色社会主义新的伟大实践，使中国大踏步赶上了时代，实现了中华民族从站起来到富起来的伟大飞跃。这一伟大飞跃以铁一般的事实证明，只有中国特色社会主义才能发展中国！

在新时代，中国共产党人把马克思主义基本原理同新时代中国具体实际结合起来，团结带领人民进行伟大斗争、建设伟大工程、推进伟大事业、实现伟大梦想，推动党和国家事业取得全方位、开创性历史成就，发生深层次、根本性历史变革，中华民族迎来了从富起来到强起来的伟大飞跃。这一伟大飞跃以铁一般的事实证明，只有坚持和发展中国特色社会主义才能实现中华民族伟大复兴！

实践证明，马克思主义的命运早已同中国共产党的命运、中国人民的命运、中华民族的命运紧紧连在一起，它的科学性和真理性在中国得到了充分检验，它的人民性和实践性在中国得到了充分贯彻，它的开放性和时代性在中国得到了充分彰显！

实践还证明，马克思主义为中国革命、建设、改革提供了强大思想武器，使中国这个古老的东方大国创造了人类历史上前所未有的发展奇迹。历史和人民选择马克思主义是完全正确的，中国共产党把马克思主义写在自己的旗帜上是完全正确的，坚持马克思主义基本原理同中国具体实际相结合、不断推进马克思主义中国化时代化是完全正确的！

可以告慰马克思的是，马克思主义指引中国成功走上了全面建设社会主义现代化强国的康庄大道，中国共产党人作为马克思主义的忠诚信奉者、坚定实践者，正在为坚持和发展马克思主义而执着努力！

同志们！

恩格斯说过：“一个民族要想站在科学的最高峰，就一刻也不能没有理论思维。”中华民族要实现伟大复兴，也同样一刻不能没有理论思维。马克思主义始终是我们党和国家的指导思想，是我们认识世界、把握规律、追求真理、改造世界的强大思想武器。

马克思主义思想理论博大精深、常学常新。新时代，中国共产党人仍然要学习马克思，学习和实践马克思主义，不断从中汲取科学智慧和理论力量，在统筹推进“五位一体”总体布局、协调推进“四个全面”战略布局中，更有定力、更有自信、更有智慧地坚持和发展新时代中国特色社会主义，确保中华民族伟大复兴的巨轮始终沿着正确航向破浪前行。

——学习马克思，就要学习和实践马克思主义关于人类社会发展规律的思想。（略）

——学习马克思，就要学习和实践马克思主义关于坚守人民立场的思想。（略）

——学习马克思，就要学习和实践马克思主义关于生产力和生产关系的思想。（略）

——学习马克思，就要学习和实践马克思主义关于人民民主的思想。（略）

——学习马克思，就要学习和实践马克思主义关于文化建设的思想。（略）

——学习马克思，就要学习和实践马克思主义关于社会建设的思想。（略）

——学习马克思，就要学习和实践马克思主义关于人与自然关系的思想。（略）

——学习马克思，就要学习和实践马克思主义关于世界历史的思想。（略）

——学习马克思，就要学习和实践马克思主义关于马克思主义政党建设的思想。（略）

同志们！

中国共产党是用马克思主义武装起来的政党，马克思主义是中国共产党人理想信念的灵魂。1938 年，毛泽东同志指出：“如果我们党有一百个至二百个系统地而不是零碎地、实际地而不是空洞地学会了马克思列宁主义的同志，就会大大地提高我们党的战斗力量。”

回顾党的奋斗历程可以发现，中国共产党之所以能够历经艰难困苦而不断发展壮大，很重要的一个原因就是我们党始终重视思想建党、理论强党，使全党始终保持统一的思想、坚定的意志、协调的行动、强大的战斗力。

当前，改革发展稳定任务之重、矛盾风险挑战之多、治国理政考验之大都是前所未有的。我们要赢得优势、赢得主动、赢得未来，必须不断提高运用马克思主义分析和解决实际问题的能力，不断提高运用科学理论指导我们应对重大挑战、抵御重大风险、克服重大阻力、化解重大矛盾、解决重大问题的能力，以更宽广的视野、更长远的眼光来思考把握未来发展面临的一系列重大问题，不断坚定马克思主义信仰和共产主义理想。

从《共产党宣言》发表到今天，170 年过去了，人类社会发生了翻天覆地的变化，但马克思主义所阐述的一般原理整个来说仍然是完全正确的。我们要坚持和运用辩证唯物主义和历史唯物主义的世界观和方法论，坚持和运用马克思主义立场、观点、方法，坚持和运用马克思主义关于世界的物质性及其发展规律，关于人类社会发展的自然性、历史性及其相关规律，关于人的解放和自由全面发展的规律，关于认识的本质及其发展规律等原理，坚持和运用马克思主义的实践观、群众观、阶级观、发展观、矛盾观，真正把马克思主义这个看家本领学精悟透用好。

全党同志特别是各级领导干部要更加自觉、更加刻苦地学习马克思列宁主义，学习毛泽东思想、邓小平理论、“三个代表”重要思想、科学发展观，学习新时代中国特色社会主义思想。要深入学、持久学、刻苦学，带着问题学、联系实际学，更好把科学思想理论转化为认识世界、改造世界的强大物质力量。共产党人要把读马克思主义经典、悟马克思主义原理当作一种生活习惯、当作一种精神追求，用经典涵养正气、淬炼思想、升华境界、指导实践。

对待科学的理论必须有科学的态度。恩格斯深刻指出：“马克思的整个世界观不是教义，而是方法。它提供的不是现成的教条，而是进一步研究的出发点和供这种研究使用的方法。”恩格斯还指出，我们的理论“是一种历史的产物，它在不同的时代具有完全不同的形式，同时具有完全不同的内容”。科学社会主义基本原则不能丢，丢了就不是社会主义。同时，科学社会主义也绝不是一成不变的教条。我说过，当代中国的伟大社会变革，不是简单延续我国历史文化的母版，不是简单套用马克思主义经典作家设想的模板，不是其他国家社会主义实践的再版，也不是国外现代化发展的翻版。社会主义并没有定于一尊、一成不变的套路，只有把科学社会主义基本原则同本国具体实际、历史文化传统、时代要求紧密结合起来，在实践中不断探索总结，才能把蓝图变为美好现实。

理论的生命力在于不断创新，推动马克思主义不断发展是中国共产党人的神圣职责。我们要坚持用马克思主义观察时代、解读时代、引领时代，用鲜活丰富的当代中国实践来推动马克思主义发展，用宽广视野吸收人类创造的一切优秀文明成果，坚持在改革中守正出新、不断超越自己，在开放中博采众长、不断完善自己，不断深化对共产党执政规律、社会主义建设规律、人类社会发展规律的认识，不断开辟当代中国马克思主义、21 世纪马克思主义新境界！

同志们！

今天，我们纪念马克思，是为了向人类历史上最伟大的思想家致敬，也是为了宣示我们对马克思主义科学真理的坚定信念。

恩格斯说：“只要进一步发挥我们的唯物主义论点，并且把它应用于现时代，一个强大的、一切时代中最强大的革命远景就会立即展现在我们面前。”前进道路上，我们要继续高扬马克思主义伟大旗帜，让马克思、恩格斯设想的人类社会美好前景不断在中国大地上生动展现出来！

评析：

“习近平在纪念马克思诞辰 200 周年大会上的讲话”是一篇纪念类讲话的优秀范文，值得公文写作者反复学习。该讲话正是按着回顾与总结、评价与分析的思路，把被纪念的人或事的意义说清楚，并把讲话重点落到如何学习贯彻先进的精神的内容上。结构完全，思路清晰，内容丰富，语言通俗。

三、欢迎词、欢送词、答谢词的写作

（一）欢迎词

1. 欢迎词的概念

欢迎词，是指客人光临时，主人为表示热烈的欢迎，在欢迎仪式、节庆活动、座谈会、宴会、酒会等正式场合发表的热情友好的讲话稿。

欢迎词的作用在于对来宾表示欢迎和尊重，表达友好交往、增强交流与合作的心愿，营造和强化友好和谐的社交气氛。

2. 欢迎词的特点

（1）欢愉性。“有朋自远方来，不亦乐乎”。致欢迎词当有一种愉快的心情，言词用语务必富有激情和表现出致辞人的真诚，给客人一种“宾至如归”的感觉，为下一步各种活动的圆满举行打下良好的基础。

（2）口语化。欢迎词一般是现场当面向宾客口头表达的，所以口语化是欢迎词文字上的必然要求，在遣词用语上要运用生活化的语言，既简洁，又富有生活的情趣。口语化会拉近主人同来宾的亲切关系。

3. 欢迎词的分类

从公关性质上，欢迎词可分为私人交往欢迎词和公事往来欢迎词两种。

（1）私人交往欢迎词。一般是在个人举行较大型的宴会、聚会、茶会、舞会、讨论会等非官方的场合下使用的欢迎词。通常要在正式活动开始前进行。私人交往欢迎词往往具有很大的即时性、现场性。

（2）公事往来欢迎词。在较庄重的公共事务中使用的欢迎词。一般要事先准备好得体的书面稿，在文字措辞上要比私人交往欢迎词更正式和严格。

4. 欢迎词的内容和格式

（1）标题。欢迎词的标题有三种写法：一是单独以文种命名。如《欢迎词》。二是由致辞场合和文种共同构成，如《在××上的欢迎词》。三是由致辞人、致辞场合和文种三个要素构成，如《××在××上的欢迎词》。

（2）称谓。写明来宾的姓名称呼，如“尊敬的××”“亲爱的××”，称谓要尽量拉近双方的距离，并表达出热情友好。

（3）主体。欢迎词的主体包括四层意思：一是表示欢迎。对宾客的光临表示热烈的欢迎。二是阐释意义。根据双方的关系，回顾相互交往的历程，阐明宾客来访的意义，展望美好的未来。三是自我展示。介绍自己，树立形象。四是表达祝愿。再次表示欢迎，并预祝来宾做客愉快。最后，另起段落以“谢谢大家！”“谢谢各位！”等礼仪结语结束全文。

（4）落款。标注致辞单位名称、致辞人的身份、姓名、成文日期。

5. 欢迎词的写作要求

（1）礼貌热情，气氛热烈。感情要真挚，语言要精确、热情、友好、温和、礼貌。

（2）篇幅短小，言简意赅。一般的欢迎词都是一种礼节性的外交或公关辞令，宜短小精悍，不必长篇大论。

例文评析

例文 6.8

欢　迎　词

各位领导、各位朋友：

在这暖意浓浓的阳春三月，我们十分高兴地迎来了参加全省农业财政工作座谈会的省财政厅领导和兄弟市的朋友们。我代表××市委、市人民政府对前来参加会议的省厅领导以及兄弟市的朋友们表示热烈的欢迎，对多年来一直关心、支持××财政工作的××厅长以及省财政厅各位领导表示衷心的感谢！这次会议能够在××召开，我们感到十分高兴，将不遗余力当好东道主，竭诚为各位提供热情、优质的服务，使您的××之行留下美好的记忆。

全省农业财政工作座谈会是省财政厅召开的一次很重要的会议，主要是贯彻落实中央号和省委号文件精神，进一步研究落实对“三农”的各项支持政策的重要会议，我认为这是全省财政系统学习践行习近平新时代中国特色社会主义思想，推动乡村振兴战略的具体实践。这次会议对我们来说是一次十分难得的学习和交流的机会，我们将倍加珍惜这个机会，认真学习、虚心求教，也请省厅及兄弟市的同仁们不吝赐教。

××市位于××省中北部，横跨×河两岸，是××省重要的工业城市，国家大型能源基地之一。……目前，我市正积极响应省委、省政府提出的计划，加快“三大基地”建设，走煤、电、化一体化路子，到××××年，全市将形成年产××万吨煤炭规模，总装机容量达到××万千瓦，年产××万吨化工产品的能力。在煤电工业的带动下，我市已经形成了以煤炭、电力、化工、医药、建材为支柱，兼有纺织、机械、电子、食品、轻工、高新技术等门类比较齐全的工业体系。

近年来，在省财政厅的帮助支持下，我市财政部门积极探索新形势下财政工作的新路子，适时转变理财思路，大力推进财政改革……去年市财政国库支付中心被授予国家级“青年文明号”，市财政局被评为“市级文明单位标兵”，这是我们财政系统的光荣和骄傲。

各位朋友，我们真诚希望您能够通过这次会议认识××，了解××，关心××，希望短暂的××之行能给您留下深刻的印象，也希望通过会议，我们能结下友谊，成为知己。祝您××之行生活愉快、万事如意。

预祝大会圆满成功！

评析：

这篇欢迎词内容完备、层次清晰。第一段：欢迎、感谢、表态；第二段：会议的重要意义；第三、四段：介绍自己，树立形象；第五段：表达祝愿，语言真诚、热情，气氛热烈。这是一份典型的会议欢迎词。

（二）欢送词

1. 欢送词的概念

欢送词是在告别宾客的正式场合上，主人向来宾表示欢送及惜别之情的讲话稿。其主要功用与欢迎词除应用的时间、场合不同，并无实质性的区别，写法也与欢迎词大致相同。

2. 欢送词的特点

（1）惜别性。欢送词要表达依依惜别之情，但格调不可过于低沉，尤其是公共事务的交往更应把握好分别时所用言辞的分寸。

（2）口语化。同欢迎词一样，口语性也是欢送词的一个显著特点。遣词造句也应注意使用生活化的语言，使送别既富有情趣、又自然得体。

3. 欢送词的分类

欢送词同欢迎词在分类上大致一样。按公关性质分，欢送词可分为私人交往欢送词、公事往来欢送词两种。

4. 欢送词的内容和格式

同欢迎词一样，欢送词也由标题、称谓、正文和落款组成。

（1）标题。与欢迎词大体相同。标题的写法一般有两种：一是单独以文种命名，如《欢送词》；二是由活动内容和文种共同构成，如《在××上的欢送词》。

（2）称谓。与欢迎词写法相同。

（3）正文。一般由开头、主体、结尾三部分构成。

开头通常应说明此时在举行何种欢送仪式，发言人是以什么身份代表哪些人向宾客表示欢送的。主体部分首先要简要表达热情欢送之意，然后对宾客来访或会议取得的成功和友谊加以称颂，再对未来进行瞻望，对进一步增进友谊与加强合作提出希望。若为朋友送行，还要加上一些勉励的话。结尾要写对宾客的惜别之情，表示对再次来访的期待，并祝愿一路顺风。

（4）落款。欢送词在落款处要署上致辞单位的名称、致辞者的姓名、身份，并署上成文日期。

5. 欢送词的写作要求

（1）评价恰当。在欢送词中一般涉及对宾客来访或会议取得的成功和友谊的称颂，对此评价要恰如其分，过高和过低都会影响来宾的良好心理感受。

（2）重情重义。感情真挚诚恳，表达依依惜别之情和对进一步增进友谊与加强合作提出期望。在欢迎词和欢送词中，都要求发言人表达出真情实感，唯有这样，才能激发起来宾的情感共鸣。但在欢迎词中，情感表达一定要热情、真诚，体现出对来宾的热烈欢迎和尊重，营造出友好和谐的社交气氛；而在欢送词中，情感表达更侧重于依依惜别之情，体现出对双方合作的肯定和对友谊的珍视。

例文评析

例文 6.9

欢 送 词

尊敬的女士们、先生们:

晚上好!

在国家广电总局的关心、支持下，中影集团和甘孜州联合拍摄的州庆 60 周年献礼影片——《新康定情歌》在我州拍摄的部分就要结束了，在此我代表中共甘孜州委、州人大、州政府，州政协、甘孜军分区和全州各族人民，对你们拍摄的圆满成功表示热烈的祝贺!

在过去的一个多月的时间里，《新康定情歌》剧组的艺术家和工作人员先后到木格措、雅加埂、新都桥、海螺沟、泸定、丹巴等地拍摄，拍摄环境海拔高，条件艰苦。你们克服高寒缺氧，紫外线强等不利因素，以无比敬业的态度，高效率、高质量地完成了拍摄工作。你们这种乐于奉献、吃苦耐劳、连续作战的工作作风给我们留下了深刻的印象。你们在拍摄过程中注意环境的保护、尊重当地的民风民俗受到了群众的好评！同时各位艺术家提出了很多好的建议意见，这些真知灼见和金玉良言，使我们增长了见识，开阔了视野，拓展了思路，必将对甘孜州经济、社会的发展产生强有力的推动作用。

各位艺术家，各位朋友，你们就要离开甘孜，赶赴苏州拍摄。在即将分别的时刻，我们心情依依不舍，大家相处时间虽然短暂，但建立起来的友好情谊却是非常深厚。藏族谚语说："朋友是山上的树，只有多了才成林"，我们是永远的朋友！甘孜州是一个非常具有发展潜力的地方，更是一个非常好客的地方。在这里我期盼以后各位艺术家、各位朋友多来甘孜考察、工作、旅游；更多地关注甘孜，为甘孜州的发展提出更多、更好的智慧和韬略。最后，我代表甘孜州感谢大家，再一次感谢《新康定情歌》剧组的全体工作人员。欢迎大家再聚甘孜！

我提议，让我们举杯，祝大家归途愉快，工作顺利，身体健康，扎西德勒，干杯！

评析：

本文结构完整、层次清晰。对剧组在艰苦条件下顺利完成任务给予了高度的评价，对即将的分别依依不舍，对进一步增进友谊与加强合作提出了希望。行文情深意浓、气氛热烈，表现出主人的热情和愉快。

（三）答谢词

1. 答谢词的概念

答谢词，是指特定的公共礼仪场合，主人致欢迎词或欢送词后，客人所发表的对主人的热情接待和诸多关照表示谢意的讲话。答谢词也指客人在举行必要的答谢活动中所发表的感谢主人的盛情款待的讲话。

答谢词是一种致谢形式，它有情有声、声情并茂，能够最充分、最有效地表达谢意，在外交、社交活动日趋频繁的当代社会，发挥着越来越重要的作用。

2. 答谢词的特点

（1）感谢性。在答谢词中对主人的盛情接待表示诚挚的谢意，多使用"感谢""致敬"之类热情洋溢、充满真情的词语。

（2）口语化。遣词造句使用生活化的语言。

3. 答谢词的类型

依据不同的致谢缘由和致谢内容，答谢词可划分为两个基本类型。

（1）谢遇型答谢词。"遇"，招待，款待。谢遇型答谢词，即用来答谢别人的招待的致辞，可用于欢迎仪式、会见仪式、欢送仪式上，与欢迎词相应。

（2）谢恩型答谢词。"恩"，受到的好处，即别人的帮助。谢恩型答谢词，即用来答谢别人的帮助的致辞。它常用于捐赠仪式或某种送别仪式上。

4. 答谢词的内容和格式

（1）标题。居中的位置上写上“答谢词”。

（2）称谓。写致辞对象的姓名、头衔，既可以是广泛对象，也可以是具体对象。

（3）正文。答谢词的正文要表达清楚以下三层意思：一是对主人的盛情表示感谢。可用具体的事例，对主人所做的一切安排给予高度评价，对主人的盛情款待表示衷心的感谢，对访问取得的收获给予充分肯定。二是对对方的情况做较详细的介绍，谈自己的感想和心情。例如，颂扬主人的成绩和贡献，阐发访问成功的意义，讲述对主人的美好印象等。三是提出希望与主人进一步发展关系的强烈意欲。

（4）结尾。再次表示感谢，并对双方关系的进一步发展表示诚挚的祝愿。

5. 答谢词的写作要求

（1）感情真挚、坦诚而热烈。答谢词的写作重点在于表达出对主人的热情好客的真挚感谢之情。既然要“答谢”，就应该动真情、吐真言，这就是所谓“真挚、坦诚”；虚情假意、言不由衷或矫揉造作，只能引来对方的反感。况且，“答谢”的本身，就是一种“言情”方式，既然要“言情”，就应热烈奔放、热情洋溢，给人以如坐春风的温煦感；否则，那种薄情寡义、冷冰冰、干巴巴、硬邦邦的致辞是很难获得对方认可的。

（2）评价适度，恰如其分。一般说来，对于对方的行动，谢遇型致辞不宜妄加评论、说三道四。而谢恩型致辞则可就其“精神”或“风格”做出评价，但要适度，要恰如其分，不可故意拔高、无限升华，以免造成“虚情假意”之嫌。

（3）篇幅简短，语言精练。礼仪“仪式”毕竟不是开大会，致辞一般应尽量简短些，决不可像某些领导的会议报告那么冗长。

（4）注意照应欢迎词。主人已经致辞在前，作为客人不能“充耳不闻”。答谢词要注意与欢迎词的某些内容照应。这是对主人的尊重。即使预先准备了答谢词，也要在现场紧急修改补充，或因情因境临场应变发挥。

例文评析

例文 6.10

答　谢　词

尊敬的××先生，尊敬的××集团公司的朋友们：

首先，请允许我代表团全体成员对××先生及××集团公司对我们的盛情接待表示衷心的感谢。

我们一行五人代表××公司首次来贵地访问，此次来访时间虽短，但收获颇大。仅三天时间，我们对贵地的电子业有了比较全面的了解，与贵公司建立了友好的技术合作关系，并成功地洽谈了×××电子技术合作事宜。这一切，都得益于主人的真诚合作和大力支持。

对此，我们表示衷心的感谢。

电子业是新兴的产业，蒸蒸日上，有着广阔的发展前景。贵公司拥有一支由网络专家组成的庞大队伍，技术力量相当雄厚，在网络工作站市场中一枝独秀。我们有幸与贵公司建立友好的技术合作关系，为我地电子业的发展提供了新的契机，必将推动我地的电子业迈上一个新台阶。

最后我代表××公司再次向××集团公司表示感谢，并祝贵公司迅猛发展，再创奇迹。更希望彼此继续加强合作，共创明天。

最后，我提议：为我们之间正式建立友好合作关系，为今后我们之间的密切合作，干杯！

评析：

作为客人，对主人盛情接待和在对方支持下取得丰硕成果表示衷心的感谢，对合作的前景给予高度评价，对未来的合作寄予厚望。行文中感谢之情溢于言表。

四、开幕词、闭幕词的写作

（一）开幕词

1. 开幕词的概念

开幕词是在重要会议或重大活动开始时，由组织单位的主要领导人向大会或活动全体代表发表的讲话。开幕词的内容主要是阐述会议或活动的指导思想、宗旨和重要意义，提出要求，并表达良好祝愿。

2. 开幕词的作用

召开重要会议或开展重要活动，按照惯例，一般都要由组织方主要领导人致开幕词，这是一个必不可少的程序，标志着会议或活动的正式开始。主要领导人亲临大会（活动）并发表开幕词，显示了组织者对大会（活动）的重视。

开幕词通常要阐明会议或活动的性质、宗旨、任务、要求和议程安排等，集中体现了大会或活动的指导思想，起着定调的作用，对引导会议或活动朝着既定的正确方向顺利进行，保证会议或活动的圆满成功，有着重要的意义。

3. 开幕词的特点

（1）标志性。开幕词是会议正式开始的标志，此后，会议各项议程陆续展开。

（2）概要性。开幕词一般要简要阐明会议的宗旨、任务、目的、意义等，以明确会议宗旨，确保会议效率。

（3）简明性。开幕词要简洁明了、短小精悍，使与会者能很快了解关于会议的概况。最忌长篇累牍，言不及义，应多使用祈使句，表示祝贺和希望。

（4）礼仪性。开幕词从性质上来说，礼仪性质明显。

4. 开幕词的种类

按内容可以分为侧重性开幕词和一般性开幕词两种。侧重性开幕词往往对会议召开的历史背景、重大意义或会议的中心议题等，做重点阐述，其他问题一带而过。一般性开幕词则只对会议的目的、议程、基本精神、来宾等做简要概述。

5. 开幕词的写作

开幕词一般由标题、称谓、正文、落款四部分组成。

（1）标题。开幕词的标题有三种写法：一是会议名称加文种组成。如《中国共产党第××次全国代表大会开幕词》《××大学第×届教职工代表大会开幕词》。二是文种名称。只写文种，即直接写“开幕词”。三是复式标题。主标题揭示会议的宗旨、中心内容，副标题与前两种标题的构成相同，如《我们的文学应该站在世界的前列——中国作家协会第四次会员代表大会开幕词》。

（2）称谓。根据参加会议人员的具体组成情况而定，一般是“同志们”，或“各位来宾，各位代表”“女士们、先生们、朋友们”。如果是党的会议，称谓比较简单，就是“同志们”三个字。如有特邀嘉宾，可写作“尊敬的××先生，各位代表，朋友们”等。

（3）正文。正文可分为导语、主体、结尾三部分。

导语一般包括：宣示大会开幕；对大会的规模和参加大会人员的身份进行介绍。大致说法是“参加这次大会的代表有××人，他们分别来自……”；对大会表示祝贺，对来宾表示欢迎，对相关单位或人员表示感谢。大致说法是“我谨代表××对大会表示衷心的祝贺！对与会的各位代表和来宾表示热烈的欢迎！”

主体是开幕词的核心部分，一般包括：一是阐明会议的重要意义。其具体涉及：这次会议是在什么形势下召开的，会议将要讨论解决什么问题，这个问题的现实价值如何，有什么迫切性，会议最终将会达到什么目的等。二是说明会议的主要议程。议程明确的会议，可以将议程直接列项表达；如议程不宜列项，则要对会议将要讨论的主要问题进行阐述。三是向与会者提出希望和要求。

结尾是表达对会议的期望和良好祝愿。例如：“最后，祝大会取得圆满成功。祝各位在北京愉快。谢谢！”

（4）落款。包括署名和日期。署名即致开幕词的领导人的姓名，放在标题下居中。开幕词的日期，加括号标在标题下方正中位置，署名之下。

例文评析

例文 6.11

中国共产党第八次全国代表大会开幕词

毛泽东

（一九五六年九月十五日）

同志们：

中国共产党第八次全国代表大会，现在开幕了。（全体起立，长时间的热烈鼓掌）

从我们党的第七次全国代表大会以来的十一年间，在全中国和全世界，为了共产主义和人类解放事业而英勇奋斗和辛勤工作，因而付出了自己生命的同志和朋友，是很多的，我们应当永远纪念他们。(全体起立，默哀)

我们这次大会的任务是：总结从七次大会以来的经验，团结全党，团结国内外一切可能团结的力量，为了建设一个伟大的社会主义的中国而奋斗。(热烈鼓掌)

在七次大会以来的十一年中，我们在一个地广人多、情况复杂的大国内，彻底地完成了资产阶级民主革命，又取得了社会主义革命的决定性的胜利。在两个革命的实践中，证明了从七次大会到现在，党中央委员会的路线是正确的，我们的党是一个政治上成熟的伟大的马克思列宁主义的政党。(热烈鼓掌)我们的党现在比过去任何时期都更加团结，更加巩固了。(热烈鼓掌)我们的党已经成了团结全国人民进行社会主义建设的核心力量。(热烈鼓掌)我们各方面的工作都有很大的成绩。我们的工作是做得正确的，但是也犯过一些错误。在这次大会上，需要把我们工作中的主要经验，包括成功的经验和错误的经验，加以总结，使那些有益的经验得到推广，而从那些错误的经验中取得教训。

就国内的条件来说，我们胜利的获得，是依靠了工人阶级领导的工农联盟，并且广泛地团结了一切可能团结的力量。为了进行伟大的建设工作，在我们的面前，摆着极为繁重的任务。虽然我们有一千多万党员，但是在全国人口中仍然只占极少数。在我们的各个国家机关和各项社会事业中，大量的工作要依靠党外的人员来作。如果我们不善于依靠人民群众，不善于同党外的人员合作，那就无法把工作做好。在我们继续加强全党的团结的时候，我们还必须继续加强各民族、各民主阶级、各民主党派、各人民团体的团结，继续巩固和扩大我们的人民民主统一战线，必须认真地纠正在任何工作环节上的任何一种妨害党同人民团结的不良现象。

在国际范围内，我们胜利的获得，是依靠了以苏联为首的和平民主社会主义阵营的支持，(热烈鼓掌)以及全世界爱好和平的人民的深厚同情。(热烈鼓掌)现在，国际形势的发展对于我国的建设事业是更加有利了。我国和各社会主义国家都需要和平，世界各国的人民也都需要和平。渴望战争、不要和平的，仅仅是少数帝国主义国家中的某些依靠侵略发财的垄断资本集团。由于爱好和平的国家和人民的不断努力，国际的局势已经趋向和缓。(鼓掌)为了争取世界的持久和平，我们必须进一步地发展同社会主义阵营中各个兄弟国家的友好合作，(热烈鼓掌)并且同一切爱好和平的国家加强团结。(热烈鼓掌)我们必须争取同一切愿意和我们和平相处的国家，在互相尊重领土主权和平等互利的基础上，建立正常的外交关系。亚洲、非洲和拉丁美洲各国的民族独立解放运动，以及世界上一切国家的和平运动和正义斗争，我们都必须给以积极的支持。(热烈鼓掌)我们坚决支持埃及政府收回苏伊士运河公司的完全合法的行动，坚决反对任何侵犯埃及主权和对于埃及实行武装干涉的企图。(热烈鼓掌)我们必须使帝国主义的制造紧张局势和准备战争的阴谋彻底破产。(长时间的热烈的鼓掌)

我国的革命和建设的胜利，都是马克思列宁主义的胜利。把马克思列宁主义的理论和中国革命的实践密切地联系起来，这是我们党的一贯的思想原则。许多年来，特别是从一九四二年整风运动以来，我们在加强党内的马克思列宁主义的教育方面，做了许多工作。现在，比起整风运动以前，我们党的马克思列宁主义的思想水平，已经提高了一步。但是我们还有严重的缺点。在我们的许多同志中间，仍然存在着违反马克思列宁主义的观点和作风，这就是：思想上的主观主义、工作上的官僚主义和组织上的宗派主义。这些观点和作风都是脱离群众、脱离实际的，是不利于党内和党外的团结的，是阻碍我们事业进步、阻碍我们同志进步的。必须用加强党内的思想教育的方法，大力克服我们队伍中的这些严重的缺点。（鼓掌）

十月革命以后，列宁给苏联共产党提出了这样的任务：学习，再学习。苏联的同志们，苏联的人民，按照列宁的指示做了。他们在不长的时间内，取得了极其灿烂的成就。（长时间的热烈的鼓掌）苏联共产党在不久以前召开的第二十次代表大会上，又制定了许多正确的方针，批判了党内存在的缺点。可以断定，他们的工作，在今后将有极其伟大的发展。（长时间热烈的鼓掌）

我们现在也面临着和苏联建国初期大体相同的任务。要把一个落后的农业的中国改变成为一个先进的工业化的中国，我们面前的工作是很艰苦的，我们的经验是很不够的。因此，必须善于学习。要善于向我们的先进者苏联学习，（鼓掌）要善于向各人民民主国家学习，（鼓掌）要善于向世界各兄弟党学习，（鼓掌）要善于向世界各国人民学习。（鼓掌）我们决不可有傲慢的大国主义的态度，决不应当由于革命的胜利和在建设上有了一些成绩而自高自大。国无论大小，都各有长处和短处。即使我们的工作得到了极其伟大的成绩，也没有任何值得骄傲自大的理由。虚心使人进步，骄傲使人落后，我们应当永远记住这个真理。（热烈鼓掌）

同志们，我和大家都相信：已经得到解放的中国人民的力量是无穷无尽的，我们又有伟大的盟国苏联和其他兄弟国家的援助，（鼓掌）我们又有世界上一切兄弟党的支持，（鼓掌）又有世界上一切同情者的支持，（鼓掌）我们并没有孤立的感觉，这样，我们就一定能够一步一步地把我国建设成为一个伟大的社会主义工业化的国家。（热烈鼓掌）我们这次大会，对于我国的建设事业的前进，将要起很大的推动作用。（鼓掌）

今天在座的有五十几个国家的共产党、工人党、劳动党和人民革命党的代表。（长时间热烈的鼓掌）他们都是马克思列宁主义者，他们和我们有一种共同的语言。（鼓掌）他们走了很长的路程来到我国，以崇高的友谊参加我们党的这次代表大会。这对于我们是一个很大的鼓舞和支持。（热烈鼓掌）我们对他们表示热烈的欢迎。（全体起立，长时间的热烈的鼓掌）

今天在座的还有我们国内各民主党派和无党派民主人士的代表。（热烈鼓掌）他们是和我们一道工作的亲密的朋友。（鼓掌）他们一向给了我们很多的帮助。（鼓掌）我们对他们表示热烈的欢迎。（全体起立，长时间的热烈的鼓掌）

评析：

开幕词是会议的序曲，好的开幕词不仅应该具有宣告性、导引性，阐明会议的宗旨、任务、目的、意义，还要有鼓动性，激励与会者的参与意识，调动大家的积极性。通过精练的文字、流畅明快的语言、生动的口语，营造和谐、融洽、庄重、热烈的会议气氛。中共八大是党领导全国人民全面探索社会主义，具有里程碑意义的大会。

1956 年 9 月 15 日，会议在全国政协礼堂召开。毛泽东致开幕词以后，来到休息室。据当时在场的毛泽东的卫士长李银桥回忆，代表们纷纷称赞开幕词写得好，毛泽东以极其赞赏的口吻对大家说："开幕词是谁写的？是个年轻秀才写的，此人是田家英。"确实，田家英为毛泽东起草的党的八大开幕词（经过书记处讨论修改），简短有力、鼓舞人心，极具毛泽东的风格。如“虚心使人进步，骄傲使人落后”这句脍炙人口的格言，就是田家英的得意之笔，也是毛泽东很满意的一句话。党的八大开幕词也以经典地位载入史册。

（二）闭幕词

1. 闭幕词的概念

闭幕词与开幕词相对应，是会议结束时由主要领导人向全体会议代表所做的总结性讲话。致闭幕词的领导人，跟致开幕词的领导人一般不是同一人，通常与致开幕词者身份相当或略低。闭幕词的主要内容是对会议做概括性的评价和总结，并向与会者提出贯彻落实大会精神的要求，向与会单位提出奋斗目标和希望。

2. 闭幕词的作用

凡重要会议或重要活动，与开幕词相对应，一般都有闭幕词，这是一道必不可少的程序，标志着整个会议或活动的结束。闭幕词与开幕词前后呼应、首尾衔接，显示大会开得圆满、成功。闭幕词通常要对会议或活动做出正确的评估和总结，充分肯定会议或活动所取得的成果，强调会议或活动的主要精神和深远影响，激励有关人员宣传会议或活动的精神实质和贯彻落实有关的决议或倡议。

3. 闭幕词的特点

（1）总结性。闭幕词是在闭幕式上使用的文种，要对会议内容、会议精神和进程进行简要的总结并做出恰当评价，肯定会议的重要成果，强调会议的主要意义和深远影响。

（2）概括性。闭幕词应对会议进展情况、完成的议题、取得的成果、提出的会议精神及会议意义等进行高度的语言概括。因此，闭幕词的篇幅一般都短小精悍，语言简洁明快。

（3）号召性。为激励全体与会成员为实现会议提出的各项任务而奋斗，增强与会人员贯彻会议精神的决心和信心，闭幕词的行文应充满热情，语言坚定有力，富有号召性和鼓动性。

4. 闭幕词的种类

闭幕词与开幕词相对应，种类也与开幕词相同。闭幕词就其内容来分，可以分为有所侧重的闭幕词和一般性的闭幕词两种：有所侧重的闭幕词，往往对会议成就、会议要求等做重点讲述，其他问题点到即可。一般性的闭幕词，往往对会议的情况、效果、希望等做简要概述。

5. 闭幕词的写作

闭幕词一般由标题、称谓、正文、落款四部分内容组成。

（1）标题。与开幕词的写法类似，闭幕词的标题主要有三种写法：一是会议名称加文种组成。如《中国共产党第××次全国代表大会闭幕词》《××大学第×届教职工代表大会闭幕词》。二是文种名称。只写文种，即直接写“闭幕词”。三是复式标题。主标题揭示会议的成果、意义、要求等，副标题与前两种标题的形式相同。如《认清新形势 明确新任务——在××省社会科学界第四次代表大会上的闭幕词》。

（2）称谓。根据参加会议人员的具体组成情况而定，一般是“同志们”，或“各位来宾，各位代表”“女士们、先生们、朋友们”。如果是党的会议，称谓比较简单，就是“同志们”三个字。如有特邀嘉宾，可写作“尊敬的××先生，各位代表，朋友们”等。

（3）正文。闭幕词的正文一般包括开头、主体、结尾三部分内容。

闭幕词的开头，一般要用简洁的语言，说明大会经过全体代表的努力，已经胜利完成使命，今天就要闭幕了。

闭幕词的主体，一般写清以下几个方面的内容：一是简要回顾会议议程进行的情况，对会议取得的成果、作用、意义等进行简要的评价，对与会者的努力给予充分肯定。二是对会议通过的重要决议、完成的主要任务和会议的基本精神进行概括与总结。三是向与会者提出贯彻落实会议精神、做好今后工作的要求和希望。

闭幕词的结尾，一般郑重宣布，大会胜利闭幕。闭幕词的结尾通常比较简单，最常见的说法是：“现在，我宣布，××大会闭幕！”。

（4）落款。同开幕词。

6. 开幕词与闭幕词的区别

开幕词和闭幕词都属于会议文件，都是在会议上的致辞。二者在写作结构上完全一样，且具有对应关系。但二者又有区别，表现在以下几方面。

（1）写作时间不同。开幕词写于会议开始之前，而闭幕词写于会议终结之时。

（2）写作内容不同。开幕词主要是对会议进行祝贺，介绍与会人员，并阐明会议的重要意义及会议议程，对与会人员提出希望要求；闭幕词主要对会议进行概括、总结、评价，对与会人员落实会议精神提出希望和要求。

（3）结尾用语不同。开幕词是“预祝大会圆满成功！”，而闭幕词是“宣布大会胜利闭幕！”

（4）感情色彩不同。开幕词用语热烈，富有鼓动性，以渲染会议气氛；而闭幕词用语庄重，语气要振奋有力，以充分调动与会者完成大会所提出任务的积极性和主动性。

例文评析

例文 6.12

闭　幕　词

各位领导，各位代表：

大家好！在学院领导和团委正确领导与亲切关怀下，在全系学生的热情参与下，通过全体代表的共同努力，××学院青年志愿者协会第十届干部改选在团结、严肃、民主、活泼的气氛中圆满完成各项任务，即将胜利闭幕。

此次大会，代表们以高涨的热情和对××学院青年志愿者协会工作高度负责的态度听取与审议了××学院青年志愿者协会上届干部的工作报告，充分肯定上届协会的成绩，并民主选举产生××学院新一届青年志愿者协会干部。代表们对新一届领导班子寄予殷切的希望，也坚信这次大会必将成为青协工作一座新的里程碑。

此次大会是一次团结的大会，胜利的大会，求实的大会。大会气氛热烈，民主，充分体现了青年学生强烈使命感和主人翁意识，也充分体现当代志愿者朝气蓬勃，乐于奉献的精神面貌。必将对我院广大同学产生深远影响。

希望新一届同学能够团结起来，不辜负全体老师及同学的期望，学习上一届工作经验和先进做法，努力工作，真正实现“自我管理、自我服务、自我教育”。

最后，我宣布：××学院青年志愿者协会第十届干部改选大会胜利闭幕！

评析：

这是一篇典型的简短的闭幕词。开头，用简洁的语言，说明大会经过全体代表的努力，已经胜利完成使命，即将闭幕。主体，首先简要回顾会议议程进行的情况，接着对会议取得的成果、作用、意义等进行简要的评价，最后提出做好今后工作的要求和希望。结尾，宣布大会胜利闭幕。

五、工作汇报、交流发言的写作

工作汇报（报告）是会议讲话的一种，是向上级机关报告工作、反映情况、提出意见或者建议，答复上级机关的询问时使用的公文。该文种的写作参照本书第三章第三节“报告”的写法。

交流发言，特指的是平行文性质的会议讲话，包括在学术研讨会、工作交流会、经验交流会、总结表彰会等场合的经验交流、思想交流、信息交流发言。交流发言的写作，总体要尊重会议讲话的一般性要求，但要突出发言的平等性、商洽性、参考性、科学性等特征。

例文评析

例文 6.13

充分发挥桥梁纽带作用，促进企业快速持续发展

——在海航党建工作经验交流会

中共祥鹏航空有限责任公司委员会

2016 年 7 月 1 日

各位领导、同仁：

大家好。

根据会议的安排，我接下来向各位汇报一下祥鹏航空党委抓党建工作的一些做法。

祥鹏航空党委自成立以来，认真按照中央关于促进非公有制经济发展的要求，正确定位，有效融合，不断探索、创新和完善混合所有制企业党建工作，把党和国家的政策方针与企业发展目标密切联系，把党的政治工作与企业文化建设相结合，在关爱和促进员工与企业共同成长的同时，发挥好桥梁和纽带作用，为企业发展提供了有力支持。

一、以党的方针政策为指导，积极发挥党委服务企业发展主渠道作用

在集团党委的正确领导下，祥鹏党委结合混合所有制企业特点，全面贯彻党的十八大和十八届三中、四中、五中全会精神，按照党中央和集团党委的决策部署，一手抓党建，一手抓企业发展：团结全体党员、干部和员工，激发企业的活力和创造力；充分发挥党组织联系地方党委、政府的主渠道作用，积极支持运营班子，为公司发展攻坚克难，促进了企业持续快速发展。2015 年祥鹏航空完成营业收入 43.43 亿元，完成年度预算 110%，同比增长 17.3%。实现净利润 36 468 万元，同比增加 39.7%，完成年度预算 139.5%。安全正点服务质量稳步增长；低成本转型和国际化布局成果显著；运力引进和飞行实力储备，航线网络完善及昆明新基地正式启用，成都新机场基地建设项目立项等大项工作取得重大突破，为促进企业转型，快速稳健发展，作出了应有的贡献！

二、认真落实“一岗双责”，为企业发展提供政治保障

公司党委按“一岗双责”的原则，始终坚持现代企业制度的公司法人治理要求，自觉支持、维护和保障企业法人治理结构的权威；积极支持运营层领导实施科学的运行决策的同时，紧密联系应对经济下行、企业调整转型的新形势，重视发挥经营团队中党员骨干的作用，团结凝聚力量，积极探索党的建设与企业发展的最佳结合点：认真贯彻落实党和国家的政策法规，切实把员工的思想和行动统一到中央的决策部署上来；通过优化党员队伍结构，提高党员发展质量；根据干部变动情况和部门工作实际适时完善基层党组织。祥鹏党员队伍不断发展壮大，从成立时 4 个支部，43 名党员，发展到现在的党委下辖 1 个党总支，14 个党支部，共有 566 名党员的基层党组织。几年来，共有 4 个支部和两个党小组先后 8 次荣获“先进基层党组织”和“党员先锋岗”、47 名党员获得“优秀共产党员”和“优秀党务工作者”荣誉称号，受到海航集团党委、海航航空党委和祥鹏航空党委的表彰，充分发挥了党员和基层支部在推进公司安全运营，健康发展进程中的先锋模范和战斗堡垒作用。

三、创新党建工作方法，服务改革，服务发展

公司党委从企业发展要求出发，主动转变工作方式，把党建和企业经营有机结合，针对公司混合所有制结构特点和运行规律，正确处理与“三会”、经营管理层以及工青妇组织的关系，引领和支持“三会”依法、依规行使职权、正确决策的前提下，积极发挥党组织联系沟通协调，争取行业及政府资源的主渠道作用，服务企业健康快速发展。

一是针对公司开航多年未解决的运行基地在云南大理，严重制约公司发展的瓶颈问题，党委充分利用与政府沟通方便的优势，主动协调政府主管部门，积极沟通，仅仅用了半年时间，成功实现公司主运营基地由大理变更为昆明，为祥鹏航空在云南乃至西南民航市场的发展打下了坚实的基础。

二是在昆明巫家坝机场转场长水国际机场中，党委勇于担当，始终把解决公司生产经营中的问题和困难，助力企业发展作为第一要务，积极协调机场建设指挥部和空港经济区管委会等单位，解决长水新基地项目规划、选址落地以及在新机场航站楼桥位、工作区、贵宾室均优先选址等需求；同时，协助员工争取购买长水航城员工保障房 415 套，申请政

府公租房372套；为公司快速发展和在长水国际机场转场后以高效、快捷、优质的服务迎接各方宾客提供了保证，有力地促进了经营收入的大幅提升。

三是根据集团的战略布局和祥鹏航空的发展规划，公司党委再次与经营团队紧密配合，主动出击，多次协调四川省机场集团、省发改委、省政府、民航局和国家发改委，使祥鹏航空成都分公司基地建设项目在成都第二机场规划立项取得四川省发改委的批复，为集团布局西南添加了重要的筹码。

与此同时，在运力引进、航线网络优化拓展、开通国际航线和重大资本项目运作等关系公司转型发展的运营实践中，党委选好角度、精心谋划设计，积极争取行业及政府资源，突破重点难点，解决经营中的瓶颈和难题。

在以上工作中，党委有计划、有步骤，努力做到尽职不越位，帮忙不添乱，务实不表面，参与不代替，支持不撒手；形式生动活泼，工作富有成效。

四、用海航精神价值体系引领企业文化建设

为推动企业健康发展，党委积极开展以“守法诚信、坚定信心”为主题的理想信念教育，在认真践行海航特色党建的实践中，始终把党的思想政治工作与企业文化建设相结合，构建共同的理想和追求；始终把“诚信、业绩、创新”的理念作为一种社会责任，贯彻到企业经营全过程。通过企业文化的推广宣传，要求管理干部以身作则，恪尽职守，做到忠诚、敬业、奉献，用榜样的力量感召员工，把良好的思想道德风尚传递给员工，引导员工以诚做人，以诚待人，以诚信服务社会，用诚信捍卫企业。通过员工人格的塑造，最终实现企业团队的诚信。公司积极参与“诚信机场”机场创建活动，分别获得了2010～2011年度“A级诚信集体”、2012～2013年“服务明星”、2013～2014年度“三级诚信集体”，云南省和昆明市“守合同重信用”企业等荣誉称号。

五、围绕中心做好服务，创建和谐劳动关系

祥鹏航空党委积极营造良好的企业发展生态环境，确保公司整体运营有序、安全、稳健发展。党委以心灵工程和“员工关爱”为主要载体，加强和推进党群工作内容和形式创新，通过开展创建青年安全生产示范岗、“青年文明号”、“安康杯”劳动竞赛和青年志愿者服务等丰富多样的特色员工活动，来活跃员工的学习、工作与业余文化生活，增强员工间的沟通和交流，融洽关系，凝聚力量；引导员工建立健康、快乐、新生活；有效提升员工对企业的认同感和归属感；促进员工与企业共同成长，劳动关系和谐发展。通过不懈努力，2008年11月和2010年5月，公司先后被评为“全国民航先进劳动关系和谐企业”和“云南省劳动关系和谐企业”，为企业发展创造了和谐的环境，促进了企业两个文明建设和员工的全面发展。

由于党群工作卓有成效，助力企业发展成绩突出，党委书记钟佳琪荣获2015年海航集团董局主席基金奖之“业绩明星”奖；党委副书记王科荣获第二届“民航五四青年奖章”提名；祥鹏航空工会荣获海航航空工会授予“先进基层工会组织”荣誉称号；祥鹏航空团委先后荣获海航航空团委、共青团昆明市委、全国民航团委分别授予“五四红旗团委”荣誉称号，同时，还获得多项个人荣誉奖项。

我们将在集团党委的正确领导下，团结全体员工，充分发挥基层党组织的战斗堡垒作用和党员的先锋模范作用，勠力同心，勇担使命，助力公司低成本转型，为实现快速稳健发展而不懈努力！

评析：

本篇是工作交流的发言稿，该发言稿写作质量总体上较好。在简要概述交流背景的基础上，重点围绕经验展开写作，最后落到成绩上，思路清晰。

思考与练习

1. 会议类文书的内涵、特点和类型是什么？
2. 如何理解会议记录与会议纪要的区分？
3. 如何区分会议讲话、经验交流和工作汇报写作上的异同？

第七章

新闻宣传类文书写作

本章导读

本章主要介绍常见的新闻宣传类文书的写作。

新闻宣传类文书使用范围特别广，党政机关、企事业单位、社会团体均广泛使用。但是，要写好新闻宣传类文书并不容易，这主要与新闻宣传类文书具有新闻性、时效性、灵活性等特征有关。要写好新闻宣传类文书，首先要把握此类应用文的基本特性和结构要点，其次要把握此类应用文的基本结构和写作要点，同时还应多加练习。

第一节　新闻宣传类文书概述

学习目标

1. 掌握新闻宣传类文书的内涵、特点、类型、作用等基本常识；
2. 掌握新闻宣传类文书的一般结构与写法。

知识链接

一、新闻宣传类文书的概念和种类

1. 概念

新闻宣传类文书，特指在机关单位或个人工作、生活中常见的，具有明显新闻报道、宣传周知性的应用文。

2. 种类

新闻报道类应用文是对新近已经发生和正在发生，或早已发生却是最近发现的有价值的事实的报道。新闻有广义和狭义之分。广义的新闻根据其写作特征，可以分为消息、通讯、特写和专访、新闻评论、新闻公报等一切有关人、事的音信；狭义的新闻则专指新闻中使用最为广泛的体裁，也就是消息。新闻报道类应用文种类繁多，有动态消息、综合消息、述评消息、人物通讯、事件通讯、社论、新闻评论、编者按、短评等，本章主要介绍新闻文书中的三大类：消息、通讯和新闻评论。

宣传周知类应用文是指具有宣传、教育和鼓动作用的实用类文体，主要包括倡议书、公开信、感谢信、启事等。

二、新闻宣传类文书的基本特征

新闻宣传类文书具有真实性、导向性、通俗性和时效性的特点。

（1）真实性。新闻报道、宣传周知强调的是“事实”，写作必须符合客观事物的本来面貌，决不允许虚构杜撰。真实是新闻宣传的基础，也是新闻宣传的生命，宣传思想观点、传播文化知识、表达舆论以及指导工作等都不能离开报道事实这一根本职能。

（2）导向性。新闻宣传选择的事实本身带有导向性，新闻宣传中对各种事实的评价，往往形成了社会舆论。新闻宣传应当成为引导社会健康和进步的舆论前驱。新闻宣传公之于众，就会产生一定的舆论作用，褒善贬恶，引导社会向健康和进步方向发展。

（3）通俗性。无论是新闻报道类应用文还是宣传周知类应用文，本质上都期望通过通俗的内容、活泼的形式向读者传递信息、叙述事实、表达观点、说明意义，写作时应忌生僻语句、虚伪誉词。

（4）时效性。新闻宣传要迅速及时，越快就越具有价值；新闻宣传还要求新颖，力求内容与形式的创新。

三、新闻宣传类文书的写作要求

新闻宣传类文书的写作要求包括以下几个方面。

（一）时效性

时效性要突出新鲜、快速、简短。

（1）新鲜。学会在报道中把最新鲜、最精彩的信息或内容“拎”出来，用最明显的形式摆在读者的面前。

（2）快速。学会快速成稿，得心应手地运用各种新闻文体的写作技巧和方法，善于储备写作素材。

（3）简短。在有限的版面和时间里，传递更多的信息。挤掉水分，只讲事实，突出最有新闻价值的事实。

（二）可读性

可读性突出准确、具体、生动、通俗。

（1）准确。新闻语言在叙述中最讲究准确，以真实为要，稍有不当，就会导致失真。

（2）具体。选题角度、报道内容要具体，报道的叙述以及情节、细节也要具体。

（3）生动。要既能把人物和事件写“活”，使人如见其人、如闻其声；也能把环境和景象写“活”，使人如临其境，最终让消息或者通讯“立于纸上”。新闻语言还要有时代感。

（4）通俗。新闻是面向大众的文体，应该多用生活气息浓、通俗明白、平易近人、生动形象的大众口语。

（三）针对性

针对性是指在进行新闻写作时，要了解传播对象，明确传播目的。针对性要注意信息、知识和思想。

（1）加大信息量。学会写“立体化新闻”，学会使用新闻背景，用尽可能少的信息符号传递尽可能多的新闻信息。

（2）加大知识含量。要注意挖掘和展示信息背后的某种客观规律，在报道的选材、角度上要比单纯信息的报道更深入一步。

第二节　新闻消息

学习目标

1. 掌握新闻消息的内涵、特点、类型等基本常识；
2. 掌握新闻消息的结构与写法；
3. 鉴赏例文，训练写作。

知识链接

一、新闻消息的概念、特点与类型

（一）新闻消息的概念

新闻消息，是以最简练的文字迅速及时报道新闻事实的新闻体裁。它是新闻文书中最基本的、使用量最大的一种文体。

（二）新闻消息的特点

（1）报道迅速、及时。

（2）篇幅短小、文字简洁明快。

（3）表达方式以概述为主，重在叙事。

（4）阅读效果生动，具有冲击力。

（5）要素必备，一般采用“5W1H”分析法评判，即是否具备原因（why）、对象（what）、地点（where）、时间（when）、人员（who）、方法（how）要素。

（三）新闻消息的类型

按不同的角度，新闻消息可有多种分类法。

（1）按篇幅和结构，新闻消息可分为简讯、短消息和长消息。

①简讯。简讯是以简短文字尽快对最新发生的事实做扼要报道的新闻样式。它是新闻报道中最精短、最迅捷的一种体裁，又称短讯、快讯或“一句话新闻”，短则十几字，多

则百字，通常只报道事情的结果，而不交代其过程和背景，有时甚至只做一个标题，发一个“标题新闻”。常常按其不同的内容，归类编排，并冠以不同的栏头，如：“国际短波”“祖国各地”“要闻简报”“本市快递”“新闻集装箱”等。

②短消息。短消息是以较短篇幅较完整地报道事实基本情况的新闻样式。短消息不详细描述具体细节，不多做分析和议论，字数200～700。常用于对国内外重大事件、突发事件及各种时效性较强事件的报道。

③长消息。长消息是较详细报道事实基本情况的新闻样式。长消息应报道事实的来龙去脉，并对事实发生现场进行具体描绘。它的背景材料充分，有较多的解释和评论。

（2）按写作内容和性质，新闻消息可分为动态消息、综合性消息、典型性消息、评述性消息和人物消息。

①动态消息。动态消息指报道正在发生或正处于发展变化的具体事实的新闻样式。它时效性强，一事一报，以叙述事实为主，用事实本身的意义来体现作者的观点。

②综合性消息。综合性消息指把发生在不同地区或部门的性质类似的事件综合起来进行报道的新闻样式。它往往反映全局的情况、趋向、成就和问题。

③典型性消息。典型性消息是反映某地、某单位的典型经验的新闻样式。它不概括经验规律，而是用具体的事实反映经验，是对成功的具体做法的介绍。

④评述性消息。评述性消息是以夹叙夹议手法报道新闻事实的新闻样式。它要求记者分析和评论事件的动态发展，揭示事件意义，以帮助读者加深理解。

⑤人物消息。人物消息是突出报道人物的思想、事迹的新闻形式。在这种形式中，人物是消息的中心，但不强调细节，没有过多的描写渲染。

二、新闻消息的结构与写法

新闻消息的结构是：标题＋消息头＋署名＋导语＋主体＋结尾。

1. 标题

新闻消息的标题被称为“新闻的眼睛”，既要点明报道的精髓，又要吸引读者注意力。新闻消息标题的形式分为单行式和多行式。

（1）单行式。如《高就业率能否让高职教育“高级”起来》。

（2）多行式。多行式由引题、正标题和副题组成。在主标题之上的，称引题（或称肩题、眉题），它主要起交代背景、点明消息意义的作用；主标题之下的称副题（或称辅题、脚题），起补充说明正标题的作用。可以引题、正标题、副题俱全，也可以采取正标题只加引题或只加副题的形式，要依据内容需要而定。如：

①引题＋正标题。

突破五千万公里深空　　（引题）

嫦娥二号刷新“中国高度”　　（正标题）

②正标题＋副题。

航班延误乱象何时了　　（正标题）

专家呼吁加快民航系统改革　　（副题）

③引题＋正标题＋副题。

全球华人公祭轩辕黄帝 社会各界人士公祭烈士 （引题）
清明节：慎终追远祭先祖 感恩图报慰英魂 （正标题）
祭奠方式新转变 绿色祭祀成风尚 （副题）

2. 消息头

消息头有以下三种。

（1）“本报讯或电”，表示这则消息由本报记者或通讯员采写。

（2）“××社××地××月××日电或专电”，表明本报记者或通讯员在外采写的消息发回编辑部。

（3）“据××××电”，或“据××报××”，表明刊载该稿件的媒体对稿件进行了编辑，未全文采用。

3. 署名

署名大多位于消息头之后、导语之前，常以“（记者×××）”表示；也有的将署名置于正文之后。

4. 导语

导语是消息的开头。根据消息的倒金字塔结构形式，导语是消息中最重要的组成部分，需要用最精粹的文字，简明扼要地把消息中最重要、最新鲜、最吸引人的事实及其意义表达出来。写作导语要根据新闻事实的重要性突出新闻的一个或几个要素来引起读者的兴趣。常见的导语形式有以下五种。

（1）概述式，即客观简明地叙述最基本的新闻事实，是最主要的导语类型。例如：

例文 7.4 直接概括了“欢迎中国”旅游认证项目英国推广会举行的事实，交代了活动的时间、地点、参会者及活动主要内容。

（2）评议式，是以报道事实为基础，对事实进行恰当议论的导语形式。常用于读者难理解的政治、经济等专业性报道，也见于能引起观众共鸣的体育报道等。例如：

超过 7.4 万名观众，在当地时间今晚涌入里约北部的马拉卡纳球场，这座和墨西哥阿兹台克体育场并称的著名球场，迎来了本届世界杯阿根廷队与波黑队小组赛的首次亮相——波黑是历史上第 77 个造访马拉卡纳并在这里向世界展示国旗的国家，对这支世界杯新军而言，首战就碰上拥趸遍布全球的夺冠热门阿根廷队和新球王梅西，的确是一件令人感到艰难的事。但比赛过程的一波三折和他们在比赛中展现出的调整能力，却让整个世界无法忽视他们蕴含的能量。

这段导语边叙边议，评价了波黑队面临劲敌时的出色表现，激起观众对此赛事的共鸣。

（3）描写式，是用描写手法勾勒出最有特点的画面和场景的导语形式。例如：

“刺啦——”滚热的油淋在刚出蒸笼的鳜鱼上，艾先诚麻利地将调好的酱料添加到盘中，蒸腾起的浓郁香气顿时将他包裹起来。这不是在拍摄纪录片《舌尖上的中国》，而是一位“李锦记希望厨师”毕业生的毕业展示。谁又能想到，3 年前他还是一名连许多酱料名字都叫不出的工人。

导语选取“李锦记希望厨师”毕业生的毕业展示的一个毕业生操作的小片段，生动地报道了消息的主要事实——“李锦记”集团“授人以渔”公益项目资助寒门青年成才。

（4）提问式，就是根据消息的主要内容提出警醒、引人瞩目的问题，引起读者的好奇或兴趣，促其读下去。例如：

导致无数老人失忆的阿尔茨海默症（俗称老年痴呆症）的“罪魁祸首”到底长什么样？记者今天从清华大学获悉，清华大学教授施一公研究组在世界上首次揭示了与阿尔茨海默症发病直接相关的人源γ分泌酶复合物的精细三维结构，为理解γ分泌酶复合物的工作机制及阿尔茨海默症的发病机理提供了重要线索。

导语用设问、拟人的手法，令人惊奇地关注突破人类健康科学难题的新成果——阿尔茨海默症的发病线索，进而产生迫切了解新动态信息的愿望。

（5）引语式，就是引用诗词、民谣、谚语、警句、格言，或人物的话语、各种条文等作为开头，然后引出事实。例如：

近年来，大学生就业难的消息屡见不鲜，而高职毕业生就业却“风景这边独好”。数据显示，××××届高职毕业生半年后就业率为90.4%，近3年来高职生就业率稳中有升，而随着我国经济快速发展，对技能型员工的需求还在不断增加。

引诗“风景这边独好”比照大学生就业难现状，点出高职生就业形势喜人的主旨。

导语还有其他形式，如背景式、摘要式、数字式等。决定导语形式的归根结底是其内容和报道的目的。导语在消息中起引导读者阅读的作用，如何吸引读者、准确报道新闻事实，是写好导语的关键。

5. 主体

新闻消息的主体一是提供新闻背景、细节材料对导语进行解释和深化，二是补充新的事实，使新闻六要素更加详尽，但在主体中不要再重复导语里的字句。注意做到头绪清晰、层次合理。它大致有以下四种结构。

（1）倒金字塔结构。仅仅从导语和主体这两大部分的关系来看，绝大多数消息整体上采用的都是倒金字塔结构；所谓倒金字塔结构，就是把最重要的内容放在最前面的导语中，主体部分依照重要性递减的原则安排材料。这样写作可以便于阅读、编辑和写稿。如例文7.4、例文7.5。

（2）纵向结构。主体按事件发展的先后顺序安排结构，称纵向结构。这种结构方式的好处是，可以反映新闻事件的大致过程，让读者了解前因后果。记者也可以借“过程”说话，表达某种观点和意见。见例文7.3。

（3）横向结构。这种主体结构方式的特点是，不受事物发展时间顺序的限制，围绕一个主题，将同一时空范围的情况有序地组织起来，反映“面”的变化。

（4）点面结构。点是指个别的、典型的事例，面是指一般的、总体的情况。以点带面，点面结合，这也是主体安排结构的一种常见的方式。这样安排结构可以为读者提供广阔的认识空间，可以使消息更有说服力，而且，也更符合普通读者的认识规律。

6. 结尾

一是自然结尾（秃尾），随材料的结束而完结；二是对全文做简单的总结，或首尾呼应，或画龙点睛，或自然抒情。

例文评析

例文 7.1 标题新闻

张德江与瑞士联邦议会联邦院议长格尔曼举行会谈

全国政协召开“深化司法体制改革”专题座谈会 俞正声主持

刘云山会见丝绸之路经济带媒体合作论坛外方代表

评析：

这几则新闻，以报道性标题的形式传播新闻信息，以主谓式短语为语篇组构样式高度概括、紧缩内容。这类标题新闻多用于重大的政治、经济类动态信息。

例文 7.2 一句话新闻

[据新华社电]太阳风暴导致瑞典一城市停电 1 小时，影响到了该市约 2 万多家庭。

评析：

仅用一句话精练地报道了瑞典一城市遭受太阳风暴的影响，成因、受众、结果集中凸显，较好地把握了这则动态消息的切入点。

例文 7.3 短讯

本报讯：2012 年 5 月 8 日放学时间，黑龙江省佳木斯市第四中学校门前，一辆大客车突然启动，径直向前面的几个学生冲去。危急关头，29 岁的张丽莉老师冲上去将学生推开，学生获救了，张老师却被卷入车底，造成双腿截肢，至今仍在医院接受治疗。连日来，张丽莉的事迹在全国各地引起强烈反响，她被网友们称为“最美女教师”。

评析：

这是一则典型的新闻要素完整的新闻消息，是以概述的表达方式、按时间顺序结构的方法报道的人物消息，具有完整的新闻要素 5W1H。

例文 7.4 短消息

中国评级标准走进英伦 英旅游业喜迎中国游客

中新网 7 月 4 日电 据《欧洲时报》英国版报道，7 月 1 日，“欢迎中国”旅游认证项目英国推广会在伦敦举行，超过 100 家英国商户和来自中国旅游机构的代表出席了该活动。“欢迎中国”项目主席 Jacopo Sertoli 介绍，该标准由中国国家旅游局下属的中国旅游研究院（CTA）制定并颁布，目的是为中国游客提供更好的服务，同时通过帮助各旅游目的地商户的服务提升，以推广其在中国游客中的认可度。

目前，“欢迎中国”旅游认证标准已被全球30多个国家接受，此次在英国推广，希望更多英国商户加入。“欢迎中国”认证标准根据商户提供的针对中国游客的不同服务内容可分为铜级、银级和金级。

中国旅游研究院院长戴斌表示，通过“欢迎中国”认证标准，将促进更多的旅游机构为中国游客提供便利服务，让海外更多地了解中国文化。

本次推广活动由英国旅游局携手伦敦发展署共同举办，英国旅游局表示，获得认证的企业和机构意味着在吸引中国游客方面抢占了先机，希望英国能打造更多“中国风”旅游产品。

评析：

消息头“据《欧洲时报》英国版报道”表明刊载该稿件的媒体对稿件进行了编辑，未全文采用。导语是典型的概述式，结构用的是倒金字塔结构，结尾借英国旅游局言论点明推广活动的意义。

例文7.5　长消息

北京卫计委启动“城市减重行动”
瘦身成功送礼物

新京报讯（记者温蕎）北京成年男性腰围平均已超过了2尺6，即将接近“红线”。昨天，北京市卫生计生委公布北京市居民肥胖情况，成年常住居民每5人就有1个肥胖患者。为此，卫计委启动了“城市减重行动”，居民8月31日前可报名，成功瘦身者还将在活动中获得“减重证书”，并有望领取“神秘礼物”。

北京男性腰围3年长1厘米

昨天，市卫计委公布了北京市常住居民的肥胖情况。按照北京市三年一次的慢性病及危险因素监测数据显示，2011年18岁至79岁常住居民肥胖率为21.1%。也就是说每5个人就有1个肥胖患者，比2008年上升了10.5%。

此外，北京成年常住居民的腰围平均值为83.7厘米，比2008年增加了0.5厘米，男性腰围增长更为明显，增长近1厘米，达到88.7厘米，相当于2尺6寸6，而2尺7是之前“北京人健康指引”公布的上限。这意味着男性腰围面临“集体超标”的危险。

除了成人，儿童青少年肥胖问题也不容忽视。近年来，北京市中小学生肥胖总检出率持续上升，2011～2012学年已经达到21.46%。

市卫计委表示，男性腰围超过90厘米、女性腰围超过85厘米，脂肪主要蓄积在腹壁和腹腔，属于中心型肥胖，更容易诱发糖尿病、心血管疾病等慢性病。

减重成功将获纪念证书

鉴于北京市居民超重、肥胖现象，市卫计委“阳光长城计划”已启动“城市减重行动”，8月31日之前都接受报名。

市卫计委表示，该活动面向18岁至69岁有意减重的居民。报名后，将会通过微信、网站、短信等多种方式给予“控制体重”专业的干预和指导，并组织健步走、长走等活动。

目前活动正在筹划中。

报名参加活动 90 天以上，且 BMI（体重指数）恢复正常的参与者，将获得专门的纪念证书。此外，某些减重较为明显的人士还有机会获得“神秘礼物”，如肥胖者体重降低 10%、腰围过大的“中心型肥胖者”腰围减少 3 厘米的人群等。

活动组委会相关人员介绍，每位居民报名时，需自行填写一张表格，包括身高、体重、腰围等信息。活动结束后，组委会会面向报名者进行统一的测评，可能会采取“集体称重”的方式，和活动之前的信息对照。

对于报名者会不会“虚报”自己的体重，组委会相关人员称，会对报名者表示信任。“相信大家都是愿意通过活动，以减重为目标。”目前，“神秘礼物”未予公布，组织方称要“保留惊喜”。

■ 追访

为什么会肥胖？

1. “呆着”时间过长

市卫计委表示，缺乏体育锻炼是超重、肥胖的原因之一。调查显示，北京市 18 岁至 79 岁常住居民平均每日静态行为时间为 5.7 小时。

科学研究认为，累计超过 4 小时的静态行为是慢性病的一个独立危险因素，对健康的危害会逐渐显现。此外，青少年每天看电视 2 小时以上就可能导致锻炼不足、自卑、社交能力过低，甚至学习成绩下降。

2. 摄入油盐量超标

市卫计委表示，随着居民生活水平的提高、饮食结构不合理，谷物摄入量少，高脂肪高热量食物摄入多的现象日益突出。

按照《北京人健康指引》的合理膳食标准，健康北京人饮食要清淡少盐，少吃荤油。每天油摄入不超过 30 克，每天盐摄入不超过 6 克。调查显示，近年来，北京市居民膳食结构有所改进，但居民生活方式的改变仍然较慢。其中，北京市居民人均每日摄入盐 9.7 克，植物油 36.2 克，都高于平衡膳食推荐量的要求。

评析：

这则长消息是评述性消息。从导语开始采用评议的方式，先从北京男子腰围即将接近“红线”的结论起篇，随后接入北京卫计委公布北京市居民肥胖情况，进而概述卫计委将启动“城市减重行动”新闻的基本事实。主体部分边述边议，夹叙夹议，一方面扩展叙述北京男性腰围“集体超标”乃至儿童青少年肥胖率上升的现状，另一方面分析评论由此带来的危害；一方面详细解释“城市减重行动”的活动内容、追访肥胖的原因，另一方面还指出合理膳食结构的标准和要求，使读者从中自我检省并体会北京卫计委“城市减重行动”的意义所在。

另外，在结构布局上，综合使用了几种结构方式：首先三个分标题是以“现状—对策—成因”的思维逻辑横向设置，前两个小标题部分的内容又各自套了倒金字塔结构，第三个小标题部分的内容则用并列式分层列项。

第三节 新闻通讯

学习目标

1. 了解新闻通讯的概念和种类，了解人物通讯、事件通讯、工作通讯和风貌通讯的特点；

2. 熟悉新闻通讯的特点，比较出新闻消息和新闻通讯的区别；

3. 鉴赏例文，训练写作。

知识链接

一、新闻通讯的概念与分类

（一）新闻通讯的概念

新闻通讯是综合多种表达方式，详细深入而又生动形象地报道新近发生的事实的新闻体裁。

新闻通讯和新闻消息一样，要求及时、准确地报道生活中有意义的人和事，但报道的内容比新闻消息更具体、更系统。

（二）新闻通讯的分类

1. 按通讯的内容和写法划分

按通讯的内容和写法，新闻通讯可分为以下几种。

（1）人物通讯。人物通讯是具体形象地报道具有新闻价值的人物，反映人物的个性、形象、精神状态的新闻体裁。可以是社会先进人物，也可以是平凡百姓，还可以是转变中的人物和某些有争议的人物。人物对象体现时代感和社会风貌。

（2）事件通讯。事件通讯是以具有典型意义的事件为报道对象的新闻体裁。事件通讯时效性较强，它围绕中心事件选材，虽不着力刻画人物，但往往通过典型事件表现一群人或一个集体。所以它通过较为详尽地展示事件的完整过程，挖掘其意义，揭示其本质，进而反映社会风尚，弘扬时代精神。

（3）工作通讯。工作通讯是反映各个领域、不同行业的新情况、新经验、新问题或新趋势、新矛盾，展示其中的成功经验和新思想，或者揭示其中的问题和教训的新闻体裁。

（4）风貌通讯。风貌通讯是以某地的社会风貌、风尚、生活变迁、风土人情、旅游名胜为报道内容的新闻体裁。一般采取“巡礼”“纪行”“散记”“侧记”等形式，向读者介绍。

2. 按文体形式划分

按文件形式，新闻通讯一般分为记事通讯、访问记（专访、人物专访）、小故事、集纳、巡礼、纪实、见闻、特写、速写、侧记、散记、采访札记等。

（三）新闻通讯的特点

新闻通讯具有如下几个特点。

（1）故事性。以讲故事的方式，借用多种文学手段，使事件、人物更加“形象化”，给人以立体感和现场感。

（2）完整性。全面深入报道事情发生的来龙去脉，演绎人物的命运，充分展开情节。

（3）评论性。运用夹叙夹议的方法对人或事做出直接的评论，时时紧扣人物或事件做适时的、恰到好处的评价点拨，以情感人，理在情中。

（4）新闻性。所报道的内容具有新闻价值，客观真实，不允许“合理想象”，同时又要具有新鲜感。

二、新闻通讯的结构和写法

新闻通讯一般包括标题、署名、开头、主体、结尾几个部分。

1. 标题

新闻通讯的标题应准确地概括出文章内容或点明其主旨、记者的呼吁，以引起读者的兴趣。通讯的标题多数为单行式；有的有副标题，也只是交代报道的对象和新闻的来源。

2. 署名

记者署名既可写于全文最后，也可写于标题下面。

3. 开头

新闻通讯的开头多姿多彩、不拘一格。其主要写作方式为直起式和侧起式。

（1）直起式。开门见山，直述其人其事，直接抒发感情或直接发表见解。

（2）侧起式。利用铺垫的方法，源源说起，娓娓道来，然后再进入正题。

4. 主体

主体是新闻通讯的主干部分，是继开头之后，对事件或事实报道的核心。根据内容的需要，可以采用多种结构形式，如纵式结构、横式结构、纵横交叉式结构、递进式结构、并列式结构等。

5. 结尾

新闻通讯的结尾通常采用自然收束、卒章显志的方法。

例文评析

例文 7.6 人物通讯

北京儿童医院 B 超诊室的一天

本报记者 李新玲《中国青年报》（2013 年 08 月 16 日 07 版）

8 月 13 日，中国青年报记者跟着北京儿童医院超声科的贾立群主任当了一天助理医生。8 月，北京市医院管理局开展了“相约守护”医患双体验活动，提供了 20 家市属医院的 186 个医务体验岗位，覆盖了医、护、技等各专业。各新闻单位的记者，以及来自国企、外企、高校、研究机构等各领域人士，走进医院当专家助理、提供医疗服务。同时，各家医院的院领导也要以普通患者身份到其他医院实地体验。

9 点，记者见到了刚开完院中层以上例会的贾立群。贾主任的白大褂下面的两个兜，左侧的缝着，右侧的开着口，但上面还挂着线。贾主任为了拒绝患者感谢他的红包，白大褂的兜一直是缝起来的。

就在记者等贾主任时，儿童医院的一位院领导准备作为一名普通患者到友谊医院去实地体验。他因感冒咳嗽很久，想去看一下内科。但出发前，他很担心挂不到上午的号了。因为此时的北京儿童医院，无论是门诊大厅的挂号窗口还是各诊室前，都已经排起了长队。

他们大老远来，能加就加上吧

穿过到处都是小患者和家长的楼道，记者和贾主任来到门诊大楼的二层超声科。还没走到门口，就被家长包围了，一张张 B 超单递过来："贾主任，你看能不能给孩子看一下？""贾主任，我们昨天晚上从外地赶来，您给加个号吧。" ……

贾主任停下来，在几张单子上面签了字，家长不停地道谢。

贾主任走到超声室最里面的房间，已经有小患者在等候。

这是一个从厦门来的 10 岁小男孩，曾患淋巴瘤，两年前在北京儿童医院做了化疗并手术，现在来复查。贾主任仔细检查了他的左右颈部、胸部和腹部，只在颈部发现了几个不太大的淋巴结。贾主任又让助手从计算机里调出这个孩子以前的病例，对照表明，恢复得不错。听到贾主任的结论，男孩的父母连声说着"谢谢、谢谢"。

……

为了能让患儿在三天内看上病，只要有来加号的，贾立群一般都给加上。

11 点左右，一个父亲拿了 7 张单子，贾主任看后一一签了字，让家长去加号。这是三个孩子的单子，分别检查颈部、胸部和腹部。

"我经常要出去开会、讲课，他们大老远来，能加就加上吧。"完成这些加号的结果，就是到了下午 1 点，贾立群主任仍没去喝一口水。超声室的其他医生们也才刚刚完成上午的任务。

20 多年没吃午饭了

"我们的 B 超报告很明确，不会有'待查、不明'这些词汇，这是从一开始，贾主任就给我们立下的标杆，仔细检查、结论清楚。"趁着王晓曼医生中午休息的间隙，记者问了几个问题，刚说了几句，她就被电话叫走了，一台正在进行的手术需要当场进行 B 超检查。这时，王晓曼医生刚打开饭盒吃了一口饭。

……

贾主任和王大夫立刻进行了 B 超检查，认为颈动脉没有问题，可以插管。

走出 ICU 时，一位主任过来不住地道谢，说知道你们很忙，请贾主任喝口水再走。贾主任没有停下脚步："不了，我那儿还有几个号没完。"

在回去的电梯里，贾主任说了一句："我看这个男孩情况不好。"

在到处都是小患者和家长的医院里穿行，快步赶回超声室，贾主任继续工作。记者已经饿得快支撑不住。

……

下午两点，上午所有的号终于全部看完了。记者请贾主任坐下来一起吃午饭，可他说自己二十多年不吃中午饭了，如果中午吃饭，下午会犯困，坐一下午还不舒服。

超声科里已经没有地方放专门吃饭的桌子，医生们用的是一张检查床，只是把白床单换成了一张漂亮的绿格子桌布。而这张床，上午可能有小孩在上面尿过或拉过。

最多的一夜被叫起来19次

……趁记者吃饭的几分钟，贾主任到医院的行政部门处理了一些事，又匆匆走了回来，重新坐在仪器前，但不时被“医院来电话了”的手机彩铃声打断。原来，贾立群的手机有两个卡号，其中一个是工作号码，只要这个电话响起，贾立群立刻接电话。

……下午，重病患者比上午少了，B超室的紧张气氛稍微缓和了一些。记者这才注意到，贾立群的胸牌上贴着一张小贴画，竟然是动画片《喜羊羊》中的羊村村长——慢羊羊。

一位医生告诉记者，有一个小孩来做检查，开始哭闹不停，被家长按在床上，可刚躺下，一下子就不哭了。原来，他看到了贾主任胸牌上的“慢羊羊”。等检查做完，这个三四岁的孩子站在检查床上，冲贾主任鞠了一躬：“谢谢村长!”

在B超诊室，许多仪器上都贴着小贴画，旁边还放着小汽车、拨浪鼓、洋娃娃等玩具，这些玩具，有的是贾主任从家里拿来的。

下午5点，挂号处停止挂号，B超诊室已挂出去了近600个号，这还不包括住院病人检查。600个号，几乎相当于一家二级医院全天的门诊量。

而贾立群的一天还没结束，他的手机24小时开机，他住在医院附近，半夜经常会被叫起来，最多的一天，夜里被叫起来19次。

评析：

这篇人物通讯选自《中国青年报》特别报道，它充分体现了通讯的基本特征——故事性。记者借“相约守护”医患双体验活动，跟着贾立群主任当了一天的助理医生。

首先，故事以记者的所见所闻为线索，运用了细节描写、场景描写、人物对话、侧面描写、极端数字统计等表现手法，如贾立群的为拒红包缝起来的白大褂衣兜，贴在胸牌上的“慢羊羊”，患儿家长围聚贾立群的场面，超声科的“桌布”“谢谢村长!”“他们大老远来的，能加就加吧”“20多年没吃午饭了”“最多一夜被叫起来19次”等，生动细腻地刻画了一位医术精湛、忘我奉献的医务工作者形象。

其次，本通讯采用纵式结构，虽然是惯常用法，但与题目相呼应，依次叙写了上午直至傍晚甚至到夜里还要不停忙碌的贾立群的工作生活，层次清晰。同时，短短的“一天”与“一天”内超负荷的工作量形成鲜明的对照，反衬了贾立群高尚的医德。“20多年没吃午饭了”“最多一夜被叫起来19次”，而这只是贾立群普通的一天，人们在惊叹中感动，在感动中思考“医患关系”这个敏感而沉重的话题。本通讯通过全面深入地表现人物个性和精神体现了新闻事实的时效性与价值。

例文7.7 事件通讯

别了，“不列颠尼亚”号

在香港飘扬了150多年的英国米字旗最后一次在这里降落后，接查尔斯王子和离任港督彭定康回国的英国皇家游轮“不列颠尼亚”号驶离维多利亚港——这是英国撤离香港的最后时刻。

英国的告别仪式是30日下午在港岛半山上的港督府拉开序幕的。在蒙蒙细雨中，末任港督告别了这个曾居住25任港督的庭院。

4时30分，面色凝重的彭定康注视着港督旗帜在“日落余音”的号角声中降下旗杆。根据传统，每一位港督离任时，都举行降旗仪式。但这一次不同，永远都不会有另一面港督旗帜从这里升起。4时40分，代表英国女王统治了香港5年的彭定康登上带有皇家标记的黑色“劳斯莱斯”，最后一次离开港督府。

掩映在绿树丛中的港督府于1885年建成，在以后的近一个半世纪中，包括彭定康在内的许多港督曾对其进行过大规模改建、扩建和装修。随着末代港督的离去，这座古典风格的白色建筑成为历史的陈迹。

晚6时15分，象征英国管治结束的告别仪式在距离驻港英军总部不远的添马舰东面举行。停泊在港湾中的皇家游轮“不列颠尼亚”号和邻近大厦悬挂的巨幅紫荆花图案，恰好构成了这个“日落仪式”的背景。

此时，雨越下越大。查尔斯王子在雨中宣读英国女王赠言说：“英国国旗就要降下了，中国国旗将飘扬于香港上空。150多年的英国管治即将告终。”

7时45分，广场上灯火渐暗，开始了当天港岛上的第二次降旗仪式。156年前，是一个叫爱德华·贝尔彻的英国舰长带领士兵占领了港岛，在这里升起了英国国旗；今天，另一名英国海军士兵在“威尔士亲王”军营旁的这个地方降下了米字旗。

当然，最为世人瞩目的是子夜时分中英香港交接仪式上的易帜。在1997年6月30日的最后一分钟，米字旗在香港最后一次降下，英国对香港长达一个半世纪的殖民统治宣告终结。

在新的一天来临的第一分钟，五星红旗伴着《义勇军进行曲》冉冉升起，中国从此恢复了对香港行使主权。与此同时，五星红旗在英军添马舰营区升起，两分钟前，“威尔士亲王”军营移交给中国人民解放军，解放军开始接管香港防务。

0时40分，刚刚参加了交接仪式的查尔斯王子和第28任港督彭定康登上了“不列颠尼亚”号的甲板。在英国军舰“漆咸”号及悬挂中国国旗和香港特别行政区区旗的香港水警汽艇护卫下，将于1997年年底彻底退役的“不列颠尼亚”号很快消失在南海的夜幕中。

从1841年1月26日英国远征军第一次将米字旗插上港岛，至1997年7月1日五星红旗在香港升起，一共过去了156年5个月零4天。大英帝国从海上来，又从海上去。

评析：

本篇通讯采用的是纵式结构，按事件发展顺序展开，脉络清楚，一目了然。它不仅生动形象地传达了当时的气氛，同时交代了时空变化等新闻要素。各段都有不同的时间标志作为开头，读者可以清楚地看到时间顺序发展：从下午到晚上最后至凌晨。在时间性叙述中，又加入了相关的历史背景资料（港督府的历史、156年前港岛被侵占的历史等），文字感染力强，抒情色彩浓，读者可以体会到它和消息的区别。

第四节 新闻评论

学习目标

1. 掌握新闻评论的内涵、特点、类型等基本常识;
2. 掌握新闻消息的结构与写法; 比较新闻评论与新闻报道的区别;
3. 鉴赏例文, 训练写作。

知识链接

一、新闻评论的概念、特征与分类

(一)新闻评论的概念

新闻评论是就有价值的新闻事实和社会现象发表意见以指导实践的一种新闻体裁。

新闻评论是运用分析和综合的方法，就事论理，就实论虚，有着鲜明针对性和引导性的一种新闻文体，是现代新闻传播工具经常采用的社论、评论、评论员文章、短评、编者按、专栏评论和述评等的总称，属于论说文的范畴。

新闻评论的要素是论点、论据和论证，即“证明什么”—“用什么来证明”—“如何来证明”。

(二)新闻评论的特征

(1)论题具有强烈的新闻性。新闻评论所针对的是时效性强的现实工作和实际生活中的某一热点问题、某一类思想倾向。

(2)论理具有鲜明的思想性。新闻评论贵在说理，强调要敢于触及当前的工作实际和思想实际，敢于触及时弊，开展思想交锋，道理正确、深刻、科学，做到善破善立。

(3)论说具有广泛的公众性。新闻评论要为民代言，为民立言，提出和解决代表公众利益的问题，当前实际工作和日常生活中迫切需要解决的问题。

(三)新闻评论的分类

(1)按其主要性质划分。新闻评论主要有：①全面部署性新闻评论。②说理启发性新闻评论。③业务指导性新闻评论。④政治鼓舞性新闻评论。

(2)按其评述内容划分。新闻评论主要有政治评论、法制评论、思想评论、经济评论、文教评论（含教育、科技、体育、卫生)、文艺评论、军事评论、外事工作评论、国际评论、社会问题评论等。

(3)按其作者身份划分。

①主要由采编人员撰写的、代表编辑部集体意见的评论：社论、本报评论员文章、短评、编后、编者按、述评。

②主要由编采人员、专家学者、业余通讯员和受众撰写的署名评论：专论、思想评论、新闻时评、小言论、富有新闻性和文艺色彩的随感、杂文、文艺评论（书评、影评、剧评和对音乐、舞蹈、美术等的评论)。

（4）按媒体性质划分。新闻评论有报纸评论、广播电视评论、网络评论等。

（5）按评论形式划分。新闻评论主要有社论、本报（台）评论员文章、短评、编者按、编后、述评等。

（四）新闻评论与新闻报道的比较

新闻评论与新闻报道二者既有联系、又有区别。

1. 二者的联系

（1）新闻报道与新闻评论都是以事实为由头，事件成为两者的关注点。

（2）新闻报道与新闻评论都追求时效性，反映当下现实。

（3）二者也可相互转化，报道衍生评论，评论催生报道。

2. 二者的区别

（1）反映的内容不同：新闻报道作用于受众的眼（告知信息），新闻评论作用于受众的心（评价、看法、主张）。

（2）写作目的不同：新闻报道的终点——还原事实，新闻评论的起点——评价事实。

（3）表达方式不同：新闻报道以记叙为主——清楚第一，新闻评论以议论为主——明白第一。

（4）材料处理不同：新闻报道和材料发生物理反应，新闻评论和材料发生化学反应。

二、新闻评论的结构与写作

新闻评论一般由标题、开头、主体、结尾四部分组成。

1. 标题的写作

标题是评论的“眼睛”。常言道：“题好一半文”。新闻标题的制作要求准确贴切、简明扼要、鲜明生动。可以调动各种修辞手法，体现出反思性、哲理性、生动性、幽默性、抨击性、文采性。

2. 开头的写作

“万事开头难”——引论、开头是整篇文章提纲挈领的部分，主要担负着提出问题或表明观点的作用，是全文的统率。开头可以有以下几种方法。

（1）开宗明义，点明题旨，提出作者的看法和主张。

（2）以新闻事件为由，在开头先将新闻事件的经过或特点概括叙述，为下文的分析论证做铺垫。

（3）说明原委，回溯来由，交代写作的动机。

（4）摆出驳论的对象，亮出错误的认识，使文章一开始就掀起论战的高潮。

（5）用设问句直接点明论题，即那些国计民生的重大问题或人民普遍关注的问题。

（6）用引语、经典、故事开头，使文章显得生动活泼。引论写作，要简明扼要、“开门见山”，不要落笔太远，即使要说明一下必要情况或解释一下题目的意义和写作目的，也不可太长，以致分散读者的注意力，减少读者的兴趣。同时，引论部分写作，要尽量新鲜、不落俗套、引人入胜。

3. 主体的写作

主体也即论证部分，可以采用归纳论证结构、演绎论证结构、递进论证结构、并列论证结构、比较论证结构和正反论证结构等布局谋篇，注意层次间的“起、承、转、合”，结构切忌平淡，要力求波澜起伏、变化有致。

4. 结尾的写作

结尾一定要在总括全文的基础上有所提高和发挥，换句话说，既要总括全文，又要高于全文，应富有启发性和号召性。结尾的写法，因文而异，或号召、鼓舞，或提醒、忠告，或欲言又止发人深思，或提纲挈领概括总结。

例文评析

例文 7.8

高就业率能否让高职教育“高级”起来

2013 年 08 月 08 日 09：53：43 来源：新华网

新华网记者 姜春媛

近年来，大学生就业难的消息屡见不鲜，而高职毕业生就业却“风景这边独好”。数据显示，2012 届高职毕业生半年后就业率为 90.4%，近三年来高职生就业率稳中有升，而随着我国经济快速发展，对技能型员工的需求还在不断增加。

普通高校毕业生与高职院校毕业生就业境遇的差别，让人们为之一动，许多人的择校观念也发生了一定的转变。但真到了抉择时刻，这还是一件令人纠结的事：即使许多高职院校打出就业“王牌”，但很多家长和学生还是不愿选择。

理由无非是高职毕业学历和工作中都“低人一等”，……有些招聘中，高职生可以胜任的工作硬要加入“本科以上学历”这一规定。

……高职教育作为高等教育的重要组成部分，在经济结构转型对高技能人才需求不断增加的大环境下，但要改变人们已形成的观念，关键要从提升对高职教育的认同感入手。

……教育专家普遍认为，消除对职业教育的歧视，各级政府应加强对高职教育的重视程度。加大对高职院校的投入，不断改善高职院校软硬件环境，增强学校吸引力；另一方面，也需要在提高职业教育地位和社会尊重程度方面采取切实行动，如政府机构、事业单位和国企在招录人员时应带头吸收一定比例的职教生，做好表率，给予高职院校毕业生更多的求学和发展空间。

此外，高职教育本身也需要不断创新人才培养方式，许多高职入学门槛降低，但不意味着可以降低教学质量，教育资源紧缺不意味教学强度可以稀释。因此，资源配置、精力投入、管理力量、工作重心、甚至社会用人制度等均应向人才培养这个目标聚集。

评析：

本文是一篇较为成功的新闻评论。成功之一是能紧抓高职教育的高就业率与低入学率的矛盾，并以疑问的方式体现在标题；成功之二是以详实的数据为切入点，直接导入矛盾；成功之三是能围绕这一矛盾展开科学的分析。全篇思路清晰、论据丰富、评析到位。

例文 7.9

“千万别报体”的背后

曹林《中国青年报》(2014 年 07 月 06 日 01 版)

今年江苏省理科第一名想报北大新闻学专业，但据这位状元称，“这两天，所有采访我的记者都不建议报新闻，所以我在考虑要不要读金融”。这条新闻引发了网友的跟风，被称作高考填志愿另类指南的“千万别报体”蹿红网络：千万别报考古，因为“逗比”的世界没人懂；千万别报学前教育，因为操着卖白粉的心，赚着卖白菜的钱；千万别报环境工程，因为实习基地在垃圾处理场。

这些吐槽，多数属于跟风娱乐，考生如果缺乏主见，看了这些“千万别报体”，就根本没专业可报了。……

“千万别报体”是各行各业吐槽本行业工作艰辛的一次狂欢，以娱乐化的方式表达对自己所从事职业的不满。娱乐恶搞之外，甚至也暴露了一个真问题，就是很多从业者对自己所在行业缺乏职业精神和工作兴趣，把工作当作谋生的饭碗，并不是因为热爱一个工作而去从事它，所以对这个“饭碗”积累了很多负能量。……

现在，很多行业的人常常被指缺乏职业精神，干什么不像什么，当记者的没有新闻理想，做教育的缺乏教书育人的情怀，当官的没有公共服务的热情，当医生的没有治病救人的慈悲心，得过且过，怨言牢骚满腹。希望年轻的考生们不要受这种极端负面情绪的影响。

当然，对自身职业的怨愤，也与劳动者权利缺乏保障有一定关系，“千万别报体”的吐槽中，抱怨最多的是加班多，而且没有加班费；假期少，带薪休假不落实；薪水低，什么都涨就是工资不涨。从这个角度看，“千万别报体”是一次员工对生存状态的集体吐槽。这是说给老板听，而不是说给考生听的。

评析：

本篇新闻评析除了具备一般新闻评论的结构特点、语言风格外，还体现了对新闻事实评论的辩证性和客观性，它从“千万别报体”的表象，既看到了它背后职业精神缺乏的本质，也看到了对劳动者权利保护缺乏的根源，这一点尤其值得新闻评论写作者的注意。

例文 7.10

“中国很复杂”不是拒绝批评的借口

曹林《中国青年报》(2013 年 08 月 16 日 02 版)

听韩国记者李成贤抱怨：中国人跟外国人辩论时经常说“你不懂中国”，这个说法，常引起外国人，特别是来自西方国家人的不满。他们认为这是中国人缺乏逻辑、证据，不能说服对方时，使用的“御性”说法。“你不懂中国”，是不讲逻辑的表现，有事说事有理说理，用事实和逻辑说服别人，而不是用“你不懂”做挡箭牌，去回避必要的论证。

与“你不懂中国”类似的反逻辑表述是：中国很复杂。连在一起说就是：中国很复杂，你不懂中国。某些人经常将“中国很复杂”挂在嘴上，甚至总结出什么“复杂中国论”，拿着翻版的“特殊国情论”自鸣得意，以为自己发现了什么新理论。

所谓的“中国很复杂”，首先不过是一句正确的废话。……

所谓的“中国很复杂”，也是一个自设的伪命题。……

中国的改革就是承认人性和社会的复杂性，拒绝由某个专断意志去改造社会，而由市场和法治去调节社会，尊重多元与个性，尊重社会的复杂性，和而不同，各美其美。开放的历史进程，就是中国融入世界的过程，让世界了解中国，告诉世界一个真实的中国，避免总是在自我封闭和排外中被误解、被边缘和被孤立。……而不是以“中国很复杂”去自我神秘化和自我封闭化，把“复杂”当成防御武器。

“中国很复杂”这句正确的废话，会推论出不少让人不安的结论。……

“中国很复杂”还能推论出“中国可以例外”，……

“中国很复杂”还是拒绝批评的一种万能借口，……

确实不能把中国想简单了，不能以偏概全，但不必将这话挂在嘴上当成一种拒斥批评、拒绝改革、拒绝常识的防御武器。有理说理，用事实和逻辑去说服，把复杂的事实摆出来让别人去判断和理解，用外人听得懂的话去让外人了解一个全面而真实的中国，而不是用“复杂”自我神秘化和妖魔化。

评析：

本篇新闻评论态度鲜明、观点突出，采用驳论的方式，对有些人以“中国很复杂”为借口，拒绝承认错误、说明事实的本质进行了评析。全篇逻辑严密、语言通畅。

第五节　倡　议　书

学习目标

1. 掌握倡议书的内涵、特点、类型等基本常识；
2. 掌握倡议书的结构与写法；
3. 鉴赏例文，训练写作。

知识链接

一、倡议书的概念与种类

（一）倡议书的概念

倡议书是机关单位、社会团体或个人，为开展或推动某项活动或事业，向全社会或一定范围的群体公开提出的，希望特定人群或全社会积极响应的，具有号召性、建议性、鼓动性的应用文。

（二）倡议书的特点

（1）公益性。倡议事项应该是具有积极意义的、公益性质的活动或事业，不得将低俗的甚至是错误的活动或事业作为倡议事项。

（2）公开性。倡议的目的就是期望得到最大多数的响应与参与，以实现倡议目标。因此，倡议书一般通过网络、媒体等方式发布，也会在人流密集的地区张贴。

（3）建议性。倡议事项尽管是公益性的活动或事业，倡议行为并不能统一安排甚至强制要求，倡议其实就是建议、请求，不具备很强的约束力。

（4）不确定性：倡议者发布倡议书后，有效的倡议对象并不确定，谁能看到、谁会响应倡议书并不确定。

（三）倡议书的种类

倡议书按不同的角度可分成不同的类别。

（1）按倡议主体，倡议书可分为个人倡议书和集体倡议书。

（2）按倡议方式，倡议书可分为传单式倡议书、张贴式倡议书、广播式倡议书和登载式倡议书。

（3）按倡议内容，倡议书可分为提倡修身类倡议书和提倡行动类倡议书。

二、倡议书的结构与写作

倡议书一般由标题、受倡人、正文、结尾和落款五部分组成。

（一）标题的写作

倡议书的标题灵活多样。一是“倡议人＋倡议主题＋文种”，如“教育部关于积极组织中小学生参与全民健身运动的倡议”；二是“倡议主题＋文种”，如“关于为××山区贫困儿童献爱心的倡议书”；三是直接使用文种做标题，如“倡议书”。

（二）受倡人的写作

受倡人即倡议的对象，可酌情加尊称。如“广大的青少年朋友们”“全校学生朋友们”。当倡议对象不明时，可不做标注。

（三）正文的写作

正文即倡议书的主体，一般包括缘由、内容和号召三个要素。

（1）缘由：阐明倡议书发出的背景、原因和目的。

（2）内容：明确具体地写出倡议的具体事项和要求，如要开展什么活动，要做哪些事情，具体的要求是什么，都要一一写明。可采用分条列项的写法。

（3）号召：即总结全文，发出号召，希望受倡人以及广大群众能够积极参与。

（四）结尾的写作

倡议书的结尾要表达倡议者的希望和决心，应写得情理并重，具有号召力。

（五）落款的写作

在正文的右下方注明倡议者或倡议单位及发出倡议的时间。

例文评析

例文 7.11

关于树立健康向上生活方式的倡议书

全局职工：

生命在于运动，幸福源于健康。为进一步倡导全局职工树立积极、阳光、健康、向上的生活方式，愉悦身心，远离亚健康，我们向全局职工发出如下倡议：

一、倡导健康新理念，形成健身好风尚。有了健康的体质，才能幸福地生活，有了健康的体质，才能更好地工作。让我们唱响“全局健身”主旋律，倡导“关注健康，珍爱生命，善待身体，快乐工作”的观念，树立“每天健身一小时，健康工作五十年，幸福生活一辈子”的理念，强化“我锻炼、我健康、我幸福”的意识，在全局职工中形成自觉锻炼、主动健身、追求健康的良好风尚。

二、选择锻炼新方式，培养健身好习惯。坚持“因人而异、适时适度”的原则，选择适合自身特点和兴趣爱好的慢跑、快走、广播操、太极拳、踢毽子、篮球、足球、羽毛球、街舞、瑜伽等健身活动。坚持养成每天 1 小时体育锻炼的习惯，做到工作、健身两不误。

三、学习运动新知识，掌握健身好方法。要树立科学健身意识，主动学习健身知识，认真制订长期的健身计划；要循序渐进，选择适宜运动，讲究方法，避免运动疲劳；要注意增加营养，保持充足体力，提高防病能力，远离亚健康；要提倡以户外健身为主的有氧运动，到空气清新、阳光充足的地方参加健身活动。

四、全局职工如有意参加集体锻炼，每天早 6 点半至 7 点半可以自愿在局网球场或其他地方健身运动，倡议在局居住的大学生职工们，尽量全部参加健身运动。

尊敬的各位职工，让我们积极行动起来，从我做起，从现在做起，以健康的体魄、饱满的热情、积极投入到全民健身来，为建设文化农电、活力农电、开放农电、强而精富而美的和谐农电勇立新功！

巴林右旗农电局团委

20××年×月×日

评析：

这是一份农电局团委倡议全局职工积极参加运动的倡议书。倡议书的标题由倡议内容和文种组成，受倡人是全局职工。在正文中，作者先交代了发出倡议的缘由、目的，即“生命在于运动，幸福源于健康”和为使全局职工“远离亚健康”，语言简洁、目的明确。倡议的具体内容分为了四个方面，采用了分条列项的写法，条理清晰，并且晓之以理、动之以情，措辞严谨、态度诚恳，使读者能够产生强烈的共鸣，确为一篇倡议书的优秀之作。

例文 7.12

商务部扶贫办关于开展“邀您一起”网购扶贫的倡议书

扶贫是社会主义本质要求，体现着社会主义制度的优越性。党的十八大以来，习近平总书记和李克强总理多次就扶贫开发工作作出重要指示。我部党组高度重视扶贫工作，部领导亲自率队到四川广安、仪陇和湖南城步开展定点扶贫工作调研、对接帮扶项目，深入推进精准扶贫战略，促进了贫困地区经济社会发展。但是，还应该看到，我部定点扶贫地区，因受自然条件等各方面因素的制约，生产生活条件还相对落后，部分家庭依然非常贫困。帮助这些家庭早日脱贫致富，共同迈向小康，既是我部的一项光荣任务，更是我部义不容辞的责任。

2016 年 10 月 17 日是国务院确定的第三个“中国扶贫日”。“10.17”的含义就是“邀您一起”!我们希望在这个特殊的日子里，邀您一起网购我部三个定点扶贫地区农特产品，让我部定点扶贫地区的贫困家庭和贫困人口感受到来自商务大家庭的关心、关怀和温暖!

请您在 10 月 17 日，伸出您的手，点击我部三个定点扶贫地区有关农特产品网站。您的点击，或许就能挽救一个失学儿童；您的点击，或许就能帮助一个贫困家庭；您的点击，或许能带动一个产业发展。众人拾柴火焰高，有您有我的共同参与，就能为贫困地区脱贫增添一份力量，就能为贫困地区群众献出一片爱心!

四川省广安市广安区农特产品网站:

正宗龙安柚将于 10 月底 11 月初上市，届时请大家主动添加微店微信号。微信号为: 13659096098。

http: //www. gabuyi. com/products_list. html

https: //item. taobao. com/item. htm?id=527171310584

http: //mall. icbc. com. cn/shop/index. jhtml?shopId=016605&themeId=000141

四川省南充市仪陇县农特产品网站:

http: //np. ule. com/store/12428. html?uspm

https: //shop145230404. taobao. com/

湖南省城步苗族自治县农特产品网站:

www. ojiejie. com

商务部扶贫办

2016 年 10 月 11 日

评析:

本篇倡议书是由商务部扶贫办面向全国各族人民发出的倡议书，该倡议书完整地概述了倡议的背景和意义，同时非常具体地阐述了参与倡议的方式和途径。结构完整，思路清晰，是一篇规范的倡议书。

三、倡议书的写作注意事项

（1）倡议内容要可行。倡议书是个人或集体发起的公开提议，希望大家能够共同完成某项任务或活动，因此倡议的内容一定要具备可行性，这样才会得到民众的响应，不然就毫无意义。

（2）倡议态度要诚恳。要实现倡议效果最大化，只有内容积极、可行还不够，还得态度诚恳，既以理服人，也以情动人。如此，倡议书才有说服力、号召力。

（3）倡议事项要具体。倡议的内容一定要具体化，不要使读者摸不着头脑，不清楚自己要做的事情，所以倡议书的内容必须要写明开展的活动、要做的事情以及具体的要求。

第六节 感 谢 信

学习目标

1. 掌握感谢信的内涵、特点、类型等基本常识;
2. 掌握感谢信的结构与写法;
3. 鉴赏例文，训练写作。

知识链接

一、感谢信的概念与种类

（一）感谢信的概念

感谢信是单位或个人向帮助过、支持过、关心过自己的集体或个人表示谢意的礼仪性应用文，具有感谢和表扬的双重作用。

感谢信的应用范围很广，既可以直接送给对方，也可以在对方所在地的公共场所、网络空间发布，还可以通过新闻媒体来发布。

（二）感谢信的特点

（1）公开性。感谢信一般是寄送对方所在单位公开张贴，或者寄送广播电台等媒体公开播放，鲜少是直接寄送给感谢对象，因此感谢信具有公开性的特点。感谢信的表达方式多种多样，既可以直接寄送给感谢对象，还可以公开张贴，也可以寄送媒体公开。

（2）激励性。感谢信的主体内容是感谢对象的积极行为、善良举止及其意义，但表扬的目的是激励、鼓励，以求更多的积极行为、善良举止等。

（3）具体性。感谢信要有具体的事由，否则会显得抽象空洞，感情也会不显真挚。

（三）感谢信的种类

感谢信按照不同的角度可以分为不同的类别。

（1）按感谢对象，感谢信可分为给集体的感谢信和给个人的感谢信。

（2）按寄送形式，感谢信可分为公开感谢信和张贴感谢信及直接寄送个人感谢信。

（四）感谢信与表扬信的区别

感谢信与表扬信都是要把对方助人为乐、舍己为人的好思想、好作风写出来，但是它们二者又有所不同。表扬信一般是长辈受了晚辈的帮助写信来表达赞赏表扬，也有感谢的意思；感谢信则不分年龄辈分，重在感谢。

二、感谢信的结构与写作

感谢信通常由标题、称呼、正文、结语和落款五部分构成。

（一）标题的写作

感谢信的标题有三种不同的写法。

（1）由文种单独构成，即“感谢信”。

（2）由感谢对象和文种共同构成，即“致××的感谢信”。

（3）由感谢双方和文种三者共同构成，即“××致××的感谢信”。

（二）称呼的写作

标题之下首行顶格写上感谢对象的名称或感谢单位的名称。

（三）正文的写作

感谢信的正文一般由事由、事迹和结尾三个部分组成。

（1）事由：概括感谢的理由，表达感谢。

（2）事迹：具体叙述对方的先进事迹，要交代清楚时间、地点、人物、事件，重点叙述对方给予的帮助和支持。

（3）结尾：指出对方的帮助对自己的重要性及其可贵精神，也可表示向对方学习的态度与决心，也可提出号召性希望。

（四）结语的写作

如“此致敬礼”或“致以最诚挚的敬礼”等。

（五）落款的写作

写上写信人名称或单位名称，以及写信日期。

例文评析

例文 7.13

给教育基金会的感谢信

尊敬的领导、企业家:

我是医学院 2012 级麻醉学院的大一学生。感谢领导对我的资助支持，感谢企业家的慷慨解囊，感谢××教育基金会的无私帮助，感谢县委县政府成立基金会这样的慈善组织，值此，请允许我代表 53 名受资助的大学生向你们致以最崇高的敬意和最衷心的感谢!

初进大学校门，我发现自己有很多不足，所以积极参加学校举办的各种活动，踊跃报名了市志愿者。在活动中，遇到年迈无依靠的孤寡老人，孤独无力的艾滋病人，以及那些脑瘫的智力障碍者，我们穿着白大褂和他们谈心，为他们量血压，表演节目给他们看，在这些活动中，我深刻感受到社会上有很多需要大家关心和帮助的弱势群体。自己在接受××教育基金会资助的同时，应该尽一份力量去帮助那些需要帮助的人，送给他们一丝温暖，传递一份爱心。

我学的专业是医学，关系到人的生命，我想作为一名医护人员，首先应该秉承中华民族的传统美德，救死扶伤，时时刻刻心存慈善与责任。在高校学习期间，我会认真努力地学好我的专业课程，遇到不懂的问题，我会虚心向老师请教，和同学研究探讨。作为学校学生会一名学生干部，我会做好自己的本职工作，不断提升自己的组织管理能力，我相信，只要用心，一切都能学好，一切问题都不是问题。我也相信，通过自己勤奋不懈的五年大学的刻苦努力，我也会成为一名出色的麻醉医师，到那时，我也会用我自己的双手去养活自己，反哺亲人，回报社会。

要做事，先做人。我是一个热情大方有责任心的女孩。有时候很单纯，但每个人都会成长，少不更事说的就是年少的孩子经历不多，懂的也不多。为了丰富自己的人生阅历，我在周末、节假日都会选择做不同的兼职，期间认识了不同学校的同学，也因此体会到世间百态，同时在这一期间变得成熟。

大学是一个提升和完善自我的过程，我会好好把握这个来之不易的机会，刻苦努力，练就一身本领，将来用实际行动回报社会，传递爱心，感恩所有帮助过我的人。

此致敬礼!

×××

20××年××月××日

评析:

这是一份医学院学生给教育基金会的感谢信。标题采用的是“感谢对象+文种”的形式。正文中，首先简单介绍了自己，表达对教育基金会相关各方的感谢，简单揭示了事由。接着，叙述了对方给自己的具体帮助事迹，这占了感谢信的大部分内容，写得具体清晰，并重点表达了自己的谢意。最后，表示了自己会向教育基金会学习，传递爱心、回报社会。

最后附上结语和落款。结构完整，语言清晰，感情真挚，是一篇感谢信的佳作。

三、感谢信的写作注意事项

（1）内容要真实。感谢信的内容必须真实、恰如其分，不能夸大溢美，不能过于拔高，否则会导致失真，给人一种不真诚的感觉。

（2）语言要适度。感谢信的遣词造句要注意把握好一个度，不能过分雕饰。

（3）叙事要精练。感谢信的内容以事迹为主，叙事时要详略得当，篇幅不宜太长，重点在表达谢意。

（4）感情要真挚。感谢信的主题是要表达出谢意，所以感情一定要真挚，使人感受到谢意。

第七节 启　　事

学习目标

1. 了解启事的概念、特点及种类；
2. 熟悉启事的结构形式与写作要求；
3. 通过例文及例文评析，能够上手启事的写作，从而有利于生活。

知识链接

一、启事的概念与种类

（一）启事的概念

“启”即陈述；“事”即事项。启事是一种公开张贴或在报纸上公开刊登的应用文种，用于单位或个人将自己的要求向公众说明，并请求公众的帮助与参与。

（二）启事的特点

（1）公开性：启事一般是在公众场合公开张贴或通过传媒向社会发布，具有公开性。

（2）单一性：启事一般是一文一事，事项单一，不能掺杂其他内容。

（3）实用性：启事作为一种生活中的实用性文体，能帮助解决生活中的许多困难。

（4）区域性：相较于通告之类的公布文，启事的传播范围比较小，具有区域性的特点。

（三）启事的种类

按其内容分，启事可分为不同的类型。

（1）征召类启事：如招聘启事、招租启事、征婚启事、征稿启事等。

（2）寻领类启事：如寻人启事、寻物启事、招领启事等。

（3）声名类启事：如开业启事、停业启事、迁移启事、辨伪启事等。

二、启事的结构与写作

启事的结构通常由标题、正文和落款三部分组成。

（一）标题的写作

启事的标题有三种形式。

（1）以文种为标题，即“启事”。

（2）以事由和文种为标题，如“招聘启事”。

（3）以发文单位、事由和文种为标题，如“××公司招聘启事”。

（二）正文的写作

启事的标题一般包括缘由、事项和结尾三个要素。

（1）缘由：交代启事的原因、目的等，要简明扼要。

（2）事项：写明启事的具体事项，如内容较多，可采用分条列项的方式，务必交代清楚。

（3）结尾：可补充说明启事的要求。

（三）落款的写作

落款应写明启事的发文单位名称或者个人姓名，并标明日期。有的启事还需要写明单位地址、联系电话、联系人、电子邮箱等。

例文评析

例文 7.14

江西广播电视台2018年招聘启事

为适应我台事业发展的需要，现面向社会招聘专业技术人员，招聘有关事项如下：

一、招聘基本条件

1. 遵纪守法，品行端正；

2. 热爱广播电视事业；

3. 具有应聘岗位所需的专业知识和业务技能；

4. 身体健康，胜任所应聘岗位工作；

5. 国家统招全日制本科及以上学历，并取得学士以上学位；

6. 年龄：研究生不超过35周岁（1983年4月1日以后出生），本科生不超过30周岁（1988年4月1日以后出生）。

二、招聘岗位、人数、职责及条件

（详见附表）

三、招聘流程

网上报名→网上资格初审→现场资格审核、面试→笔试→实习→政审、体检→录用。

四、报名

4月25日起至5月15日18:00止，登陆江西广播电视台招聘平台（http://job.jxradio.cn）在线注册报名。

报名流程：注册账号→登录系统→填写报名表→上传照片→提交资料审查。

每名考生限报一个岗位。考生应保证所填报资料的真实性，如因个人填报信息失实，或不符合报考条件和岗位要求而被取消招聘资格的，由考生本人负责。

五、考试

在南昌进行，时间、地点另行通知。

六、录用人员实行台聘，享受本台正式职工同等待遇，按相关政策办理“五险一金”。

咨询电话：0791-88322430

附:

招聘岗位、人数、职责及条件.xlsx

江西广播电视台人力资源部

2018年4月20日

评析：

这是一份江西广播电视台的招聘启事，标题简短、醒目，能吸引应聘者的目光。正文首先交代了招聘启事的原因和目的，接着写明了启事的具体事项，主要分为招聘基本条件、招聘岗位、招聘流程、报名、考试和待遇六个方面，采用了分条列项的方式，将招聘的有关情况介绍得清清楚楚。最后附上了咨询电话。这篇招聘启事内容完整、名目清晰、语言通俗易懂，是一份合格的招聘启事。

三、启事的写作注意事项

（1）标题要准确醒目。启事的标题应力求简短有力、准确醒目、主旨鲜明，能吸引读者的阅读兴趣。

（2）内容要清楚完整。启事的事项一定要清楚明晰、严密完整，不能有任何遗漏，最好是一文一事、内容单一。

（3）语言要恳切文明。启事的语言要通俗浅显，同时也要热情恳切，力求公众的信任，使更多的公众能够参与进来。

思考与练习

1. 新闻宣传类文书的特性有哪些？
2. 新闻宣传类文书写作的语言风格体现在哪些方面？
3. 新闻评论写作的要点有哪些？
4. 倡议书写作的要点有哪些？

第八章

商务文书写作

本章导读

在现代中国，随着经济的快速发展，商务活动愈加频繁，商务文书的重要性也日益突出。越来越多的人认识到能够撰写合适的商务文书是自身工作的基本要求之一。本章选择了几种最常用的商务文书进行分析，希望广大读者可以借此了解和掌握商务文书的基础知识，从而学会撰写这些商务文书。

第一节　市场调查报告

学习目标

1. 掌握市场调查报告的内涵、特点、类型等基本常识；
2. 掌握市场调查报告的结构与写法；
3. 鉴赏例文，训练写作。

知识链接

一、市场调查

社会主义市场经济条件下，企业面临的竞争异常激烈。市场调查是企业把握市场动态、调整发展战略的重要手段。

（一）市场调查的内容

市场调查的内容主要包括：①市场环境与竞争；②市场需求与供给；③市场推广与营销。

（二）市场调查的常用方法

（1）观察调查法。市场调查人员到销售场所直接观察商品的销售实况，并记录下顾客的购买意向以及对商品的意见或建议。

（2）实验调查法。市场调查人员举办各类销售活动（如试销会、展销会、订货会、博览会等），吸引顾客并获取相关市场信息。

（3）问卷调查法。市场调查人员事先设计好调查问卷，再通过各类方式（如个人访问、开座谈会、电话询问、邮件调查等）发放给顾客，最后回收问卷。

（4）统计分析法。市场调查人员根据企业自身的各类报表（如销售情况表、会计报表等）进行分析研究，获取相关市场信息。

（三）市场调查问卷的结构和特点

1. 问卷结构

（1）编号。如果情况允许，问卷应当编号，便于收集管理。

（2）问卷填写说明。告知被调查者该问卷的目的与要求、注意事项与遵守事项等。

（3）调查内容。这是调查问卷的核心部分，具体项目主要有被调查者的姓名、性别、年龄、民族、文化程度、工作单位、职业、收入、住址、家庭人口、购买意向以及意见或建议等，可随着具体产品的实际情况而更改。

2. 问卷特点

（1）必要性。问题应紧紧围绕着产品的市场调查这个目的而展开，应该每题皆有价值。

（2）准确性。问题应简单明确、选项精当。

（3）可行性。问题应通俗易懂，使得大多数被调查者能够理解并回答。

二、市场调查报告的概念、类别和特点

（一）市场调查报告的概念

市场调查人员运用科学的方法，有目的、有计划地对某个地区或某类产品的市场需求、产品供应和商品销售等情况进行收集整理，并对获得的信息资料进行整理、归纳和分析，最后形成的书面报告就是市场调查报告。市场调查报告是企业决策的重要依据。

（二）市场调查报告的类别

从不同的角度展开，可以把市场调查报告分成不同的种类。为了增强市场调查报告的实用性，最好依照调查对象的不同，大致分成以下五类。

（1）商品调查报告。此类市场调查报告的内容聚焦在产品自身，主要包括产品的商标、设计、功能、定价、包装以及售后服务等方面，它的目标是依据调查得来的信息改进产品，不断地推陈出新，从而得到消费者的青睐。

（2）供求调查报告。此类市场调查报告的内容紧紧围绕着整个市场上该种产品的总的供求关系，试图探索出该产品是否具有生产开发的价值。

（3）销售情况调查报告。此类市场调查报告注重产品的销售方面，主要是反映产品当前的销售情况，并据此预测产品的潜在容量、选择更好的营销手段和销售渠道。

（4）竞争情况调查报告。此类市场调查报告针对的是该企业的产品的竞争对手，调查的是竞争对手的产品情况、市场份额以及销售策略等，学习经验，吸取教训，以期扩大自身的市场份额。

（5）消费者调查报告。此类市场调查报告分析的是消费者，包括消费者的数量、地区分布、购买力、偏好与预期等，它的目的就是把握消费者和市场需求。

（三）市场调查报告的特点

（1）针对性。市场调查报告是为了说明某些情况或者解决某些问题的，有着极为明确的目的，重点突出，必须有的放矢。

（2）纪实性。市场调查报告要从实际出发，其中的人物、数字、资料、事例等容不得一丝虚假，必须绝对真实、准确无误。

（3）超前性。市场调查报告要通过现有信息得出市场的新动向，从而更好地指导企业经营。

（4）时效性。在全球经济一体化的影响下，国内与国际市场形势瞬息万变，市场调查报告一定要迅速及时，才能为企业提供更好的建议与指导。

三、市场调查报告的写作

（一）市场调查报告的基本格式

完整的市场调查报告由标题、摘要、引言、主体、结尾和附录六部分组成，但在具体的操作层面上，摘要和附录经常被省略。

1. 标题的写作

市场调查报告的标题一般有以下两种构成形式。

（1）公文式标题。公文式标题一般由调查单位、调查时间、调查内容以及文种名称组成，如“南昌市2018年度泡沫塑料市场调查报告”。不过，在具体写作中，标题可以适当省略，如“关于房地产市场的调查报告”。

（2）文学式标题。文学式标题多采用正副题的形式，正题点明主旨，副题说明调查的对象和内容，如：“远山的呼唤——关于土家族聚居的樟木村人口素质调查”。

2. 引言的写作

引言也称前言、导言或导语，是对市场调查报告的说明，是正文的前置部分，应当简洁精要。它应当包括调查的目的、对象以及经过（时间、地点、过程、方法）。有时，为了更加简洁，引言也可略去不写。

3. 主体的写作

主体是市场调查报告的核心与关键。撰写者需要在这一部分里，把调查得来的资料信息准确明白地介绍与说明，并在此基础上提出恰当的发展建议。它大致有以下三部分。

（1）情况概述。市场调查报告的情况概述是将调查得来的资料信息等情况表述清楚。一般来说，它包括产品情况（质量与价格）、销售情况和市场份额等情况。它可以全部由文字构成，也可以由文字和图表、图像等一起构成。

（2）分析预测。这一部分是在调查所获信息资料的基础上，进行分析、总结与预测，从而得出市场未来的发展方向与变化轨迹。

（3）建议、措施。市场调查的最终目的是为企业经营提出具体有效的建议与措施，因此，市场调查报告一定要写出为决策者提供的发展建议。

4. 结尾的写作

报告的结尾应当简明扼要，有时也可省略这部分。结尾有多种写法：一是对整篇报告的总结陈词；二是展望未来，激励职员；三是提出问题，发人深省。

（二）市场调查报告的写作要求

市场调查报告的写作要做到以下几点。

（1）做好市场调查。

（2）取舍得当，突出重点。

（3）合理安排表达方式，以叙述、说明事实为主，议论为辅。

（4）语言准确流畅、通俗易懂。

例文评析

例文 8.1

建材市场调查报告

××××年××月××日至××月××日，本人就东北地区卫浴建材市场进行了初步调查，主要走访了沈阳和长春两个地区，集中就目前休闲及整体卫浴品牌在市场终端的销售情况以及东北地区卫浴建材市场的基本状况进行了市场调查。调查的主要目的是分析东北地区卫浴建材市场的整体情况，为下一阶段阿诺玛产品在东北地区的市场推广做针对性的准备，同时为销售决策提供依据。

一、东北地区卫浴建材市场基本概况

随着中国社会经济的飞速发展和中央振兴东北老工业基地政策的深入，东北地区的经济建设一日千里，由此也带动了房地产行业的一派勃勃生机。以沈阳为例，××××年，沈阳地区将陆续有 100 多个楼盘投入使用，预计住宅销售面积将在 1100 万平方米左右，建材及相关销售在 50 亿元以上，卫浴洁具的销售同比将达到 6 亿～8 亿元。加上沈阳对外埠周边城市的辐射，巨大的市场需求和商机吸引了众多商家的目光。

（略）

二、市场调查分析

1. 建材市场调查情况

作为目前沈阳、长春地区休闲及整体卫浴品牌的主要销售地，专业的建材市场是重点调查目标。根据建材市场中休闲及整体卫浴品牌所占的位置、面积、品牌影响力以及销售氛围，又分别对几个休闲及整体卫浴品牌销售的代表性建材市场：沈阳地区的中国家具城、陶林居、衡颐陶瓷城、金龙装潢材料市场、居然之家皇姑店、东北陶瓷城以及长春地区的太阳家居、中东瑞家家居、欧亚卖场等进行调查。

（略）

2. 竞争品牌调查情况

休闲及整体卫浴竞争品牌是本次调查的核心，而作为对于阿诺玛整体卫浴构成竞争力的中、高档品牌中，阿波罗、华美嘉、欧露莎、英皇、益高、浪鲸、尚高、高尔夫等为代表。其表现上都有以下特点：在当地主要建材市场的显著位置设立大规模的专卖店。

（略）

3. 终端促销方式情况

休闲及整体卫浴产品各品牌结合自身的品牌定位和销售策略，在终端都以不同形式的促销方式在扩张市场份额，扩大品牌影响力。而大多数的促销方式都比较单一和雷同，同时旺季、节假日的促销又是其中重点。

（略）

三、市场调查总结

1. 走高端路线的休闲及整体卫浴产品品牌不断涌现，在今后一段时期内肯定成为一种趋势，无论是以休闲卫浴为主导产品的品牌还是以整体卫浴推进的品牌，对于市场的冲击力度不断加大，在终端的争夺将表现得尤为突出，因此阿诺玛在自身发展中将要不断迎接挑战，转变思路，寻找更为适合自己的终端发展路线。

（略）

2. 产品的配套完善不一定代表品牌的实力，不能一味追求配套产品的齐全，更应突出主导产品和拳头产品，在主导产品和拳头产品上投入更多资源，下更多功夫，使产品线更加清晰和优化，形成以点带面的品牌效应。尚高在东北地区乃至全国市场的成功得益于：准确的品牌定位——高端、时尚；清晰的产品线——以点带面，重点突出；完善的产品配套——配套产品精益求精，宁缺毋滥。

3. 在市场推广上，目前沈阳、长春的高档休闲及整体卫浴产品完全是以经销商地区代理的方式，而经销商也只是负责做好本地区的品牌形象推广和产品售卖，基本上没有分销；不存在厂商联合或厂家设仓的方式。在休闲卫浴做批发的只有澳妮斯和澳鑫两个相对比较低端的品牌，工厂也没有参与具体的分销工作。由此造成高档的休闲及整体卫浴在东北地区二级市场的分布极度的不平衡，东北地区二级市场如鞍山、辽阳、丹东、抚顺、锦州、盘锦、吉林、延吉、大庆、牡丹江等地近几年经济发展相当迅猛，也有一批相对比较成熟的经销商队伍和接近成熟的建材市场。

4. 在促销形式上，传统的促销手段依然有其生命力，关键是形式和表现方式上更加体现一个成熟品牌和高端品牌的手法。同时组合促销和会员促销是重要的手段，产品的搭配和组合是发挥整体效果的重要方式，因此促销的源头应从产品本身的资源入手，在开发和设计的环节中就融合进去；而会员制度是品牌化路线的必由之路，完善的、合理的会员制度能成为很好的促销资源发挥的平台。

评析：

本文是一份市场调查报告的范文，包括标题、引言、主体（情况概述、分析预测和建议措施）这几部分，省略了结尾部分。其中，标题采用了公文式，并省去了调查单位和调查时间，只留下调查内容和文种两个要素。引言部分和主体部分掌握的材料异常丰富，论证有理有据，只是建议部分上有些薄弱，需要改动。总体而言，称得上是一篇较好的市场调查报告。

第二节 可行性研究报告

学习目标

1. 掌握可行性研究报告的内涵、特点等基本常识;
2. 掌握可行性研究报告的结构与写法;
3. 鉴赏例文，训练写作。

知识链接

一、可行性研究报告的概念和特点

（一）可行性研究报告的概念

可行性研究报告，又称可行性分析报告，是对拟开发项目进行调查、分析，从而论证其可行性和效益性的供领导决策的一种书面报告。

（二）可行性研究报告的特点

（1）预测性。可行性研究报告是对将要立项的项目进行分析论证，它通过对过去的和现在的情况研究，从而预测出未来的方向。

（2）科学性。可行性研究报告是建立在科学调查、科学研究、科学论证以及科学预测基础之上的，数据指标经过了认真深入的调查研究和严格的科学计算，真实可靠，客观科学。

（3）建议性。可行性研究报告要对研究对象进行系统全面的分析，在此基础上提出多种方案和措施，再反复比较与推算，最终决定最佳方案。

二、可行性研究报告的写作

（一）可行性研究报告的基本格式

一般情况下，可行性研究报告的格式是标题、正文、落款和附件。但是如果可行性研究报告容量很大，则通常设置目录，放在正文之前。

1. 标题的写作

可行性研究报告的标题，可以有两种写法。

（1）公文式标题。基本格式为“单位＋项目＋文种”，可以省略单位。如“光明造纸厂建设新址的可行性研究报告”“建设小塘村公路的可行性研究报告”。

（2）文章式标题。这类标题与一般的文章标题差不多，是可行性研究报告标题的变种。这类标题即是结论，直截了当，十分清楚。如“建设城乡公路利国利民”。

2. 正文的写作

可行性研究报告的正文，大致由前言、主体和结论三部分构成。

（1）前言。可行性研究报告的前言是概括介绍拟开发项目的具体情况（名称、背景、依据、目的、范围、意义等）和承担单位的情况（名称、负责人等）。

（2）主体。主体部分是报告的核心，主要是分析论证拟开发项目的可行性。其中，分析论证的内容可以有市场、技术、组织、选址、资金、效益、风险、环保等，可依据具体项目删减。

（3）结论。可行性研究报告的结论是对整篇报告的概括和总结，得出拟开发项目是否可行的结论，也可提出意见或建议。

3. 落款的写作

落款位于正文右下方，由名称和日期组成。名称可以是单位名称，也可以是撰写者的姓名。

4. 附件的写作

图表、图纸等材料是分析论证的重要依据，不能省略，也不适合放入正文，故做附件处理，附在最末。但有些可行性研究报告没有这些东西或较少，则可酌情省略或移入正文。

（二）可行性研究报告的写作要点

（1）做好准备工作。撰写者必须事先调查，在全面细致的调查基础上开展研究工作，做到心中有数。当然，撰写者也最好有相关的知识储备，对该项目涉及的领域有一定的了解。如果项目涉及的领域比较广，则撰写者需要询问专家，虚心学习。

（2）实事求是，科学研究。报告中的数据和资料必须完全真实正确，不能弄虚作假，任意篡改。撰写者要反复核对，确保真实有效。撰写者还需掌握科学的研究方法，运用系统全面的分析与论证，对该项目的可行性做出准确的判断，最终得出结论。

（3）关注社会效益。可行性研究报告不仅要考虑获得更大的经济效益，更需要关注该项目的社会效益，如环保、岗位等方面，争取做到在保证经济效益的基础上为社会做出更多的贡献。

例文评析

例文 8.2

××有限公司“离心机”技术改造可行性研究报告

一、总论

（一）项目背景及项目概况（略）

（二）项目承担企业产品质量、技术水平、生产能力、生产工艺及装备现状，与国内外先进水平的比较（略）

（三）项目建设必要性（略）

二、发展规划、产业政策、行业准入和市场分析

（一）发展规划、产业政策、行业准入分析（略）

（二）市场分析（略）

三、建设规模与产品方案

（一）建设规模（略）

（二）产品方案（略）

四、厂址现状及建设条件

（一）厂址现状及建设条件、用地方案（略）

（二）现有场地利用情况（略）

（三）土地利用合理性分析（略）

五、技术方案、设备方案和工程方案

（一）主要设备方案（略）

（二）工程方案（略）

（三）技术方案、生产工艺流程及装备水平（略）

六、主要原材料供应、资源开发及综合利用分析

（一）主要原材料供应（略）

（二）资源开发和利用方案（略）

（三）资源节约措施（略）

七、总图、运输与公用辅助工程

（一）总图布置（略）

（二）场内外运输（略）

（三）公用辅助工程（略）

八、节能措施

（一）能耗状况和能耗指标分析（略）

（二）节能措施和节能效果分析（略）

九、环境影响分析

（一）厂址环境条件和现状（略）

（二）项目建设和生产对环境的影响（略）

（三）环境保护措施方案（略）

（四）环境保护投资（略）

（五）环境影响评价（略）

十、劳动安全卫生与消防

（一）危害因素与危害程度（略）

（二）安全措施方案（略）

（三）消防设施（略）

十一、投资估算及资金筹措

（一）投资估算表（略）

（二）资本金筹措（略）

（三）债务资金筹措（略）

（四）申请专项资金的主要原因和政策依据（略）

十二、财务分析及评价结论

（一）不确定性分析（略）

（二）财务评价结论（略）

（三）项目风险分析（略）

十三、经济和社会影响分析

（一）项目的影响（略）

（二）项目社会影响分析（略）

（三）项目与所在地互适性分析（略）

（四）社会评价结论（略）

十四、结论

（略）

××有限公司项目工作组

××××年××月××日

附件（略）

评析：

本文是一篇可行性研究报告。从总体结构上来说，本报告标题、正文、落款、附件俱全。正文部分的前言、主体和结论也一应俱全。结构非常完整，内容也极为丰富，符合可行性研究报告的要求，是一篇较好的范文。

第三节　经济活动预测报告

学习目标

1. 掌握经济活动预测报告的内涵、特点、作用等基本常识；
2. 掌握经济活动预测报告的结构与写法；
3. 鉴赏例文，训练写作。

知识链接

一、经济活动预测报告的概念、特点和作用

（一）经济活动预测报告的概念

经济活动预测报告，是对未来某一时期中某一地区或领域的经济活动情况的变化做出预测而形成的书面报告。

（二）经济活动预测报告的特点

（1）预见性。经济活动预测报告是通过对经济的现状进行分析而形成的对未来的预测，具有预见性。

（2）全面性。经济活动与政治活动和文化活动等息息相关，而其自身也有完善的系统构成，因此，要对未来的经济活动做出准确的预测，就必须从多个方面入手，紧密结合多种因素。

（3）建议性。经济预测报告的价值在于可以为决策者提供建议，指导决策者做出符合经济趋势的决定。

（4）时效性。经济活动预测报告一定要把握时间，及时地对未来的经济活动做出预测。

（三）经济活动预测报告的作用

经济活动预测报告具有预测、指导和调整的作用。经济活动预测报告对经济活动做出预测，为决策者提供指导，决策者从而调整生产。

二、经济活动预测报告的写作

（一）经济活动预测报告的基本格式

通常情况下，经济活动预测报告由标题、正文和落款三部分组成。

1. 标题的写作

经济活动预测报告的标题需要反映预测对象、预测时间和预测结果这三方面，有时可以省略时间，有时可以省略结果。

2. 正文的写作

经济活动预测报告的正文通常情况下由导语、情况介绍、分析预测和建议组成。

（1）导语。导语部分通常简明扼要地概述预测的对象、时间和原因等方面内容，也可以提示预测的结果。

（2）情况介绍。此部分注重于预测对象的历史情况与现况。撰写者必须把握翔实的资料数据，选取真实典型的资料，呈现在此。某些情况下，导语部分和情况介绍部分可以合并。

（3）分析预测。这部分是报告的重中之重。撰写者要在情况介绍的基础上进行科学合理的研究分析，从而对该经济活动的变化做出预测。

（4）建议。预测的最终目的是为决策者提供有价值的建议，指导决策者调整生产或经营。这部分是在预测部分的基础上，针对决策者的立场与情况而形成的。

3. 落款的写作

落款位于正文右下方，由名称和日期组成。名称可以是单位名称，也可以是撰写者的姓名。

（二）经济活动预测报告的写作要求

（1）做好准备工作。撰写者要牢牢把握预测对象，针对对象收集真实的资料数据。

（2）客观科学的分析。撰写者必须在资料数据基础上做出客观科学的分析，不能牵强附会，也不能故弄玄虚。

（3）实用有效的建议。报告提出的建议应当实用、切合实际、可操作性强，而不是空话、套话。

例文评析

例文 8.3

中国老年经济大有可为

迈入老龄化时代，日益庞大的老年群体蕴含的巨大消费潜力，使老年经济有望成为一个新的经济增长点，目前还没有对“老年经济”这一概念的确切定义，一般广义指所有涉及老年人的经济活动，“老年产业”是其重要的部分。

老年产业，国外称为银色产业或健康产业，是随着人口老龄化而发展起来的一个新型产业，是为老年人口提供产品或服务、满足其衣食住行用以及精神文化等方面需求的综合性产业体系。老年产业包括老年产品制造业、老年生活护理服务业、老年金融保险业、老年休闲服务业、老年房地产业等。老年产业的兴起是人口老龄化的必然结果。

我国 2015 年 60 岁以上的老人已经达到了 2.2 亿人，占总人口的 16%左右，老龄化速度比较快。老年人口在医疗、照料、护理、康复等方面的需求快速增长，给卫生资源和服务资源都带来巨大的新的挑战。

老龄化人口的急剧增长背后，蕴藏着养老产业的巨大市场空间。未来几年，老年人市场消费将达到 5 万亿元以上，其中，老年用品消费能力近年已达到 1 万亿元。按照国际通行的 5%老年人需要进入机构养老标准，我国至少需要 800 多万张床位，仅床位建设就有 3000 亿元的市场空间，再加上康复设施、培训基地等，还可拉动至少 1500 亿元的投资；从就业角度来看，我国现有 3000 万失能和半失能老年人，至少需要 1000 万个专兼职护理员，而目前全国有资质的养老护理员才 2 万人，就业空间很大。然而，这么大的商机却遭到了国内商家的冷遇。一方面，老年人消费需求非常旺盛；另一方面，针对老年人的产品和服务的供给严重不足，老年消费市场严重滞后于人口老龄化的发展趋势。

“十三五”规划中，政府将加快养老保险改革，完善职工养老保险个人账户制度，实现职工基础养老金全国统筹，丰富社会保险基金收入来源渠道，渐进式延迟退休年龄，加快发展补充养老保险，建立基本养老金合理增长机制。我国老年经济有望迎来新一轮的快速增长期，建议企业抓紧机遇，投入到老年产业中来。

评析：

本文是一篇比较简单的经济活动预测报告。虽然篇幅较为短小，但是结构完整、论点突出，引用的数据权威专业，具有很强的说服力。建议部分应该再具体一点，更加展开。大体来说，这是一篇合格的经济活动预测报告。

第四节　财务分析报告

学习目标

1. 掌握财务分析报告的内涵、类型等基本常识；
2. 掌握财务分析报告的结构与写法；
3. 鉴赏例文，训练写作。

知识链接

一、财务分析报告的概念和类别

（一）财务分析报告的概念

财务分析报告，是企业对自身的财务活动进行分析研究而形成的书面报告，一般包括固定资产的使用情况和使用效率，流动资金的使用情况和效率情况，负债情况和偿债能力，等等。

（二）财务分析报告的类别

依据内容、范围的不同，财务分析报告可分为综合分析报告、专题分析报告和简要分析报告三种。依据时间的不同，财务分析报告可分为定期分析报告与不定期分析报告两种。

二、财务分析报告的写作

（一）财务分析报告的基本格式

财务分析报告的基本格式是标题、正文和落款。

1. 标题的写作

标题没有统一的格式和标准，撰写者要依据报告的具体内容而拟题。

2. 正文的写作

通常情况下，财务分析报告的正文由四部分组成。

（1）概括说明。综合概括该企业的基本情况。

（2）具体说明。撰写者要在这部分具体介绍企业的财务现状，并酌情突出重要事项。

（3）分析评价。分析研究该企业的运营情况，找出问题，并从正反两方面客观公正地评价企业的财务状况。

（4）提出建议。撰写者要在问题的基础上提出具体的建议和措施，最好形成一套方案。

3. 落款的写作

落款位于正文右下方，由名称和日期组成。名称可以是单位名称，也可以是撰写者的姓名。

（二）财务分析报告的写作要点

（1）积累足够的资料。撰写者必须掌握大量的数据资料，并将这些资料分门别类地安排好，以便撰写使用。

（2）态度客观公正。

（3）建议要切实可行。

（4）语言简明，逻辑清晰。

例文评析

例文 8.4

××有限公司月度财务分析报告

一、财务状况总体评述

1. 公司整体财务状况（略）

2. 行业竞争对手对比（略）

二、财务报表分析

（一）资产负债表分析

1. 资产状况及资产变动分析（略）

2. 流动资产结构变动分析（略）

3. 非流动资产结构变动分析（略）

4. 负债及所有者权益变动分析（略）

（二）利润表分析

1. 利润总额增长及构成情况（略）

2. 成本费用分析（略）

3. 收入质量分析（略）

（三）现金流量表分析

1. 现金流量项目结构与变动分析（略）

2. 现金流入流出结构对比分析（略）

3. 现金流量质量分析（略）

三、财务分项分析

（一）盈利能力分析

1. 以销售收入为基础的利润率分析（略）

2. 成本费用对盈利能力的影响分析（略）

3. 收入、成本、利润的协调分析（略）

4. 从投入产出角度分析盈利能力（略）

（二）成长性分析

1. 资产/资本增长稳定性分析（略）
2. 利润增长稳定性分析（略）

（三）现金流量指标分析

1. 现金偿债比率（略）
2. 现金收益比率（略）

（四）偿债能力分析

1. 短期偿债能力分析（略）
2. 长期偿债能力分析（略）

（五）经营效率分析

1. 资产使用效率分析（略）
2. 存货、应收账款使用效率分析（略）
3. 营运周期分析

（六）经营协调性分析（略）

1. 长期投融资活动协调性分析（略）
2. 营运资金需求变化分析（略）
3. 现金收支协调性分析（略）
4. 企业经营的动态协调性分析（略）

四、综合评价分析

（一）杜邦分析（略）

（二）经济增加值（EVA）分析（略）

（三）财务预警-Z计分模型（略）

五、财务建议与措施

（略）

××有限公司财务部

××××年××月××日

评析：

这篇财务分析报告结构完整，标题、正文、落款俱全，正文部分的内容极为丰富，用详细的数据涵盖了概括说明、具体说明、分析评价与提出建议这四方面的内容，并糅合成特色结构，是一篇很好的财务分析报告。

第五节 商务合同

学习目标

1. 掌握商务合同的内涵、特点等基本常识；
2. 掌握商务合同的结构与写法；
3. 鉴赏例文，训练写作。

知识链接

一、商务合同的概念和特点

（一）商务合同的概念

《中华人民共和国合同法》中对合同的表述如下：合同是平等主体的自然人、法人、其他组织之间设立、变更、终止民事权利义务关系的协议。

商务合同，是平等主体的自然人、法人、其他组织之间为了特定的经济目的，基于相关法律规定和平等、友好协商形成的商务协议。

（二）商务合同的特点

（1）合法性。商务合同的签订必须守法，依法成立的合同受法律保护，违法的商务合同无效。

（2）合意性。商务合同要反映当事人的真实意愿。

（3）平等性。当事人之间的地位平等，通过欺诈、胁迫等非法手段签订的商务合同是没有法律效力的。

（4）规范性。商务合同有着固定的格式要求，语言表述更是要规范。

二、商务合同的写作

（一）商务合同的格式要素

通常情况下，完整的商务合同的格式要素是首部、正文、尾部和附件。

1. 首部的写作

首部的内容包括标题、当事人基本情况、合同基本情况。

（1）标题。标题要标明合同性质，如“租赁合同”“买卖合同”等。标题一般由事项和文种组成，也可以标明当事人，如“购房合同”“××公司劳动合同”。标题位于首行正中。

（2）当事人基本情况。它包括单位名称或者个人姓名及住所，位于标题的左下方，分行并列。单位名称一定要写全称，不能使用简称。如：

南昌市时鲜果品公司（以下简称甲方）

南昌市新鲜果园（以下简称乙方）

或：

甲方：________________

乙方：________________

（3）合同基本情况。它包括合同编号，合同签订的地点、时间，位于标题的右下方，分行并列。合同编号，如“合字第××号”。签订地点，如“××市××宾馆会议厅”。签订时间，写明××××年××月××日。

2. 正文的写作

正文一般由序言和主体两部分组成。

（1）序言。序言是对订立合同的依据和目的的概括，言简意赅，也可省略。如，“为保证双十一促销活动顺利进行，甲乙双方代表经平等协商，订立以下条款，以资共同恪守。现制订合同如下”。

（2）主体。主体是合同的具体条款，通常包括标的，数量和质量，价款和酬金，履行的期限、地点和方式，违约责任五项内容。

①标的。标的是当事人的权利与义务所指的对象。它可以是物，也可以是成果、货币等。起草合同时必须写明合同的标的，且标的必须合法。

②数量和质量。标的的数量必须有统一的计量方法和单位；标的的质量如有相关标准，则按标准制定，如没有相关标准，则当事人协商决定。数量与质量一定要清楚明白。

③价款和酬金。价款，是指买方向卖方购买标的所支付的单价和总金额。酬金则指服务接收方付给服务提供方的报酬金额。合同中也要规定结算方式，对外贸易合同则要注意货币单位。

④履行的期限、地点和方式。履行期限指履行合同的有效期限，当事人必须按时履行合同。履行地点指履行合同（交货、验货）的具体地点。履行方式主要有时间方式、行为方式和结算方式。

⑤违约责任。商务合同必须标明当事人各自的违约责任，主要内容有违约的认定与赔偿的支付这两方面。赔偿的支付包括违约金和赔偿金的金额、支付方式和支付时间等方面。

3. 尾部的写作

合同的尾部一般包括合同的有效期限、份数及保存、落款和附件。落款的内容主要有单位全称及代表人姓名（签名并盖章）、开户银行及账号、地址及邮编、电话、日期等。附件视情况而定，也可以省略。

如：

本合同一式三份，甲乙双方各执—份，鉴证机关一份。本合同自签订之日起生效，至双方义务履行完毕之日失效。

甲方：×××××××××××（公章）	乙方：×××××××××××（公章）
代表：×××××××××××（印章）	代表：×××××××××××（印章）
开户银行：×××××××××	开户银行：×××××××××
账号：×××××××××××	账号：×××××××××××
地址：×××××××××××	地址：×××××××××××
电话：×××××××××××	电话：×××××××××××

鉴证机关：×××××（公章）

签订日期：××××年××月××日

附件：×××××××××××

（二）商务合同的写作要求

（1）遵守法律，内容合法。商务合同的内容必须合法，不能与有关法律法规相抵触。

（2）条款完备，表达准确。要涵盖《中华人民共和国合同法》中规定的基本条款，而且其语言表达不能有歧义，金额必须有大写。

（3）格式整齐，书写规范。必须遵守商务合同的标准格式，不能任意涂改。如真的需要涂改，可将修改意见做附件。如在原件上涂改，则涂改处必须盖上双方公章。

例文评析

例文 8.5

劳务合同

签订日期：________年________月________日

甲方：______________________________有限公司

乙方：____

性别：____

家庭住址：__________________________________

鉴于甲方业务发展的需要，雇用乙方为________________有限公司提供劳务服务，经双方协商订立正式《劳务雇佣合同书》如下：

一、合同期限

第一条　本合同于________年________月________日生效，期限________年，其中试用期至________年________月________日止。

如双方需要，可在合同期满前一个月协商续签劳务雇佣合同。如合同期已满，双方不再续签合同，但受雇方从事的有关工作和业务尚未结束，则合同应顺延至有关工作业务结束。

二、甲、乙双方的义务和责任

第二条　乙方同意根据甲方工作需要，承担__________________________岗位（工种）工作。

第三条　乙方工作应达到甲方规定该岗位职责的要求和甲方对该岗位之特别规定（详见《岗位责任书》）的标准。

第四条　乙方每周工作时间为________天，每天工作________小时；乙方应按照工作职责保证完成甲方规定的工作和任务。

第五条　乙方应接受甲方的绩效考核。

第六条　未经甲方许可，乙方不得承接与乙方职责相关的个人业务。

第七条　甲方应向乙方提供乙方所承担工作中必需的工作条件。

第八条 按国家有关规定缴纳的各类社会劳动保险费用及乙方档案，均由乙方原单位保管缴纳。

第九条 乙方应严格遵守本合同的附加条款。

三、劳务报酬

第十条 甲方每月11日前以货币形式支付乙方劳务报酬，标准为_______元/月或按董事会拟定的标准额执行。

乙方在试用期间的劳务报酬为转正后的80%～90%或双方约定。

甲乙双方对劳务报酬的其他约定__________________________。

甲方在以下情况有权扣除乙方相应额度的劳务报酬：1.因乙方的过失给甲方造成经济损失的；2.乙方违反甲方管理制度的；3.双方约定的其他情况。

四、合同的终止与解除

第十一条 合同期满如未续签，则视为《劳务雇佣合同书》自行终止，双方应及时办理相关手续。

第十二条 经甲乙双方协商一致，本合同可以解除。

第十三条 乙方有下列情形之一，甲方可以解除本合同：

（一）在试用期间被证明不符合录用条件的；

（二）严重违反甲方有关规定及按照本合同约定可以解除劳务合同的；

（三）严重失职，营私舞弊，对甲方利益造成重大损害的；

（四）被依法追究刑事责任的。

五、双方约定的其他内容

第十四条 甲乙双方约定本合同增加以下内容：

（一）乙方有义务向甲方提供真实的个人信息与相关证明，并如实填写《劳务人员登记表》，否则甲方有权随时解除本合同，并且不给予经济补偿。

（二）甲方有权对公司的有关规定进行修改、完善。修改后的内容对本合同具有同等效力。

（三）甲方可以在合同有效期内，根据需要调整乙方的岗位职责和工作范围，劳务报酬等事项也将做出相应调整。乙方愿意服从甲方的安排。

（四）乙方在合同期内承担的甲方工程项目中的工作及责任的，在该项目未结束前，乙方不得未经甲方同意擅自离职。

（五）甲方将定期或不定期对乙方进行工作绩效考核，考核不合格者，甲方有权解除或终止本合同。

（六）本合同到解除日期时，乙方应按照《_______________有限公司员工手册》中的离职制度办理离职手续，否则甲方有权扣除或拒绝支付乙方劳务报酬。

第十五条 本合同一式两份，甲乙双方各执一份。

甲方（盖章）：_______________ 乙方（签字）：_______________

法人或委托代理人：___________ 法人或委托代理人：___________

签字或盖章：_______________ 签字或盖章：_____________

签订日期：______________ 签订日期：______________

评析：

本文是一份劳务合同。格式也存在因合同的具体内容而改动的部分，但内容比较完整，甲乙双方的义务和责任十分清晰，语言精当准确，简明易懂，总的来说还是较为规范的，是一份合格的商务合同。

第六节 商务信函

学习目标

1. 掌握商务信函的内涵、特点、类型等基本常识；
2. 掌握商务信函的结构与写法；
3. 鉴赏例文，训练写作。

知识链接

一、商务信函的概念、特点和类别

（一）商务信函的概念

商务信函，是企业在生产经营活动中和其他单位进行商务交流与沟通时使用的一种简便书信。

（二）商务信函的特点

（1）礼仪性。商务信函必须遵守交际原则，讲究礼节礼仪。
（2）目的性。商务信函有明确的目的性，内容集中，主题突出，短小精悍。
（3）灵活性。商务信函种类繁多，可依据不同目的和对象使用不同的写法。

（三）商务信函的类别

依据信函的具体目的和对象的不同，商务信函可以细分为很多种类，主要有推销产品函、业务联络函、业务变更函、索取样品函、答复客户建立贸易关系函、询价函、报价函、还价函、接受报价函、订购函、确认订购函、装运通知函、催款函、索赔函、理赔函、投诉处理函等。

二、商务信函的写作

（一）商务信函的格式要素

（1）外在形式。商务信函最好使用带有企业商标等标识的信封和信纸。信纸的尺寸通常采用 A4 规格，颜色一般用白色，也可以使用企业的代表颜色。

（2）内在内容。通常情况下，商务信函的内容包括信头、正文和信尾三部分。

①信头。信头部分包括标题和收信人。

②正文。正文部分由应酬语、主体和结尾语组成。应酬语，如“惠书敬悉，不胜感激”等。主体叙述具体事务。结尾语，如“特此函复，即请查照”等。应酬语和结尾语有时可以省略，但最好保留。

③信尾。信尾部分包括祝颂语、署名、日期和附件四部分。祝颂语，如“顺颂商祺”等，也可省略。署名必须完整，有时为表敬意，署名后可加“敬呈”“谨上”等谦辞。附件视情况而定，可以省略。

（二）商务信函的写作要求

（1）目的明确，主题突出。商务信函必须紧紧围绕着具体某项商务活动展开，不必像私人信件那样有太多无关紧要之事。而该项商务活动的具体信息，也必须有针对性地交代清楚。

（2）态度诚恳，内容真实。商务信函中的内容涉及经济责任，必须真实有效，不能弄虚作假。

（3）讲究礼貌，谦恭有礼。商务信函的用词要谦虚，符合礼貌的交际原则。

（4）语言朴素，格式规范。商务信函的语言不需要太过华丽，简单朴素即可，但是基本的格式必须有，且要讲究规范。

例文评析

例文 8.6

投诉处理函

××市××贸易有限公司：

贵公司××××年××月××日函收悉。函中所诉××××年××月××日《购买电脑桌合同》中，所收的 35 套黄花牌电脑桌部分出现接口破裂一事，深表歉意，此事已引起我方高度重视，现已就此事进行调查。

经有关部门查实：我厂生产的××××型黄花牌电脑桌，出厂时，经质检部门检验全部为优质产品。函中所提的部分电脑桌出现接口破裂，是由于我方工人在出仓时搬运不慎造成的。对贵公司的损失，我公司再次深表歉意，并请贵公司尽快提供电脑桌受损的详细数字及破损程度，以及公证人证明和检验证明书，我公司将以最快的速度按实际损失给予无条件赔偿。

对此，我们将引以为戒，查找工作中存在的问题和不足，制订改正措施杜绝此类事件的发生。希望能够得到贵公司谅解，继续保持良好的贸易往来关系。

候复。

××市××家具有限公司

××××年××月××日

评析：

本文是一封较为规范的商务信函，虽然省略了一些格式，但无伤大雅，商务信函必有的内容一应俱全，而且语言十分精练，态度很是诚恳，对所处理的商务事件很有帮助，是一封较好的商务信函。

第七节　产品说明书

学习目标

1. 掌握产品说明书的内涵、特点等基本常识；
2. 掌握产品说明书的结构与写法；
3. 鉴赏例文，训练写作。

知识链接

一、产品说明书的概念和特点

（一）产品说明书的概念

产品说明书，也称产（商）品使用说明书，是生产者向消费者说明该产品的成分、性质、功能、使用方法和注意事项等相关知识的书面材料。

（二）产品说明书的特点

（1）真实科学，知识丰富。产品说明书的最基本要求就是内容真实、符合科学。它必须准确地描述该产品的本质，不能弄虚作假。

（2）简单明了，有条有理。为了让消费者更快地掌握该产品，产品说明书必须简洁明了地说明该产品的成分、性质、功能、使用方法和注意事项等内容，有条有理。

二、产品说明书的写作

（一）产品说明书的格式

（1）标题。产品说明书的标题一般由产品名称与文种组成，如“云南白药说明书”。有时文种可以省略，如“云南白药创可贴”。有时产品名称前可加商标与型号。

（2）目录。篇幅较短的产品说明书一般没有目录，但是篇幅较长的产品说明书需要目录，视具体情况而定。

（3）正文。正文是产品说明书的主体，是对产品的情况进行具体说明。正文常用条文式，通常包括产品的性能、技术指标、结构特征、使用方法、注意事项这些内容。详细的产品说明书还可以介绍厂家的历史、水平、设计原理、适应范围等。

（4）落款。落款部分要写清生产厂家的名称、地址、联系方式、售后服务等内容。

（二）产品说明书的写作要求

（1）科学客观，真实可靠。撰写者必须秉持科学态度，根据产品的真实情况编写说明书，不可弄虚作假，为了扩大知名度而信口开河。

（2）抓住重点，针对性强。产品说明书的编写要抓住该产品的优势和特征，并表述清楚，有针对性地向消费者介绍自身产品。

（3）专业严谨，通俗易懂。产品说明书要将专业和通俗结合起来，既要以严谨的态度编写，又要考虑到广大消费者的接受能力，使用通俗易懂的语言。

例文评析

例文 8.7

板蓝根颗粒说明书

请仔细阅读说明书并按说明使用或在药师指导下购买和使用

【药品名称】

通用名称：板蓝根颗粒

汉语拼音：Banlangen　keli

【成分】板蓝根。辅料为：蔗糖、糊精。

【性状】本品为浅棕黄色至棕褐色的颗粒；味甜、微苦。

【功能主治】清热解毒，凉血利咽。用于肺胃热盛所致的咽喉肿痛、口咽干燥；急性扁桃体炎见上述证候者。

【规格】每袋装 10 克（相当于饮片 14 克）。

【用法用量】开水冲服。一次 5～10 克（含蔗糖），一日 3～4 次。

【不良反应】尚不明确。

【禁忌】尚不明确。

【注意事项】

1. 忌烟酒、辛辣、鱼腥食物。
2. 不宜在服药期间同时服用滋补性中药。
3. 糖尿病患者及有高血压、心脏病、肝病、肾病等慢性病严重者应在医师指导下服用。
4. 儿童、孕妇、哺乳期妇女、年老体弱、脾虚便溏者应在医师指导下服用。
5. 扁桃体有化脓或发热体温超过 38.5℃的患者应去医院就诊。
6. 服药 3 天症状无缓解，应去医院就诊。
7. 对本品过敏者禁用，过敏体质者慎用。
8. 本品性状发生改变时禁止使用。
9. 儿童必须在成人监护下使用。
10. 请将本品放在儿童不能接触的地方。

11. 如正在使用其他药品，使用本品前请咨询医师或药师。

【药物相互作用】如与其他药物同时使用可能会发生药物相互作用，详情请咨询医师或药师。

【贮藏】密封。

【包装】双向拉伸聚丙烯/真空镀铝流延聚丙烯或聚酯/低密度聚乙烯药品包装用复合膜袋包装，每袋装10克，每包装××袋。

【有效期】36个月。

【执行标准】《中国药典》2015年版一部。

【批准文号】国药准字Z××××。

【说明书修订日期】2015年12月01日。

【生产企业】

企业名称：××××

生产地址：××××

邮政编码：××××

电话号码：××××

传真号码：××××

网址：××××

评析：

本文是一篇药品的使用说明书，它针对产品的名称、成分、性状、功能主治、规格、用法用量、不良反应、禁忌、注意事项等具体情况进行了详细的说明，具有一般产品说明书的基本要素，条理也十分清晰，符合科学，对消费者具有很好的指导作用。

思考与练习

1. 商务文书的内涵、特点和类型有哪些？
2. 市场调查报告写作的重点有哪些？
3. 可行性研究报告与经济活动预测报告的异同有哪些？
4. 商务合同的要点有哪些？

第九章

教育科研文书写作

本章导读

什么是教育科研文书？教育科研文书有哪些种类？又有何作用？

本章着重从与教学活动密切相关的教案、说课稿、毕业论文、实验报告入手，探讨各种教育科技文书的格式要素与写作要求，以期达到教育科研文书的规范化要求。

第一节　教育科研文书概述

学习目标

1. 了解教育科研文书的概念、种类及作用，加深对教育科研文书的理解；
2. 掌握教育科研文书格式要素，并逐步养成切实、严谨、规范的文风。

知识链接

一、教育科研文书的概念

教育科研文书有广义和狭义之分。

广义的教育科研文书是各级教育行政机关、各类学校以及广大教师，在行使管理职权、处理日常工作、开展教学活动时使用的，具有直接效用和规范体式的文书。

狭义的教育科研文书一般是指广大教师在开展教学、科研活动时使用的，以具体的教学、科研活动为指向的，具有直接效用和规范体式的文书，又可称之教研文书。

二、教育科研文书的种类

教育科研文书有以下几类。

（1）教研文书。包括课程教学大纲、课程教学计划、教案、说课稿、试卷分析报告、实习计划、科研项目立项申报书、学年论文、毕业论文、毕业设计、实验报告等。

（2）教育制度文书。包括教育条例、教育规定、教务工作规定、教材管理办法、教学管理规程、教师考核制度、旁听课管理办法、学生守则、学生考勤请假制度、考场规则、监考守则、奖学金条例、助学金使用办法、借书规则、阅览室制度等。

（3）教育管理文书。包括教育评估报告、教学评估报告、专业建设申报书、人才培养计划、教学工作计划、教学工作总结等。

三、教育科研文书的作用

教育科研文书广泛地被教育工作者使用，其作用大致包括以下几个方面。

（1）促进教育管理。教育科研文书中有大量的管理文书、制度文书，多维度地对涉及教育事业的相关学校、教师、员工、学生等进行有效的管理，以此维护教育事业的有序发展。

（2）规范教学行为。教研文书围绕具体的教学、科研活动而设置了多种文种，从课程建设的宏观设计到课堂教学的微观操作，对广大教师的教学行为都有着非常规范的要求。

（3）推动科研活动。教研文书中还有一系列与科研活动相关的文种，不仅为学生提供了科研活动的良机，也可以让教师在辅导过程中实现提升，有效地推动了科研活动。

第二节 教　案

学习目标

1. 掌握教案的内涵、特点、类型等基本常识；把握教学设计与教案的辩证关系；
2. 掌握教案的结构与写法；
3. 鉴赏例文，练习写作。

知识链接

一、教案的概念与种类

（一）教学设计与教案的概念

教学设计是依据现代教育理论等相关理论与技术，在明确学习需要、学习者特征及教学目标的基础上，选择和规划教学内容、教学方法、教学手段、教学情境、教学评价并提出明确的实施方案的系统过程。其本质是创设有效的教学系统。

教案就是教学方案，是教师为顺利而有效地开展教学活动，根据课程标准、教学大纲、教科书目等标准，依据课堂教学的时间、目标、对象、环境等实际情况而设计制订的，包括教学重点、教学难点、教学内容、教学步骤、教学方法等内容的教学实施方案，是教育教学工作中最为常见的应用文。

教学设计与教案具有明显的相同点。两者都是围绕着课堂教学质量的提升，通过钻研教学大纲、分析教学内容、把握教学对象、运用教学方法等方式来实现对课堂教学的计划、规划，很多时候会将两个概念模糊通用。但两者也有明显的不同。教学设计侧重于过程，是从教学大纲分析、学生分析到教师确定教学方案的过程，是教案制订的基础；教学方案是教学设计的必然结果，是教师向学生实施教学过程的计划、方案。很明显，要确保课堂教学质量，既要有高水平的教学设计，更要在高水平的教学设计的基础上形成切实可行的教学方案，即教案。

（二）教案的种类

从内容的详略来分，教案有详案、简案、微案；从表现形式分，教案有文字式、程序式、表格式；从制作的载体和工具看，教案有传统教案（纸质教案）、卡片教案、电子教案。

（三）教案的特征

教案具有以下几个特征。

（1）计划性。教案中对每个课题或每个课时的教学内容，教学步骤的安排，教学方法的选择，板书设计，教具或现代化教学手段的应用，各个教学步骤、教学环节的时间分配，等等，都要经过周密考虑，精心设计而确定下来，体现着很强的计划性。

（2）科学性。一个好教案首先要依标合本，具有科学性。所谓符合科学性，就是教师要认真贯彻新课标精神，按教材内在规律，结合学生实际，自觉地运用教育教学理论，来确定教案的教学目标、重点、难点、教学过程等内容，避免出现知识性错误。那种远离课标、脱离教材、不顾学情、随心所欲的教案是不允许的。

（3）创新性。一方面指教师在自己钻研教材的基础上，广泛地涉猎多种教学参考资料，向有经验的教师请教，而不要照搬照抄，对别人的经验要经过一番思考、消化、吸收，然后结合个人的教学体会，从而写出自己的教案。另一方面指素质教育要有创新精神，以课堂教学的新理念、新思路、新方法去设计教案，使其符合不断发展的时代要求和学生的个性成长，有利于学生创新精神的培养。

（4）变化性。由于学生思维能力不同，对问题的理解程度不同，常常会提出不同的问题和看法，在这种情况下，教学进程有可能离开教案所预想的情况，为鼓励学生的学习热情，教师要根据现场情况改变原先的教学计划和方法，启发学生的思维，针对疑点积极引导。针对这种情况，教师在备课时，应充分估计学生在学习中可能提出的问题，确定好重点、难点、疑点和关键，要考虑几种应对方案。

二、教案的结构要素

教案的类型千变万化，所包含的要素也会略有区别。但一般来说，一份教案的结构要素大致应包括以下方面。

（1）课题：说明本课名称或本课所教课文的标题。

（2）教学目标：说明本课所要完成的教学任务或所要达到的教学要求。

（3）课型：说明本课的性质，如讲授新知识或复习、练习课程等。

（4）教学课时：说明本课所需课时数、本节课为第几课时。

（5）教学重点：说明本课所必须解决的基础性、核心性或关键性问题。

（6）教学难点：说明本课可能会面临并着重要解决的困难和障碍。

（7）教学方法：说明本课可能要运用的教学方法，如提问法、交流法、演示法等。

（8）教学手段：说明本课教学的工具、设备、平台运用情况等。

（9）教学过程：说明本课程的具体步骤、方法和内容等，一般有以下几点。

①导入新课。导入新课主要的目的是温故而知新，通过教师概述或提问等方式来提示、强调、总结上节内容，以达到复习巩固的目的。导入新课时间分配上应科学，不得冲突。讲授新课程十分重要，一般会通过设计新颖活泼但目标明确的语言或问题来实现新课引入的任务。

②讲授新课。讲授新课主要是运用科学的方法对新课程内容进行讲解、演示、示例等，这是教案的重点内容。围绕着任务，要设计好教学内容、教学过程、教学方法、教学时间等。

③巩固练习。巩固练习主要是围绕教学内容组织专题练习，以期深化并巩固学生对教学内容的理解。巩固练习不是专题练习，练习的试题数量和质量要紧扣本次课程教学内容。

④归纳小结。

（10）作业处理：说明如何布置书面或口头作业，布置什么作业内容。要考虑到课本知识巩固积累和运用，要注意给学生以解题提示、点拨。

（11）板书设计：说明上课时准备写在黑板上的内容。

（12）教学反思：说明教师对该堂课教后的感受、学生的收获、存在的问题及改进方法。

三、教案的写作

教案一般包括标题、正文、签署等几个部分。

1. 标题的写作

教案的标题由内容和文种名称组成。例如，《乡愁》教案、抛物线图形教案和议论文写作指导课教案。常见的错误是把语文课文的标题不加书名号就当作教案的标题，而且不写上教案两个字，甚至把课文的作者名字标在下面，引起误解。

2. 正文的写作

教案正文按照各项内容一一排列，大体顺序为：教学课型、教学课时、教学目标、教学重点、教学难点、教学方法、教学手段、教学设计、教学过程、推荐阅读、学生课下活动设计、教学反思。其中，教学过程的设计灵活多样，可根据一些教学模式灵活变通，比较有代表性的教学模式简介如下。

（1）讲解接受模式。基本程序为：诱导学习动机——感知理解教材——巩固知识——运用知识——检查反馈。

（2）自学辅导模式。基本程序为：呈现学习内容——自学——讨论交流——启发答疑——学习巩固。

（3）问题教学模式。基本程序为：创设问题情境——提出假设——论证假设——指导总结——联系巩固。

（4）“探究—发现模式”。基本程序为：提供实例——自主探究——得出结论——指导总结——练习巩固。

（5）掌握学习模式。

（6）开放课堂模式。

3. 签署的写作

在标题下方或正文右下方署上作者的单位和姓名，写作日期的签署应在正文右下方，作者姓名下面。

例文评析

例文 9.1

《我们怎样听到声音》教案

一、教学目标

（一）知识与能力目标

（1）了解人类听到声音的过程。

（2）知道骨传导的原理。

（3）了解双耳效应及其应用。

（二）过程与方法目标

探索人类听到声音的过程，培养学生实验能力和分析方法。

（三）情感、态度和价值观目标

使同学们学会关心他人，尤其是关心残疾人。

二、教学设想

1. 重点、难点、疑点

（1）体验人类听到声音的过程。

（2）双耳效应与立体声。

2. 课型及基本教学思路

三、课型：新授课

四、基本教学思路

由声音这一现象入手，通过录音，听辨声音，研读有关贝多芬失聪后巨大成就的文章，让学生探究声音的性质与传导的原理。

五、教具学具准备

音叉、棉花、闹钟、录音机、贝多芬画像、耳朵构造模型、残疾人情况表。

六、教学设计

（一）导入新课

声音是怎样产生的？平时我们听到的声音是通过什么传到耳中的？我们今天就要讨

论人类是如何听到声音的。

用录音机录下自己的声音，听一听放出来的声音与自己的声音一样吗？

（二）新课教学

1. 整体感知

人能听到声音，除了需要发声体、传声介质外，还必须具有健康的耳朵。声音在传递给大脑过程中，任何部分发生障碍，人都会听不到声音，如果只是传导障碍，也可以用骨传导的方法来听声音。

由于双耳效应，我们可以准确地判断发声体的位置，也是双耳效应使我们能感受到逼真的立体声效果。

2. 教学互动

互动 1：我们是怎样听到声音的？无声的世界将会怎样？

明确：利用大家储备的知识，启发讨论，了解人耳听到声音的过程。展开丰富的想象，模拟无声世界，从而感受声音的奇妙。

互动 2：为什么听自己的录音与自己的声音不一样呢？

明确：利用音叉体验骨传导传声。听自己的录音传声介质是空气，而听自己的声音传声介质是骨，因此如果是传导障碍产生的耳聋，可以利用骨传导的方法听声音。

互动 3：让小闹钟响起来，蒙上眼睛，看谁能先说出它的位置。

明确：同我们的眼睛一样，两只耳朵可以分辨发声体的方位，即双耳效应。

3. 达标反馈

（1）外界传来的声音引起鼓膜振动，这种振动经过听小骨及其他组织传给听觉神经，再把信号传给大脑，这样人就听到了声音。

（2）音乐家贝多芬耳聋后，用牙咬住木棒顶着钢琴来听自己演奏的琴声，他是利用骨传导来听声的。

（3）利用双耳效应，人们可以准确地判断声音传来的方位。我们听的声音是立体的。

4. 学习小结

（1）内容总结：本节课我们了解了人耳听到声音的过程，知道双耳效应和立体声。

（2）方法归纳：本节课运用了讨论、实验的探究方法，学生感受了奇妙的声音世界。

（三）布置作业

1. 利用一次性纸杯、塑料管制作“听诊器”。

2. 课后查资料了解“双声道”与“多声道”是如何实现的，把你的想法写出来。

评析：

本则教案属于文字式教案，教案的各要素齐备，教学目标明确，教学设计环环相扣，写作较为简洁。

例文 9.2

《我们怎样听到声音》教学设计与反思

基 本 信 息

课题	人教版 第一章声现象 第二节我们怎样听到声音
作者及工作单位	李建英 江西省抚州市临川区孝桥中学

教 材 分 析

学过声音的产生和传播之后，了解我们是怎样听到声音的。体现了物理是“生活中的物理”，是“身边的物理”的思想，这节内容在教材中起到了承上启下的作用。

为了充分激发学生学习物理的兴趣，可以使学生了解声音在生活、生产和社会等方面的应用和对人类生活的影响，如“骨传导”“双耳效应”体现了“从生活走向物理，从物理走向社会”的新课程理念。通过学习能让学生了解人类听到声音的过程，知道骨传导。了解双耳效应。通过上网可以查找到助听器等知识以开阔学生视野

学 情 分 析

学生在学习了“声音的产生和传播”后，有了“声音是由物体的振动产生”和“固体、液体、气体都能传声，真空不能传声”等知识储备，有利于学生学习“人耳听到声音的过程”和“骨传导”。而生物课上所学的知识，对学生认识“人耳的结构”也有帮助。

对于八年级的学生来说，“人耳听到声音的过程”比较抽象，教学中要采用多媒体播放动画增强直观性。“双耳效应”这部分内容，学生由于知识有限，也比较难懂，教学中要通过实验让学生亲身体会

教 学 目 标

1. 知识与技能目标

了解人类听到声音的过程；知道骨传导的原理；了解双耳效应及其应用。

2. 过程与方法目标

通过实验和生活经验，体验人是如何听到声音的。

3. 情感态度与价值观目标

学会关心他人，特别是关心残疾人

教 学 重 点 和 难 点

重点：人耳听到声音的过程 骨传声

难点：人耳听到声音的过程 双耳效应

教 学 过 程

教学环节	教师活动	预设学生行为	设计意图
引入新课	一、复习提问 1. 声音是如何产生的？ 2. 声音是怎样传播的？ 二、创设情境，引入新课 “风声、雨声、读书声，声声入耳”，由此可见，耳朵是我们认识这个丰富多彩世界的重要器官。然后，让学生闭上眼睛，教师做一些动作，发出一些声音（如倒水、写粉笔字、移动桌子等），问学生：大家能听出老师在干什么吗？在此基础上，提出：我们是怎样听到这些声音的呢？引入课题	学生回答相应的问题 学生回答相应的问题	复习巩固 贴近学生的生活，激发学生学习新知识的兴趣

续表

教学过程			
	教师活动	预设学生行为	设计意图
新课教学	1. 人耳的构造 要知道人耳是怎样感知声音的，首先要了解人耳的构造。教师结合图片简介人耳的构造	学生观看 讨论回答	多媒体辅助，增强效果，培养学生分析归纳能力
新课教学	2. 人听到声音的过程 利用多媒体动画播放“人听到声音的过程”，然后，让学生相互讨论，请学生代表描述出这一过程并板书如下内容: 发声体振动发声→（通过空气等介质传播）→外耳道→鼓膜振动→（通过听小骨等组织传播）→听觉神经传递信号→大脑产生听觉。 3. 传导性耳聋和神经性耳聋 教师问：既然同学们知道了人听到声音的过程，那大家能分析出是哪些原因导致一些人失聪呢？ 在学生讨论的基础上，归纳出：由于听觉神经损坏而引起的耳聋叫作神经性耳聋，它不易治愈；如果耳聋是由非神经性引起的，而只是声音的传导发生了障碍（如耳膜损坏），叫作传导性耳聋，它是比较容易治疗的。 4. 骨传导 （1）难道耳聋的人就一定听不到声音吗？让学生带着这一疑问分组（两人一组）做“想想做做”上的实验，探讨“骨传声”。具体实验如下。 ①将被敲动的笔杆放在耳朵附近，听笔杆发出的声音。 ②用手指将耳朵堵住，再听笔杆发出的声音。 ③请同学用手指将自己的耳朵堵住，把敲动的笔杆先后抵在前额、耳后的骨头和牙齿上，看看能否听到声音。 讨论：在这几种情况下，人是如何听到声音的。 在上述实验的基础上，引导学生分析讨论，归纳出“骨传声”的结论，并加以板书。 （2）多媒体播放下列图片或视频，介绍“骨传声”的应用。 ①贝多芬的耳聋就是传导性耳聋，他是通过骨传导听声音的，用牙咬住木棒的一端，另一端顶在钢琴上来听自己演奏的琴声，从而创作出了大量的乐曲。 ②播放舞蹈《千手观音》的片段，展示聋哑演员排练时应用骨传导感知音乐节奏的小资料，让学生体会美妙舞蹈背后演员排练的艰辛。 （3）学生讨论列举生活中如何应用骨传导帮助残疾人，以此激励学生的学习积极性和学会关心他人，特别是关心聋哑人的良好思想品质。 5. 双耳效应 （1）观看多媒体录像（双耳效应）。 小游戏：学生闭上眼睛，教师在教室后不同位置拍手，学生感觉声源的位置。 （2）播放视频简介“立体声”（略）	学生讨论举例 学生做实验 学生讨论 学生观看 学生讨论举例 学生观看 学生操作感受	将所学知识与现实相联系，培养学生应用知识的能力。 培养学生科学探究能力。 兴趣是通过活动培养出来的，用贝多芬和“千手观音”聋哑舞蹈演员的故事来激励学生，同时培养学生运用知识解决实际问题的能力 学生亲身体会加深印象。多媒体辅助，增强效果

续表

<table>
<tr><td colspan="4">教 学 过 程</td></tr>
<tr><td colspan="2">教 师 活 动</td><td>预设学生行为</td><td>设计意图</td></tr>
<tr><td>课堂小结</td><td>一、教师：你学到了什么知识
二、小结：1. 人耳的结构
2. 人耳听声音的过程
3. 传导性耳聋和神经性耳聋
4. 骨传导
5. 双耳效应</td><td>学生自主小结并回答问题</td><td>培养学生分析、概括、总结所学知识的能力</td></tr>
<tr><td>作业布置</td><td>课本 p18“动手动脑学物理”1、2</td><td>学生操作</td><td>培养学生观察生活中的物理和查阅资料解决问题的能力</td></tr>
<tr><td colspan="4">板 书 设 计</td></tr>
<tr><td colspan="4">第二节 我们怎样听到声音
一、人耳的结构
二、人耳听声音的过程：发声体振动发声→（通过空气等介质传播）→外耳道→鼓膜振动→（通过听小骨等组织传播）→听觉神经传递信号→大脑产生听觉
三、传导性耳聋和神经性耳聋
四、骨传导
五、双耳效应</td></tr>
<tr><td colspan="4">教 学 反 思</td></tr>
<tr><td colspan="4">本节课我运用多媒体辅助教学，增强了直观性。另外，课本 p17 探究骨传声的“想想做做”要求学生用振动的音叉做发声体进行实验，但学校的音叉数量极为有限，不便于学生实验的开展。我便对实验做了如下改进：让学生用手弹笔发声代替音叉进行实验，再对比实验结果。学生很快得出骨能传声，并讨论出骨比空气传声效果好。事实证明这个探究实验效果非常好。
整堂课采用以学生讨论为主的教学模式，充分让学生参与知识的生成过程。在“人耳听到声音的过程”到“骨传导”这一教学过程中层层深入、丝丝入扣，让学生提出问题，并让他们自己动手实验解决问题，得出结论，培养了学生的科学探究能力。当学生成功地获得“骨传导”这一知识后，他们很自然地将这一知识运用来帮助残疾人。整个过程达到了课程目标中对学生“知识与技能”“过程与方法”“情感态度与价值观”三方面的要求。
我认为本节课的不足之处在于：在“双耳效应”的教学中，由于实验条件的欠缺，未能让学生亲身体验“立体声”，可能学生对这一问题的认识还不够清楚。在今后的教学中要想办法，如采用放录像或在多媒体教室放 DVD 试音碟，让学生身临其境感受“立体声”，以加深学生的了解</td></tr>
</table>

评析：

这则教案采用的是表格形式。将教师活动和学生活动明确列出，一一对应、一目了然。而且这则教案突出了学生课上的活动设计，体现了新课程标准以教师为课堂教学主导、学生为主体的教学模式。教学反思详细深入，有利于教师的自省与改进。

第三节 说 课 稿

学习目标

1. 掌握说课稿的内涵、特点、类型、作用等基本常识；把握说课稿与教案的辩证关系；
2. 掌握说课稿的结构与写法；
3. 鉴赏例文，练习写作。

知识链接

一、说课稿的概念与类型

（一）说课稿的概念

说课就是教师面对专家、领导，或者其他听众，在规定的时间内，针对具体课题，采用口头叙述、口头评述的方式，分析教材、分析学生，并阐述教学目标、教学方法、教学内容、教学步骤、教学依据等的教学设想，说课稿即是教师预先设计好的说课方案。

说课的目的是交流，即交流教师本人将如何上好该课程及其意义和价值等信息，以供评委与领导评价教师的教学水平和教学能力，或供教师同行研讨、观摩、学习。

（1）说课有利于提高教师备课的质量。通过说课活动，可以引导教师去思考备课的理论依据，思考为什么要这样教学，这就能从根本上提高教师备课的质量。

（2）说课有利于提高课堂教学的效率。教师通过说课，可以进一步明确教学的重点、难点，理清教学的思路，克服教学中重点不突出、训练不到位等问题，提高课堂教学的效率。

（3）说课有利于提高教研活动的实效。通过说课，让授课教师说教学的意图，说自己处理教材的方法和目的，让听课教师更加明白应该怎样去教，为什么要这样教，从而使教研的主题更明确，重点更突出，提高教研活动的实效。

（4）说课有利于提高教师的自身素质。一方面，说课要求教师具备一定的理论素养，这就促使教师去不断地学习教育教学的理论，提高自己的理论水平。另一方面，说课要求教师用语言把自己的教学思路及设想表达出来，这就在无形中提高了教师的组织能力和表达能力，提高了自身的素质。

（二）说课稿的类型

从内容来分，说课稿有专题性说课稿和整体性说课稿。

从目的来分，说课稿有研究型、说课稿示范型、说课稿评比型、说课稿考核型说课稿。

从其为课堂教学服务的前后顺序来分，说课稿有课前说课稿和课后说课稿。

从整体来分，说课可以分成两大类：一类是实践型说课，另一类是理论型说课。其中实践型说课就是指针对某一具体课题的说课，而理论型说课是指针对某一理论观点的说课。

（三）说课稿的特点

（1）说理性。说课已成为一种教研方式，它直接检查教师对教育教学理论的掌握与运用，说课者不但要说出自己建构的教学设计，还要阐明教学的理论依据。

（2）预见性。教师要在了解学生、了解教材的基础上预测教学当中会出现的状况和问题，不断优化教学设计。

（3）简明性。说课稿的写作是为了说课，说课者面对的是同行，说课的时间一般都有限定，语言表达要简明扼要。

二、说课稿的结构要素

说课的内容包括：说教材、说教学目标、说学情、说教法和学法、说教学设计、说教学过程、说教学反思（注："说教学反思"多用在课后说课）。

（1）说教材。"教材的地位和作用"说得恰当与否，直接反映说课者对教材的理解程度，并影响到教学目标的制订。对教材理解越深刻，说课内容将越充实、全面，反之就只能是蜻蜓点水、触及皮毛。包括：本课的地位与作用；本课在整套（或单元）中的地位与作用；学习本课的作用；确立的依据。

（2）说教学目标。包括：知识与能力目标及确定依据；过程与方法目标及确定依据；情感态度与价值观目标及确定依据；教学重点；教学难点；确立教学重点和难点的依据。

（3）说学情。包括：学生情况分析；采取的对策及确立的依据。

（4）说教法和学法。包括：采用的教法和其确立依据及所要达到的目的；采用的指导方法和其确立依据及所要达到的目的。

（5）说教学设计。包括：导入新课、感知教材、讨论质疑、板书设计、练习设计等教学环节的设计。

（6）说教学过程。包括：导入新课方式及依据；传授新知设想及依据；教学重点、难点突破的方式及依据；复习巩固的方式及依据；板书设计内容安排及依据。

（7）说教学反思。包括：教学中可取之处及理由；教学中不足之处及原因。

三、说课稿的写作

说课稿一般包括标题、正文、落款等部分。

1. 标题的写作

说课稿的标题要简明醒目，一般直接由所说课文的名称（或教学内容）和文种组成。例如，《小桔灯》说课稿（语文课），光的反射说课稿（物理课）。而有的说课稿为了突出授课中某一个重点问题，即说的是某一个专题，就在标题中体现出来。例如，《故乡》教学中如何确定和突破教学重点。

2. 正文的写作

说课的内容包括：说教材、说教学目标、说学情、说教法和学法、说教学设计、说教学过程。

需要注意的是：说课稿与教案都要反映在课堂上教什么、怎么教，而说课稿不同的是还要体现为什么这么教，教学的理论依据是什么。基本上按说课的内容分项安排层次段落，把每一项的主要内容提取出来逐条排列，分别阐述，条理十分清晰。可以不写作开头结尾，直接从第一项到最后一项逐条去写，浑然成章、完整利落。有的可以写成一篇不分条的文章。

3. 落款的写作

在标题下或正文右下方署上作者的单位和姓名。

例文评析

例文 9.3

《珍珠鸟》说课稿

一、说教材

《珍珠鸟》是第一册第五单元的阅读训练课文。该单元教学是在第四单元“观察反映生活——人和事”的基础上，进一步学习观察反映周围景物的基本方法，培养观察生活的良好习惯，提高观察反映生活的能力。该单元共有三篇课文：《百草园》写童年趣事，侧重于观察自然景物；《螳螂捕蛇》是记述见闻的文言文，侧重于叙事和状物；而《珍珠鸟》主要记叙养鸟活动，着重描写珍珠鸟从害怕人到亲近人的变化过程，侧重于状物。三篇文章各司一职，作者意图明确。本文旨在培养学生状物的写作能力和观察动物的实践能力，明确观察对写景状物、对反映生活情趣的重要意义。就其地位可言，如果说《百草园》旨在观察自然景物，训练静态描写，那么《珍珠鸟》意在观察动物，训练动态描写，并为后文《螳螂捕蛇》的状物训练奠定基础，因此其地位可谓“承前启后”，不可或缺。对初一学生来说，这是培养良好的学习习惯，掌握良好的学习方法的重要组成部分，值得细品。

二、说目标

《珍珠鸟》一文作者以独特的角度、新颖的立意、传神细腻的描写、准确生动的用词，记叙了珍珠鸟由害怕人到亲近人的变化过程，揭示了“信赖，往往能创造出美好的境界”的深刻道理。根据单元教学要求、课文的特点、学生的实际，确定的教学目标为：

（1）了解观察对描写动物的意义和借物抒情的写作方法。

（2）初步学会观察、描写动物的基本方法，注意运用描写动物的词语。

（3）感受“信赖，往往能创造出美好的境界”的深刻含义和感受人与自然、人与动物和谐发展的深刻意义。

教学重点确定为：理解体会课文描写动物细腻入微、语言运用准确传神的写作特点。

教学难点为：“人之爱”和“鸟之爱”两方面的结合，理解“信赖，往往能创造出美好的境界”的现实意义。

三、说教法

采用“情境教学法”，也可借助多媒体辅助教学，增加教学的直观性和形象化，创设拟人化的童话情境，引导学生发挥想象和创造性思维，来揣摩理解课文。童话情境贴近学生生活实际，以人与鸟的对话为表现形式，语言亲切清新，能激发学生对课文的学习兴趣和求知欲望。

在学法指导上，指导学生观察动物的外形（头、颈、肢、尾、羽等组成部分），抓住对象的主要特征，有顺序地观察；指导学生观察动物的生活习性（动态的发展过程），注意动词运用要准确、传神；指导学生观察动物时发挥想象和联想，加入作者自己的主观感受，做到神形兼备，妙趣横生。

四、说设计

1. 导入新课

导入设计要以"一石击水"之势，在课前极短的时间内抓住学生的心神，释放学生的心智潜能。可采用动画情境导入新课，激发学生的想象力，给学生自读课文产生积极的心理影响。如（听录音、看动画）一对大珍珠鸟（夫妇）在从森林搬家到城里之前的一段对话，对话中充满了对陌生世界的憧憬和对人类的畏惧。此法形象生动又不一味地拘泥于文本，体现了具有创新精神的阅读教学理念。

2. 感知教材

精心利用教材，这是阅读教学的软肋。教师应将全盘讲授变为相机诱导，指点门径，拨正迷津。点拨要点在要害，这要害就是文章的重点和难点，不要全盘托出，而要引导学生自求得之，起到"四两拨千斤"的功效，从而大大提高课堂教学效率。如：

（1）（珍珠鸟的介绍）：主人对珍珠鸟的爱护表现在两个方面：

①精心设置环境；②不加干扰。

归纳为"四不"：不看、不管、不赶、不写（板书）。

（2）（主人的介绍）：小珍珠鸟对我的态度变化过程。

归纳：显得怕人—渐渐胆大—已经放心—完全信赖。

通过珍珠鸟和主人的自我介绍，学生由听到的信息中归纳出要点，点拨形式不拘一格，行之有效。这样形象感知全文，切合初一学生的心理特点，因此课堂意趣横生，高潮迭起，高效低耗，充满活力。

3. 讨论质疑

设计讨论质疑这一环节，目的是深化学生对教材的理解和认识。培养学生注意力，提高对事物的分析、比较、思辨能力。美国实用主义教育家杜威曾说："学校中求知识的目的，不在于知识的本身，而在于使学生自己获得知识的方法。"只有积极思考、独立探究、善于发现、敢于质疑，才能调动学生内在的动机潜力，提高学生发现问题、分析问题和解决问题的能力。本文的讨论，可从突破重难点入手，设计一些讨论材料。如：

（1）设计表格让学生在文中找词语，互改互评，理解文中内容。

小鸟的变化	活动范围	动作行为	神态描写
显得怕人			
渐渐胆大			
已经放心			
完全信赖			

（2）比较词语，引导学生揣摩语言。比较优劣，培养学生语感，注意用词的准确传神，养成赏品语言的习惯。

A. 小鸟“伸”出小脑袋

小鸟“探”出小脑袋

B. 幽深的丛林

幽静的丛林

C. 一个蓬松的球儿

一个松软的球儿

（3）设计问题供学生讨论：“有人说，这是一种怕人的鸟”，此句的作用是什么?谈谈你对文末最后一句的看法。你学习本文后，对观察描写动物有什么启示?

4. 练习设计

设计弹性选择型作业，有利于不同程度的学生能根据自己的能力、兴趣、需要，在有限范围之内自由选择，充分释放自己的潜能，必然会提高学生作业的兴趣和学习的效率。因此，作业作为教与学的重要中介，也是培养学生主体性和创造性的绝好环节。

设计形式多样、角度多变、内容多元的作业，有利于调动学生手、脑、耳、目、口等器官，不仅使观察、思考、想象、记忆等智力因素得到锻炼，而且使兴趣、情感、意志、习惯、方法等非智力因素也得以长足进步，真正实现作业在课堂教学中承前启后、承上启下的作用，这是机械重复的“题海战术”所不能比拟的。

5. 板书设计

（1）养鸟的过程：

A：我的爱护：不看、不管、不赶、不写

B：鸟的变化：显得怕人—渐渐胆大—已经放心—完全信赖

（2）作者感受：信赖，往往能创造出美好的境界。

（3）写作启示：

A. 抓住特征

B. 动态描写

C. 想象感受

板书设计力求简明扼要、纲举目张、巧妙妥帖，这既抓住课文精要，又便于学生记忆，一目了然。

第三处写作启示由学生归纳书写，则更能体现学生的主体意识。

评析：

这篇说课稿写作十分翔实细致，说课的重点都说出来了，遗憾之处是对学情的分析不足。

第四节 毕业论文

学习目标

1. 掌握毕业论文的内涵、特点、类型、作用等基本常识；

2. 掌握毕业论文的结构与写法；
3. 鉴赏例文，练习写作。

知识链接

一、毕业论文的概念与分类

（一）毕业论文的概念

毕业论文是高等学校毕业生在教师的指导下，综合运用所学专业的基础理论、基本知识和基本技能，针对某一现象或问题进行独立分析和研究后形成的具有一定学术价值、从而获得学位的文章。它是毕业生提出的授予相应学位时供评审、答辩用的学术论文。

（二）毕业论文的分类

（1）按科学分类。科学是反映自然、社会、思维等的客观规律的分科的知识体系。学术论文作为表达科学研究成果的文体，也相应地划分为自然科学论文、社会科学论文和思维科学论文三大类。

（2）按科学研究的组成部分分类。按科学研究的组成部分，毕业论文分为创造性研究论文和整理性研究论文。

（3）按学位分类。根据《中华人民共和国学位条例》第三条："学位分学士、硕士、博士三级。"因此，毕业论文若作为获得学位之需，按学位等级分为学士学位论文、硕士学位论文和博士学位论文三大类。

（三）毕业论文的特征

学士学位论文、硕士学位论文、博士学位论文和学年论文这四种论文是一种由浅入深的关系，它们在学术水平上有区别，因而有不同的特征，也就是有不同的规格或标准。

学士学位论文：大学本科毕业生的毕业论文，如果写得好，可以作为学士学位的论文。毕业论文是大学生在大学的最后一个学期，运用所学的基础课和专业课知识，独立地探讨或解决本学科某一问题的论文，它是在撰写学年论文取得初步经验后写作的，它的题目应该比学年论文大一点、深一点。其基本标准应该是：通过毕业论文，可以大致反映作者运用大学三四年间所学得的基础知识来分析和解决本学科内某一基本问题的学术水平与能力。当然，它的选题一般也不宜过大，内容不太复杂，要求有一定的创见性，能够较好地分析和解决学科领域中不太复杂的问题。大专毕业论文篇幅一般在5000字左右，本科毕业论文篇幅一般在6000字以上，学科之间也有差异，汉语言文学专业应在8000～12 000字。

硕士学位论文：这是攻读硕士学位研究生的学位论文，其学术水平比学士论文要高。它必须能够反映出作者所掌握知识的深度，有作者自己的较新见解。国家学位条例第五条规定，高等院校和科学研究机构的研究生，或具有研究生毕业同等学力的人员，只有在本学科上掌握坚实的基础理论和比较系统的专门知识，具有从事科研工作和专门技术工作的独立能力者，才可通过论文答辩，取得硕士学位。这就是说，硕士论文强调作者在学术问题上应有自己的较新见解和独创性，其篇幅一般要长一些，撰写前应阅读较多的有关重要文献。

博士学位论文：它是非常重要的科研成果。它要求作者必须在某一学科领域中具有坚实而深广的知识基础，必须有独创性的成果；它应有较高的学术水平和学术价值，能够对别人进行同类性质问题的研究和其他问题的探讨有明显的启发性、引导性，在某一学科领域中起先导、开拓的作用。

学年论文：大学生（主要是指本科生）在校期间一般要写两次论文：一次是大学三年级写的学年论文，另一次是大学临近毕业时写的毕业论文。学年论文是大学生在大学三年级，具备了一些基本知识之后，初次锻炼运用已有知识去分析和解决一个学术问题的能力。论文的题目不宜太大，篇幅不宜太长，涉及问题的面不宜过宽，论述的问题也不求过深。初学论文写作，主要是取得撰写论文的经验，初步掌握撰写论文的方法，为今后撰写毕业论文和学位论文奠定基础。在大学的前两年，基本上是听讲、看书、接受前人已有知识；而写论文，就不是听讲、看书、做笔记和汇总前人的知识了，而是要求自己运用前人的知识去解决一些前人没有解决的问题了。由于写学年论文是大学生初次学做的一件新工作，所以，撰写学年论文是在有经验的教师指导下进行的。

通过上述几种相近论文的比较，可以明确毕业论文的规格或标准，这对写好毕业论文有着具体的指导作用。写毕业论文，不可能把大学阶段所学的全部专业基础知识都用上，但在题目需要限度内所运用的一些专业基础知识，必须运用得准确。

（四）毕业论文的作用

1. 培养作用

毕业论文是教学计划规定的综合性实践教学环节，是培养大学生综合运用所学基础知识和基本技能，进行科学研究基本训练，提高独立工作能力，达到培养目标的一个重要环节。

2. 依据作用

毕业论文也是对大学生的毕业及学位资格认证的重要依据。一般本科院校毕业生，毕业前必须撰写毕业论文并参加论文答辩。无毕业论文或毕业论文不合格的大学生，不发给本科毕业文凭，不授予学士学位。

二、毕业论文的格式要素

为了规范学位论文的格式，提高论文撰写水平，便于信息系统的收集、存储、处理、加工、检索、利用、交流和传播，参照《中华人民共和国国家标准科学技术报告、学位论文和学术论文的编写格式》和《中华人民共和国国家标准文后参考文献著录规则》制定毕业论文的编写格式，以及该格式规定的四大部分，即前置部分、主体部分、附录部分和结尾部分，每部分的每项内容均做了具体而明确的规定。

学位论文书写、装订要求如下。

毕业论文正本用 A4 纸打印，用宋体小四号行文，且行距为“固定值”的 18 磅。具体要求如下：版面尺寸为 A4（210 毫米×297 毫米）。

现引录如下。（按学位论文中先后顺序排列）

- 学位论文形式结构
  - 前置部分
    - 封面
    - 独创性声明
    - 中文摘要及关键词（第Ⅰ页）
    - 英文摘要及关键词（第Ⅱ页）
    - 目录（第Ⅲ页）
  - 主体部分
    - 引言（第1页，右页）
    - 正文（接引言）
    - 结语（接正文）
    - 致谢（接结语）
    - 注释
    - 参考文献（另起一页）
  - 附录部分
    - 附录（必要时）
    - 封底（空白页）

（一）前置部分

1. 封面

封面内容包括：本单位编号、密级、学校名称、中英文论文题目、作者姓名、指导教师姓名和职称、专业名称、班级、论文提交和答辩日期及申请学位级别。

2. 独创性声明

封面后一页为“独创性声明”；学位论文作者提交论文时需填写“电子邮箱”“电话”“通信地址”和“邮编”，手写或打印均可。“学位论文作者签名”“指导教师签名”和“日期”均不得空缺，一律由本人用钢笔或中性笔手写，不得打印。

3. 中文摘要及关键词

（1）摘要。论文应有摘要，有些为了国际交流，还有外文（多用英文）摘要。它是论文内容不加注释和评论的简短陈述，可以不阅读论文全文即获得必要的信息，语言力求精练、准确。摘要应包含以下内容。

①从事这一研究的目的和重要性。

②研究的主要内容，指明完成了哪些工作。

③获得的基本结论和研究成果，突出论文的新见解。

④结论或结果的意义。

除封面外的论文第Ⅰ页为中文摘要，摘要后空一行为关键词。

论文摘要的写作要求：文字必须十分简练，内容亦需充分概括，篇幅大小一般限制其字数不超过论文字数的5%。摘要字数：学士学位论文中文摘要字数为200～300。例如，对于 6000 字的一篇论文，其摘要一般不超出 300 字。论文摘要不要列举例证，不讲研究过程，不用图表，不给化学结构式，也不要做自我评价。

（2）关键词。关键词是标示文献关键主题内容的词。关键词的运用，主要是为了适应计算机检索的需要，以及适应国际计算机联机检索的需要。

关键词的一般选择方法是：由作者在完成论文写作后，纵观全文，先标出能表示论文主要内容的信息或词汇，这些信息或词汇，可以从论文标题中去找和选择，也可以从论文内容中去找和选择。

关键词的写作要求：一般关键词 3～8 个，另起一行置于摘要下方。按涉及的内容、领域从大到小排列；多个关键词之间用分号隔开，最后一个关键词后不加标点。

4. 英文摘要及关键词（abstract and key words）

中文摘要的下一页为英文摘要，英文摘要后空一行为英文关键词。

（1）摘要及关键词内容：与中文摘要及关键词相同。

（2）摘要及关键词字数：以反映中文摘要内容为限，力求精练，英文摘要不宜超过 250 个实词，如遇特殊需要字数可以略多，关键词按照中文关键词对应翻译。

例如：

论文题目：一种新的天线阵方向图综合方法

关键词：天线阵；方向图；综合；互耦；偶极子；输入阻抗（共 6 个）

相应的英译文：

Title: A new method for array pattern synthesis

Key words: Antenna array; pattern; synthesis; mutual coupling; dipole; input impedance

5. 目录

英文摘要的下一页为目录；目录起始范围：由中文摘要开始，至参考文献（或附录）。前置部分单独编排页码，页码号可用大罗马数字Ⅰ、Ⅱ、Ⅲ等标注。

引言至参考文献（或附录）部分单独编排页码，页码号用阿拉伯数字标注，引言第一页页码为“1”。

标题编号一般使用汉字编排目录，也可以分别以 1./1.1/1.1.2 等数字依次标出。

（二）主体部分

1. 引言

引言（introduction），位于论文首段，或用几段表达。“引言”或“绪论”二字在篇幅较长的论文中常常出现，在篇幅较短的论文中通常不在文中出现。篇幅较长的论文中，引言需由另页右页开始，单列一页，篇幅较短的论文置于正文之前即可。引言的篇幅大小，并无硬性的统一规定，需视整篇论文篇幅的大小及论文内容的需要来确定，长的可达 700～800 字或 1000 字左右，短的可不到 200 字。

2. 正文

正文（main body），也称本论，本论是全文的重要部分，是全文的主体，需要用较多的层次段落表达。“本论”二字通常不在文中出现。本论的格式通常为：全文分段浑然成篇，用小标题显示层次。标题编号：可依不同学科惯例标注，但须符合学术规范，如使用以下编号方法，则顺序由高到低依次为：“一、”“（一）”“1.”“（1）”“①”，不能使用“（一）、”“（1、）”“一.”“1、”等不规范用法。

论文中图表、附注、参考文献、公式一律采用阿拉伯数字连续（或分章）编号；图序及图名置于图的下方；表序及表名置于表的上方；论文中的公式编号，用括号括起写在右边行末，其间不加虚线，序号可以就全篇报告、论文统一按出现先后顺序编码，对长篇论文也可以分章依序编码。其标注形式应便于互相区别，可以分别为：图 1、图 2.1；表 2、表 3.2；附注 1；文献[4]；式（5）、式（3.5）等。

论文中的计量单位、制图、制表、公式、缩略词和符号必须遵循国家规定的标准。

3. 结语

结语（conclusion），又称结论。论文的结论部分，应反映论文中通过实验、观察研究并经过理论分析后得到的学术见解。结论应是该论文的最终的、总体的结论。换句话说，结论应是整篇论文的结局，而不是某一局部问题或某一分支问题的结论，也不是正文中各段的小结的简单重复。结论应当体现作者更深层的认识，且是从全篇论文的全部材料出发，经过推理、判断、归纳等逻辑分析过程而得到的新的学术总观念、总见解。

结论应该准确、完整、明确、精练。该部分的写作内容一般应包括以下几个方面。

（1）本文研究结果说明了什么问题。

（2）对前人有关的看法做了哪些修正、补充、发展、证实或否定。

（3）本文研究的不足之处或遗留未予解决的问题，以及解决这些问题的可能的关键点和方向。

结论可以一段也可以几段，还可以分条列写。“结论”二字有时也在文中出现。

结论部分的写作要求是：措辞严谨，逻辑严密，文字具体，常像法律条文一样，按顺序列成条文，用语斩钉截铁，且只能做一种解释，不能模棱两可、含糊其词。文字上也不应夸大，对尚不能完全肯定的内容注意留有余地。

4. 致谢

致谢（acknowledgment）按照 GB 7713—87 的规定，致谢语句可以放在正文后，体现对下列方面的致谢：国家科学基金、资助研究工作的奖学金基金、合同单位、资助和支持的企业、组织或个人；协助完成研究工作和提供便利条件的组织或个人；在研究工作中提出建议和提供帮助的人；给予转载和引用权的资料、图片、文献、研究思想和设想的所有者；其他应感谢的组织和个人。

学士学位论文致谢可以比较简单。例如：“本文在写作过程中得到了某某教授（教师）的多次精心指导，在此表示衷心感谢！”硕士、博士论文则写得更为详细，且单独成页。

致谢部分在结论之后，不另换页，在本页与结论空两行，“致谢”两字居中。

5. 注释

注释是对引文出处交代说明。注释方式主要有以下三种。

（1）夹注，也称段中注或文中注。即在需要注释的地方，接着就在小括号内写明注释的内容。

（2）脚注，也称页下注。即在需要注释的地方用①②③等标示注码，然后把注释的内容置于本页下端。

（3）尾注，即在需要注释处的后面标示注码，然后把注释置于全文的末尾。

注释的格式，一般有以下几种。

（1）图书——注明作者、书名、出版者、出版时间、版次、页数。

（2）期刊——注明作者、篇名、期刊名、年份、期号。

（3）报纸——注明作者、篇名、报纸名称、日期。

6. 参考文献

参考文献（reference）是作者直接引述别人的话，或者虽未直接引述别人的话、但参考了别人著作或论文的意思的时候，必须注明的引用文献。撰写学术论文过程中，可能引用了很多篇文献，不需要全部列出，事实上，只需要将引用的最重要和最关键的那些文献资料列出即可。参考文献标注的目的如下。

（1）反映真实的科学依据。

（2）体现严肃的科学态度，分清是自己的观点或成果还是别人的观点或成果。

（3）对前人的科学成果表示尊重，同时也是为了指明引用资料出处，便于检索。

参考文献主要来源有：专著或书（book）；连续出版物或期刊杂志（journal）；会议文献或会议记录、资料汇编（proceedings，edited-collections）；报告（report）；专利（patent）。不论引用文献属于哪一种来源，在文后列出的参考文献都是为撰写或编辑论著而引用的有关图书资料。

参考文献标注的要求：参考文献的格式连续编号。同一参考文献多次被引用时，在文后的文献说明中合并说明，将序号按由小到大顺序合并排列，序号间不加标点符号，页码按序号所对应的顺序排列，页码间用顿号隔开。如果所引用或参考的属于同一文献的同一部分，页码只标一次即可；当用“等”字代表省略作者时，“等”字前应有逗号；每一条参考文献的结尾都应有下角圆点“.”。

参考文献的位置：参考文献统一置于文后，位于结论之后另起一页；文献说明的序号与文中序号一一对应。

参考文献的数量：篇幅较大的毕业论文通常不低于10个。

参考文献的项目及细则如下。

（1）主要责任者。

（2）文献题名。

（3）文献类型标识。其中：M－专著，C－论文集，N－报纸文章，D－学位论文，J－期刊文章，R－研究报告，S－技术标准，P－专利，A－论文集中析出文献，Z－其他未说明的文献，如参考工具、检索工具、会议论文、档案等。

（4）出版地。

（5）出版者。

（6）出版日期。

参考文献的标注格式如下。

（1）[序号]期刊作者．题名[J]．刊名．出版年，卷（期）：起止页码．

（2）[序号]专著作者．书名[M]．版次（第一版可略）．出版地：出版社，出版年：起止页码．

（3）[序号]论文集作者．题名〔C〕．编者．论文集名．出版地：出版社，出版年：起止页码．

（4）[序号]学位论文作者．题名[D]．保存地点：保存单位，年份．

（5）[序号]专利所有者.专利文献题名[P]．国别：专利号．发布日期．

（6）[序号]标准编号．标准名称[S]．出版地：出版者，出版年．

（7）[序号]报纸作者．题名[N]．报纸名，出版日期(版次).

（8）[序号]报告作者．题名[R]．报告地：报告会主办单位，年份．

（9）[序号]电子文献作者．题名[电子文献及载体类型标识]．文献出处，日期．

（三）附录部分

（1）附录。附录包括放在正文内显得过分冗长的公式、以备他人阅读方便所需的辅助性数学工具、重复性的数据图表、论文使用的符号意义、单位缩写、程序全文及有关说明等；附录是作为论文主体的补充项目，并不是必需的；附录与正文连续编页码。

（2）封底。空白页一页。

三、毕业论文的写作

毕业论文的写作包括开题报告、文献综述、论文提纲、论文等部分。

（一）开题报告的写作

由于开题报告是用文字体现的论文总构想，因而篇幅不必过大，但要把计划研究的课题、如何研究、理论适用等主要问题说清楚。开题报告的结构一般包含以下两个部分。

（1）总述：开题报告的总述部分应首先提出选题，并简明扼要地说明该选题的目的、目前相关课题研究情况、理论适用、研究方法、必要的数据等。

（2）提纲：开题报告包含的论文提纲可以是粗线条的，是一个研究构想的基本框架。可采用整句式或整段式提纲形式。在开题阶段，提纲的目的是让人清楚论文的基本框架，没有必要像论文目录那样详细。

（二）文献综述的写作

首先，“文献综述”是对学术观点和理论方法的整理。其次，文献综述是评论性的（review 就是“评论”的意思），因此要带着作者本人批判的眼光（critical thinking）来归纳和评论文献，而不仅仅是相关领域学术研究的“堆砌”。评论的主线，要按照问题展开，也就是说，别的学者是如何看待和解决你提出的问题的，他们的方法和理论是否有什么缺陷，要是别的学者已经很完美地解决了你提出的问题，那就没有重复研究的必要了。写作文献综述的技巧有如下几点。

（1）瞄准主流。主流文献，如该领域的核心期刊、经典著作、专职部门的研究报告、重要化合物的观点和论述等，是做文献综述的“必修课”。而多数大众媒体上的相关报道或言论，虽然多少有点价值，但时间精力所限，可以从简。摸清该领域的主流可从以下几条途径入手：一是图书馆的中外学术期刊，找到一两篇“经典”的文章后“顺藤摸瓜”，留意它们的参考文献。质量较高的学术文章，通常是不会忽略该领域的主流、经典文献的。二是利用学校图书馆的“中国期刊网”“外文期刊数据库检索”和外文期刊阅览室，能够查到一些较为早期的经典文献。三是国家图书馆，有些 20 世纪七八十年代甚至更早出版的社科图书，学校图书馆往往没有收藏，但是国家图书馆却是一本不少（国内出版的所有图书都要送缴国家图书馆），而且还收藏了很多研究中国政治和政府的外文书籍，从互联网上可以轻松查询到。

（2）随时整理，如对文献进行分类，记录文献信息和藏书地点。论文的时间很长，有的文献看过了当时不一定有用，事后想起来却找不着了，所以时时记录是很有必要的。对于特别重要的文献，不妨做一个读书笔记，摘录其中的重要观点和论述。这样一步一个脚印，到真正开始写论文时就积累了大量“干货”，可以随时享用。

（3）按照问题来组织文献综述。看过一些文献以后，我们有很强烈的愿望要把自己看到的东西都陈述出来，像“竹筒倒豆子”一样，洋洋洒洒，蔚为壮观。仿佛一定要向读者证明自己劳苦功高。十多万字的文献综述，后来作者发觉真正有意义的不过数千字。在做文献综述时，头脑时刻要清醒：我要解决什么问题，人家是怎么解决问题的，说的有没有道理，想清楚这些就行了。

（三）论文提纲的写作

（1）论文提纲的内容。论文提纲的内容应当包括：标题、中心论点和分论点、层次段落、各分论点所用的资料。

（2）编写论文提纲的方法。编写论文提纲大致可以按以下六点进行。

①先拟标题。

②写出总论点。

③考虑全篇总的安排：从几个方面、以什么顺序来论述总论点，这是论文结构的骨架。

④大的项目安排妥当之后，再逐个考虑每个项目的下位论点，直到段一级，写出段的论点句（段旨）。

⑤依次考虑各个段的安排，把准备使用的材料按顺序编码，以便写作时使用。

⑥全面检查，做必要的增删。

（3）论文提纲的形式。论文提纲有以下两种形式。

①标题式写法。用简要的文字写成标题，把这部分的内容概括出来。这种写法简明扼要、一目了然，但只有作者自己明白。

②句子式写法。以一个能表达完整意思的句子形式把该部分内容概括出来。这种写法具体而明确，别人看了也能明了，但费时费力。毕业论文的提纲编写要交与指导教师阅读，所以，要求采用这种编写方法。

（四）论文的写作

1. 题名

题名（title/topic）又称题目或标题。题名是以最恰当、最简明的词语反映论文中最重要的特定内容的逻辑组合。论文题目是一篇论文给出的涉及论文范围与水平的第一个重要信息，也是必须考虑到有助于选定关键词和编制题录、索引等二次文献可以提供检索的特定实用信息。论文题目十分重要，必须用心斟酌选定。有人描述其重要性，用了下面的一句话："论文题目是文章的一半"。论文题目应能概括整个论文最重要的内容，简明、恰当，避免使用不常见的缩略词、字符、代号和公式等。中文题目一般不超过 25 个汉字，题名语意未尽，可用副题名补充说明。

（1）题名的要求。题名应达到以下三点要求。

①准确。例：《直面课程改革》不如：《从可操作性角度谈中学数学课程改革》。

②精练。例：《关于正四面体中的不变量在高维空间中的推广的研究》《立足中学数学课堂　深化"三主"教学观念》。

③新颖。例：《一道例题的教学》不如《数学素质教育课堂实践一例》。

（2）题名的形式。题名的形式主要有以下两种。

①单一型。如：《中国老年文学初探》。

②正副结合型。如：《城市爱情：经典或现代——20 世纪 90 年代女性作家的情感话语》《创新加求实　教改入纵深——建构观下的数学教育改革》。

（3）题名的类型。题名的类型主要有以下四种。

①提问隐含型。如：《国有企业能退出竞争领域吗》。

②中心表述型。如：《论老舍的语言风格》。

③范围限定型。如：《日本政治动向对亚太地区经济发展的影响》。

④判断正确型。如：《大学生应当防治心理疾病》。

2. 引言

引言又称前言，属于整篇论文的引论部分。其写作内容包括：研究的理由、目的，内容为本研究领域的国内外现状，有关历史回顾和前人工作的综合评述，理论依据和实验基础，本论文所要解决的问题，预期的结果及其在经济建设、科技进步和社会发展等某方面的实用价值与理论意义。

引言的主要任务是提出问题，可以写以下内容：开宗明义，提出中心论点；阐释论题各概念定义；说明研究背景，从而衬托所论问题的必要性和重要性；说明研究的缘由，交代写作动机和写作目的；论证研究课题的价值和意义；摆出敌论，为驳论树"靶子"。

引言的文字不可冗长，内容选择不必过于分散、琐碎，措辞要精练，要吸引读者读下去，禁绝空话、套话、废话，防止离题千里。

3. 正文

正文是一篇论文的本论，属于论文的主体，它占据论文的最大篇幅。论文所体现的创造性成果或新的研究结果，都将在这一部分得到充分的反映。因此，要求这一部分内容充实，论据充分、可靠，论证有力，主题明确。为了满足这一系列要求，同时也为了做到层次分明、脉络清晰，常常将正文部分分成几个大的段落。这些段落即所谓逻辑段，一个逻辑段可包含几个自然段。每一逻辑段落可冠以适当标题（分大标题或小标题）。

因学科专业不同、论文的选题不同，正文部分可以有不同的写作方式。但其内在的逻辑联系则只有横式、纵式和纵横结合式三种。这个内在的逻辑关系不在文中标明，只是作者内心明确，以便过渡衔接自然、文思贯通、结构严谨。

由于毕业论文的选题和内容性质差别较大，其段落的划分均不能做硬性的统一规定，应视论文性质与内容而定。但必须实事求是、客观直切、准确完备、合乎逻辑、层次分明，简练可读。例如，理科的毕业论文一般常见的段落划分方式有以下两种。

（1）实验原材料和材料/实验方法/实验结果和分析。

（2）理论分析/实验装置和方法/实验结果比较与分析。

4. 结语

论文的结语应该是论文的最终的、总体的结论，而不是某一局部问题或某一分支问题的结论，也不是正文中各段的小结的简单重复。因而，作者应当从全篇论文的全部材料出发，经过推理、判断、归纳等逻辑分析过程而得到更深层次的总观念、总见解。

例文评析

例文 9.4

集成电路热模拟模型和算法

论文摘要：众所周知，半导体器件的各种特性参数都是温度的灵敏函数学[诸如 ls（T），B（T），C1（T），Cp（T）……]。集成电路将大量元件集成在一块芯片上，电路工作时，元件功耗将产生热量，沿晶片向四周扩散。但是由于半导体片及基座材料具有热阻，因此芯片上各点温度不可能相同。特别是对于功率集成电路，大功率元件区域将有较高温度，所以在芯片上存在着不均匀的温度分布。

但是为了简化计算，一般在分析集成电路性能时，常常忽略这种温度差别，假定所有元件处于同一温度下。例如通用的电路模拟程序——SPICE 就是这样处理的。显然这一假定给集成电路带来计算误差。对于功率集成电路误差将更大。因此，如何计算集成电路芯片上的温度分布，如何计算元件温度不同时的电路特性，以及如何考虑芯片上热、电相互作用，这就是本文的目的。

本文介绍集成电路的热模拟模型，并将热路问题模拟成电路问题，然后用电路模拟程序求解芯片温度分布。这样做可以利用成熟的电路分析程序，使计算的速度和精度大为提高。作者根据这一模型和算法，编制了一个 YM-LiN-3 的 FORTRAN 程序，它可以确定芯片温度分布，也可以计算元件处于不同温度时的电路特性，该程序在微机 IBM-PC 上通过，得到满意结果。

评析：

撰写论文摘要的常见毛病，一是照搬论文正文中的小标题（目录）或论文结论部分的文字；二是内容不浓缩、不概括，文字篇幅过长。上述论文提要字数近 600，显然过长，只要认真加以修改（如第一段可删掉，第二段只保留其中的最后几句话，加上第三段），便可以用二三百个字编写论文摘要。

例文 9.5

古代文艺肖像与美学宗教意蕴

袁明光

绪论：简要阐述论题研究的意义和价值

本论：具体阐述古代文艺肖像与美学宗教意蕴

一、狞厉美：中国古代原始宗教意蕴对肖像的渗透（小标题入文内）

（一）史前社会人类把野兽的形象幻化成图腾

（二）图腾崇拜的具体意蕴

1. 中国西部夏部落以龙为图腾的意蕴

2. 中国东部殷部落以凤为图腾的意蕴

（三）图腾崇拜的宗教意识对人物肖像的渗透

1. 女娲肖像的宗教印记

2. 伏羲肖像的宗教印记

3. 由女娲、伏羲肖像窥见狞厉美的审美意蕴及根源

二、中和美：儒家中庸之道的哲学思想在肖像上呈现的表征（小标题入文内）

（一）儒家追求的美的最高境界是中和美

（二）肖像描绘所体现的中和美

1. 司马迁描绘刘邦

2. 王充描绘孔子

3. 宋玉描绘东邻美女

（三）中和美的心理内质剖析与发展

三、自然美、空灵美：道教的美学意蕴在肖像上留下的痕迹（小标题入文内）

（一）道教的哲学思想的核心是崇尚自然

（二）道教的美学理想主要体现为自然美

（三）自然美在肖像上的表现

1. 葛洪笔下的太上老君

2. 老子穿着的五彩衣

（四）自然美的辩证认识

（五）道教美学的另一重要范畴——空灵美

（六）空灵美在肖像上的表现

1. 孔明肖像

2. 林黛玉肖像

四、虚无美：佛教的美学意蕴给肖像烙下的印记（小标题入文内）

（一）佛教教义的主要内涵

（二）佛教美学意蕴在肖像描绘中的印记

1. 陈寿《三国志》描绘刘备、魏明帝、晋武帝

2. 如来佛之头发、手、耳的特点已移植到中国帝王的肖像上

3. 虚无美的肖像

（1）敦煌壁画“割肉贸鸽”

（2）龙门石窟十一尊雕像

4. 虚无美的辩证认识

结论：肖像的历史与现实的效应

（一）古代文艺肖像的丰富内涵

（二）古代文艺肖像所积淀的多元一体审美观之精神效应

（三）多元一体的美学观对现代文艺的巨大作用

评析：

这是一份内容齐备的规范的论文提纲。这份提纲已明确拟定了全文的大标题和各部分的小标题。全文前后一致，均采用论点句做标题的方式。四条小标题的句式工整、判断明确。这份提纲的中心论点和分论点已明确拟定，并已推敲成论点句式。提纲已明确拟定了全文的层次段落，且详细到第四级的段落安排（如“本论”“一”“(一)”“1.”）。全文分绪论、本论、结论三大部分，本论分四个层次，层次间呈横式关系，分别从四个方面分述中心论点，条分缕析，清清楚楚。明确了各分论点运用的论据。例如本论一的（二）将用龙和凤具体论证图腾崇拜的具体意蕴。这份提纲内容齐备、纲目清晰，是一份论文提纲的范例。

例文 9.6

20 世纪 90 年代文学批评向文化批评转型简析

摘要：20 世纪 90 年代，中国文坛掀起了一股文化热潮，具有文化倾向的文学作品大量涌现，文学批评开始了向文化批评的转型。文化批评开拓了批评视野，扩展了批评空间，是文学批评一种有益的尝试。本文就这一转型发生的时代背景和现实依据，在批评语境、批评话语、理论来源、批评层面、美学价值五个方面，阐释了这一转型的内在含义。尽管文化批评在发展初期存在着一些不完善之处，但却是走向多元综合批评时代的一条可行之路。

关键词：20 世纪 90 年代；文学批评；文化批评；转型

20 世纪 90 年代……中国在改革大潮的推涌下响亮地吹起了向现代化进军的号角。经济上的变革带来了文化上的新气象。意识领域二元对立的局面被打破，国际文化交流一日千里，文化上出现了多元共生的局面。中国当代文学满载着对社会历史文化的重新审视，扬起了现代性精神价值重构的风帆。文学理论批评在东西文化交汇中，引进了女权主义，解构主义，“后殖民”“后现代”等理论，大有“海纳百川”之势。……多元共生的文化空

间里，文化批评作为一种批评话语的位移和范式的转换，究竟是否是文学批评发展过程中的一种有益的尝试呢，本文试图从文化批评产生的背景、实践与理论基础及转型特征等方面对这一问题加以阐述。

1. 批评的出现及现实依据

1.1 文化批评在中国的出现

20 世纪 90 年代，文化热潮覆盖着中国文坛，大众文化开始勃兴，文学的叙述风格和介入生活的方式都在变化……20 世纪 90 年代，具有种种文化内涵的文学作品与文学现象纷至沓来，为文学批评向文化批评的转型提供了现实依据。这些作品或追寻传统文化内蕴，或建构现代精神价值，反映了作家的文化自觉意识的觉醒。

……上述文学现象为文学批评向文化批评的转型提供了理论与实践的基础，转型就是在这样的基础上产生的。

1.2. 文化批评的发生和实践

中国的文化批评仅仅是 90 年代的事情。有人说 80 年代中期，杰姆逊（Fredric Jameson）的来访将文化批评的概念带到了中国，这一新的批评形态就蔚然成风。其实在整个 80 年代中期，批评家们还没有文化批评的观念和意识，独领风骚的还是文学批评。

……运用西方批评理论（如解构主义，女权主义，后殖民，后现代等），对中国文化现象进行阐释，已经形成了一股文化风潮。文艺理论界运用这些理论对中国的文学现象加以透视，为文学批评向文化批评的转型积累实践经验。

2. 文化批评的内涵及转型特征

当然，我们这里指的文化批评并非广义的对社会一切文化现象的批评，而是以文学文本为出发点和研究对象，研究文学的历史流变，研究文学透露的文化信息。所以文化批评并不是独立于文学批评之外，毫不相关的批评形态。……文学批评向文化批评的转型是在哪些层面上发生的，我们从以下五个方面加以阐述。

第一，批评语境的转型。（略）

第二，理论来源的转型。（略）

第三，批评话语的转型。（略）

第四，批评层面的转型。（略）

第五，批评美学价值的转型。（略）

3. 文化批评的不足及发展

20 世纪 90 年代，文学批评的第三次转型，即文学批评向文化批评的转型，备受瞩目。文化批评作为一种新的知识体系和批评系统，为文学批评贡献了新的批评话语和批评范式，丰富了文学批评的内涵。……理性的分析这些反对呼声可以发现：当今中国的文化批评的确存在着许多亟待解决的问题。

在批评理论上，一是在进行批评时完全将文本当作一种符号……二是文化批评的话语“生产”问题……三是借鉴西方文论时，忽视了本土理论的完善和结合……四是文化批评跨学科研究方法运用的偏向……

这种学科偏向失去了文学批评的本来意义，正是为人指责的重要症疾。在批评实践上，国内的文化批评或说“伪文化批评”的有愈演愈烈之势。一是商业主义和“围剿”式批评以及情绪化……二是一些批评文章的确针对文学现象的文化内涵而言，可是一味追究某些小的文化知识点，而使文化批评成了“批改作文”……三是运用西方新兴批评方法时，陷入了“镶镜框”状态……

文化批评是世界多元共生文化语境下的一种新兴批评范式。它的批评视野、空间的广大；话语、思维对时代主潮的契合，在众多的批评范式中占有独特的优势。在发展初期，虽然它存在许多不完善的地方，而且它也并不一定是文学批评发展的最终方向，但可以相信，文化批评是文学批评走向多元综合研究的必由之路。

本文在写作过程中得到了阚晓琴老师的精心指导，在此表示感谢。

参考文献

[1] 唐欣.文化批评：新的可能性[J].甘肃社会科学，1999（1）.

[2] 转引自王光明.荒林：两性对话：中国女性文学十五年[A].文艺争鸣，1997（5）.

[3] 转引自刘慧英.冲破男权传统的樊篱[M].北京：三联书店，1995.

[4] 陈厚诚.后殖民主义批评在中国[A].西方当代文学批评在中国[M].天津：百花出版社，2000.

[5] 陶东风.跨学科文化研究与批判的知识分子[A].批评的趋势[C].北京：北京图书馆出版社，2001.

[6] 王岳川.后现代主义在中国[A].批评的趋势[C].北京：北京图书馆出版社，2001.

评析：

这篇论文是汉语言文学专业毕业论文，属文艺理论方向，约10 000字，论据充分，论点明确，层次清晰，格式规范，有一定的创见性，符合本专业对本科生的要求。

第五节 实 验 报 告

学习目标

1. 掌握实验报告的内涵、特点、类型、作用等基本常识；
2. 掌握实验报告的结构与写法；
3. 鉴赏例文，练习写作。

知识链接

一、实验报告的概念与种类

（一）实验报告的概念

实验报告是人们在科学研究过程中，通过科学实验对某一科学理论或假设进行论证以记录自己的实验项目、目的、方法、过程和结果的书面文书。虽然实验报告与科技论文一样都以文字形式阐明了科学研究的成果，但二者在内容和表达方式上仍有所差别。科技论文一般是把成功的实验结果作为论证科学观点的根据。实验报告则客观地记录实验的过程和结果，着重告知一项科学事实，不夹带实验者的主观看法，具有很强的实录性。

实验报告作为科研实证文体，在对科学原理的传播、认知和加强情报的交流、科研资料的积累方面都有十分重要的作用，特别是作为大学生，尤其是理工科大学生，在各种专业理论课的学习中，必须通过大量的科学实验来吸收新的科学理论知识，通过实验报告的写作，来提高自己发现和解决问题的科研能力。

（二）实验报告的分类

按不同的标准，实验报告有多种不同种类。

（1）按实验项目的学科不同，实验报告可分为物理实验报告、化学实验报告、生物实验报告。

（2）按实验方法的不同，实验报告可分为检验性实验报告、设计性实验报告、综合性实验报告。

（3）按实验主体的不同，实验报告可分为科研工作者研究型报告、大学生求证型研究报告。

（三）实验报告的特点

（1）科学性。实验报告的写作内容是科学实验的客观事实，反映的是客观真理，内容必须科学准确，它是对科学实验的过程和结果的真实记录，虽然也要表明对某些问题的观点和意见，但这些观点和意见都是在客观事实的基础上提出的，必须客观真实。

（2）确证性。确证性是指实验报告中记载的实验结果能被任何人所重复和证实，也就是说，任何人按给定的条件去重复这项实验，无论何时何地，都能观察到相同的科学现象，得到同样的结果。

（3）直观性。直观性是指为使读者了解复杂的实验过程，实验报告的写作除了以文字叙述和说明以外，还常常借助画图像、列表格、做曲线图等文式，说明实验的基本原理和各步骤之间的关系，解释实验结果等，内容表述简洁明了、直观清晰。

二、实验报告的写作

实验报告的写作虽不是创新研究成果的报告，而是实证性的实验过程的记录报告，但它的写作对实验者来讲，同样是一项重要的基本技能训练，对培养大学生初步的科学研究能力大有裨益，特别是对培养大学生的科学观察能力、分析思维能力和文字表达能力意义重大。写作实验报告，除了要做到内容真实准确、实事求是，分析全面、深入、具体，文字表述简明通畅，结构清晰明了，还应注意格式的规范，严格按实验报告科学的表达方式进行写作。

1. 标题的写作

标题即实验报告名称。要求用最简明的文字高度概括实验项目的名称。如验证某程序、定律等，可以拟为“××实验报告”“××分析实验报告”“验证××××”。如“平均差误法实验报告”“风洞实验报告”“任务难度对预期式时距估计影响的实验研究”。

2. 实验项目相关说明的写作

实验项目相关说明要求写明所属名称、学生姓名、学号、合作者、任课教师、课程名称、实验日期和地点。

3. 前言的写作

规范的实验报告前言写作应简要说明所要研究问题的提出的背景、他人的研究情况和自己有的准备、作者对该问题的理论假设以及本实验的意义。要写好前言作者需做大量的前期准备工作，如实验项目相关的文献资料的查阅，实验前的仪器设备、材料的准备，对实验的步骤、思路、方法的思考。写作好实验报告的前言，需较全面地概括以下内容。

（1）简单介绍实验中用到的方法、要验证的定理、定义或问题现象。

（2）说明有关实验的经典结论。

（3）自己对实验的分析和论断以及诠释与实验相关的主要原理。

（4）详细说明实验的目的意义和实验类型。

（5）实验环境与器材的简单介绍。

4. 实验内容和方法的写法

实验内容和方法是实验报告的重点部分。需要详细、准确、完整说明实验中实验者做了什么，实验是如何进行的。在实验内容说明上，要抓住重点，从理论和实践上说明是依据何种原理、定律、算法或操作方法进行实验的。实验方法要写出详细的理论计算过程、实验或操作的步骤，画出实验流程或实验装置的机构示意图，并用文字做简要说明，以求方法的形象准确。

5. 实验结果的写法

通过文字叙述、图表、曲线图等多种表现形式，对实验现象与结果加以描述，使结论或结果能够非常明确地表现出来。在描述中应根据不同内容和实验项目，有针对性地将几种表现形式结合起来使用。在描述实验结果时应使用专业术语，客观准确表述，不能有任何夸大，各项数据应真实可靠，图表符合规范要求。

6. 讨论分析的写法

讨论分析就是根据相关专业理论对所得到的实验结果进行分析探讨，从实验数据和结果出发，对相关理论进行论证，从感性认识到理性深化。在讨论分析中要分析这些内容：影响实验的基本因素，实验中观察到的现象。如果结果与预期一致，它验证了什么理论，结果与预期不符，说明了什么问题，实验中发现了什么规律，或进行测量中的误差分析，等等。还可谈谈本次实验的心得体会和提出一些问题建议。写作时条理要清晰，语句要通畅。

7. 结论的写法

对通过实验所验证的概念、原理或定理、定义的高度概括总结，是从实验结果中归纳出的一般性、概括性的论断。要求文字简明扼要，判断鲜明准确。

8. 参考文献与附录的写法

如实验过程中，参考了一些资料文献，或实验中有特别需要说明的材料、方法等，一般在文尾需要标明参考文献和附录说明。

在实验报告写作中，除了要严格按照实验报告的基本规范格式（很多高校都根据不同学科拟制了实验报告的写作模板）写作外，还必须在实验前做好充分准备，特别要在实验过程中，掌握科学实验方法，仔细观察分析实验结果与数据，及时发现新问题、得出科学结论。语言表达上要采用直观形象的表格、曲线或柱形图表等多种说明方法，进行通俗形象介绍。

例文评析

例文 9.7

《银行会计综合》实验报告

实验时间：2018 年 4 月 6 日　系别：会计系　专业班级：会计 02 班
学　　号：1840407043　姓名：王京　成　　绩：______

【实验目的】

通过本实验，加深对银行会计理论的理解，初步掌握银行传统业务操作方法，学会利用计算机软件处理银行业务，为以后银行工作打下基础。

【知识准备】

此实验要求学生具备银行会计课程知识、初步的计算机网络知识、电子商务相关安全技术知识和一定的网页编辑技能。实验安排在理论教学内容讲授结束之后，要求学生在课堂授课阶段，掌握银行会计账务处理流程，结合课堂讲授的知识，理解储蓄、对公、信贷、信用卡业务系统模块功能结构，掌握金融信息系统课程讲授的相关知识。

【实验软件】

实验软件采用西南财大的“现代商业银行业务模拟系统”。该软件采用 C/S 结构，后台操作系统为 Win-NT，数据库系统为 Oracle，前台操作系统为 Win9X/NT/2000。

系统功能分为系统管理、业务管理、对公业务、储蓄业务、信贷业务五大部分，功能涵盖了现代商业银行日常业务处理的多个方面，包括实时、批量处理业务，账务处理方式为集中式，与目前金融界数据集中趋势吻合。

辅助软件包括虚拟 PC、网页编辑软件、OFFICE2000 以上版本等。

【实验要求】

对于金融专业本科学生，根据授课内容必须掌握：

①系统管理模块（日常业务管理、机构管理、利息管理、账目管理、人员管理）；②金融业务处理系统的操作界面，主要业务系统的功能结构（对公业务、储蓄业务、信贷业务系统）；③业务管理模块的设计（对公、储蓄业务的管理、账务管理、档案管理、柜员管

理、凭证管理等）；④熟悉集中化业务处理下账务信息的存放、账务核对处理等。⑤掌握主要业务模块的具体操作，储蓄模块、对公模块、信贷模块等；⑥学会日终轧账工作和利用计算机系统对账；⑦掌握网上交易主要安全平台的操作和原理；⑧掌握一定的网页编辑技能。

【实验方案与进度】（略）

【实验过程】（略）

【实验小结】（略）

评析：

这是一篇大学生课程实验报告，内容相对简单。但报告各要素清晰有条理，语言表达通俗简洁，结构严格按实验报告写作要求，对报告的各要素分条列项一一说明。是一篇体式规范的实验报告。

思考与练习

1. 如何理解教育科研文书的性质与特点？
2. 教案写作的步骤和要点有哪些？
3. 说课案与教案有何区别？
4. 毕业论文的写作要点有哪些？

第十章

申　论

本章导读

申论是当代中国党政机关、企事业单位、社会团体考试招聘工作人员的重要考试科目，是应用文体系中非常重要的一种。把握申论的内涵、特点和本质，对于提升申论的写作能力具有至关重要的作用。

第一节　申论内涵概述

学习目标

1. 了解申论的应用范围，并把握申论的内涵和本质；
2. 掌握申论的类型和要点。

知识链接

“得申论者得天下”，这是对申论在人事考试测试体系中地位的最好诠释，一方面表明的是申论历年的平均成绩低（国家公务员考试的平均成绩往往为40～45分），另一方面表明的是“申论能力”培养和提升对于一个准公务员的重要性。如何提升“申论能力”并提高申论成绩？这是近20年来社会广泛关注并深刻思考的一个问题。我们认为，其核心的问题是要深刻理解申论的科学内涵、基本特点、考核要求等基本问题，只有如此，考生的训练中才能明确学科基础和实践方向。

一、申论的内涵

2000年以来，随着国家各级公职机关招录基层工作人员工作的迅速开展，申论因其成为重要的考核科目而引人关注。何为申论？从字面上理解，申论就是“申而论之”。“申”可以理解成申述、申辩、申明，“论”则是议论、论说、论证。我们认为，申论首先是一门考试科目，其次是一篇应用文。

1. 申论是考试科目

从广义上来理解，申论是当前国家公职人员招考中一门非常重要的考试科目，其基本原理就是招聘单位委托权威考试单位或专业教师（团队），根据招聘单位的业务需要，按一定的标准提供反映具有公共性、管理性、实践性的现象、问题的素材，要求考生在全面把握素材的基础上，回答相应的问题。

申论自 2000 年以来，就因其考核要点能实现科学性和实践性的结合、考核形式能实现稳定性和创新性的结合、考核标准能实现主观性与客观性的结合而颇受人事考试部门、用人单位和考生的普遍认可。经过近 20 年的研究和发展，申论的测查体系、测查标准已经越来越稳定、越来越科学，在国家人事部门“逢进必考”政策全面落实的背景下，申论已经成为党政机关、企事业单位、社会团体等各类机关录用基层工作人员的核心科目。

从形式上看，申论考查的是考生对给定材料的阅读理解能力和文章写作能力；从应试技巧来看，考生对材料的阅读理解能力和文章写作能力，对于应对申论测试、提升申论成绩具有重要的意义。但是，从本质上来说，申论的测查不仅仅局限于对材料的阅读理解能力和一般性的文章写作能力，更重要的是对实际问题的分析能力和解决实际问题的方案、实施能力。如此，申论对考生的要求就不仅仅是知识能力、方法能力、理论能力，更要考查考生的实践能力。

近年来各类录用考试笔试科目一览表（个别地方性考试会有调整）

考试类型	考试名称	考试科目 1	考试科目 2	考试科目 3
公务员招考	中央、国家公务员录用考试	行政职业能力测试	申论	
公务员招考	多省市公务员录用联考	行政职业能力测试	申论	
公务员招考	各省市公务员录用考试	行政职业能力测试	申论	
公务员招考	公安招警考试	行政职业能力测试	申论	公安基础知识
公务员招考	政治干警录用考试	行政职业能力测试	申论	教育入学考试
公务员招考	公务员遴选考试		申论	
事业单位招考	各省直、市直事业单位招考	公共基础知识	申论	
事业单位招考	高等学校辅导员招考	公共基础知识	申论	

2. 申论是应用文

从狭义上理解，申论经常被理解为一种以分析、解决问题为核心任务的新型实用文，是广义范围的应用文的一种。

从近年来申论题型来看，主要有概括表达题、概括解释题、概括启示题、概括应用题和概括写作题（详情后述）。其中概括应用题特指的是常用应用文写作题，主要集中在讲话稿、宣传提纲、倡议书、解说词等与机关工作密切关联的应用文文种，应对好此类试题的基础，就是要掌握应用文写作的基本规范。而申论文章写作却要与文学作品写作、新闻作品写作、作文写作相区别，它是基于对现实问题客观分析的基础上，合理引申、推断并提出解决问题方案的实用文写作，但该类实用文的结构要素现趋同于议论文的结构要素，与常见的应用文有明显的不同。

二、申论的本质

无论是作为考试科目的申论还是作为应用文的申论，申论的本质都是“公务员基本素质和能力测试体系”，而不是一个普通的测试试题。申论最核心的命题原理就是对机关工作人员实际工作环境、工作关系、工作矛盾、工作要求的仿真模拟，要求考生在全真的环境和矛盾之中，分析问题、解决问题，是对考生思维、方法和能力的全面考核。

1. 申论是对社会现实问题和机关工作环境、矛盾和任务的全真模拟

公务员是党和政府机关的工作人员，是社会主义建设事业的组织者、实施者和服务者，对国情、社情和民情必须要全面了解并能深刻分析，只有这样，才能分析问题、解决问题，才能提供服务、担当使命。因此，公务员录用考试要淘汰的是不与时代俱进、不与社会同步的低素质的考生，要选拔的是既有专业基础、又有实践能力的综合型人才。正因如此，申论考试所提供的一般都是社会性较强的背景材料，基本都反映了社会发展的主题，也反映了社会发展过程中的困境和问题，让考生去进行分析和论述，从而测查考生的素质和潜能。

党的十八大以来，党和国家的核心任务就是要承前启后、深化改革，推动经济社会全面发展，实现政治、经济、文化、社会、生态的全面发展，全面建设小康社会，建设社会主义现代化强国，实现中华民族的伟大复兴，围绕这一主题，2013～2018 年申论材料的主题分别聚焦于城市安全建设、智能和谐城市建设、社会矛盾与社会心态、“双创”活动与科技创新、社会风气与国民素养、人工智能与产业升级、土地流转与农村发展、社区文化等社会问题。

2. 申论是对考生分析和解决社会问题的思维、方法和能力的全面测试

正如前文所述，申论科目的考核形式，是要求考生基于给定资料完成相关作答任务。所以申论的基础考核能力是阅读能力、理解能力、概括能力和写作能力。但是，思维决定方法，方法决定成效。仅仅掌握这些能力，还不能算是优秀的甚至合格的公职人员。要真正全面把握材料（材料中反映的社会问题），一方面要有科学的世界观和价值观，因为世界观和价值观决定着对社会问题的基本态度，另一方面要有辩证的思维方式和方式方法，因为世界本来就是辩证运动发展的，此外还要有全面的行政管理与服务意识和能力，因为申论的给定资料选择依据就是现实中经常出现的公共性管理与服务问题。

三、申论的特点

申论包含以下几个特点。

1. 申论考核形式：稳而有变化

经过近 20 年的研究和实践，申论的考核形式基本趋于稳定，基本以“给定资料＋作答要求”的考核方式为主，近几年来申论国考大纲一字未改就是证明。但是，申论考核形式趋于稳定的同时，每年均有一些小变化、小创新，值得考生注意。

从“给定资料”来看，国家公务员录用考试的“给定资料”相对稳定，一般维持在 7000 字左右，近年来偶尔出现突破 8000 字的情况。但各地市公务员录用考试的“给定资料”形式有些灵活，多省申论阅读量经常性突破 8000 字，也有一些省市公务员招考阅读题在 5000 字左右（如 2018 年深圳）。从“作答要求”来看，国家公务员录用考试的“作答要求”相对稳定，一般维持在 5 题左右。但省级公务员招考的题型和题量则灵活得多，概括表达题、应用概括题、申论文章写作是常规题，题量一般维持在 3～5 题，个别省份申论甚至只考核概括写作题。

近年来，国家公务员考试题型的变化不多，但这并不意味着不会变化。

如：2016年国家公务员招考试题只有4则材料，阅读量首次突破8000字，但2018年国家公务员招考试题的阅读量明显低于往年，均保持在6000字以内。2015年国家公务员招考试题出现了“填写标题”的题型，“请在给定资料1的三处横线上各填一句话，使该资料的结论语义连贯完整”，这道题实际上是传统的概括表达题的变化，考生只需要直接根据给定资料的主题即可得出答案。

近年来，各省市公务员考试题的变化不少。

如：2018年广东省公务员招考，只要求考生围绕给定材料所反映的问题写一篇议论文：请深入思考给定材料10中划线句：“但愿苍生俱饱暖，不辞辛苦出山林”，联系“放管服”改革实践，自选角度，自拟题目，写一篇议论文。（100分）2018年深圳公务员招考，全套试题共3道题：（一）请就材料四，归纳祁连山生态保护方面存在的主要问题；（20分）（二）阅读材料七，就M河存在的问题提出治理举措；（30分）（三）假如A市正在开展建设“美丽城市”意见征集活动，你准备给市委市政府建言献策，请结合给定材料，写一篇文章。（50分）2018年浙江公务员招考，全套试题共3道题：（一）资料九中介绍了浙江省“小微企业三年成长计划”，结合给定资料分析浙江顺利实施“小微企业三年成长计划”的条件；（20分）（二）结合资料二、四、五、六，谈谈你对小微企业发展“专精特新”导向的理解；（30分）（三）参考给定资料，以“隐形冠军”为话题，联系实际，自选角度，自拟题目，写一篇议论文。（50分）

2. 申论考核主题：广而有代表

如前所述，为了实现为党政机关选录优秀人才的目的，申论自2000年以来的主题非常广泛，涵盖了政治、经济、文化、社会、生态和党的建设等各个领域。考核主题广泛、选材广泛已经成为命题者和应试者的共识，这也给考生备考带来了很多困扰。

但是，这并不意味着申论的考核主题选择是随心所欲、毫无规律的，恰恰相反，申论考核主题的选择一直都遵循着公共性、时代性、实践性和可考性的特征，始终围绕着党和政府新时代的中心任务，即推动政治、经济、文化、社会、生态“五位一体”全面发展而选择最新的考核主题，结合当年政治体制改革、政府与市场关系、经济体制改革、文化供给与文化服务、社会主义核心价值观、和谐社会、生态安全、幸福感与获得感等热点社会事件命题。这些，恰恰是每年申论考核主题的变与不变，是考生掌握国情、社情、民情的重中之重。

国家公务员招考申论考核主题统计表

年份	主题	所属领域	材料篇幅	题量	作答字数	试题类型
2017副省	产业转型 科技创新	经济科技	5则6300字	5	2250～2450	概括＋应用＋启示＋解释＋文章
2017地市	深化改革 共享发展	经济社会	6则5951字	5	2100	根据＋启示＋解释＋应用＋文章
2017副省	生态文明 城市发展	生态经济	5则7699字	5	2300～2320	概括＋应用＋解释＋应用＋文章
2017地市	生态文明 城市发展	生态经济	5则5845字	5	2250～2450	概括＋解释＋应用＋应用＋文章

续表

年份	主题	所属领域	材料篇幅	题量	作答字数	试题类型
2016 副省	传统文化 国民素养	社会文化	6 则 7632 字	5	2350～2450	概括＋解释＋应用＋应用＋文章
2016 地市	社会文明 政策实施	社会政策	4 则 8216 字	5	1950～2150	应用＋概括＋解释＋概括＋文章
2015 副省	科技创新	科技文化	6 则 7479 字	5	2230～2430	解释＋概括＋应用＋应用＋文章写作
2015 地市	科技创新	科技文化	6 则 7769 字	5	2050～2250	概括＋解释＋应用＋启示＋文章写作
2014 副省	社会心态	社会文化	6 则 6837 字	5	2250～2450	概括＋解释＋应用＋应用＋文章写作
2014 地市	社会心态	社会文化	6 则 7132 字	5	2250～2450	概括＋概括＋应用＋应用＋文章写作
2013 副省	传统文化 城市文化传承	文化经济	6 则 7846 字	5	2000～2300	解释＋启示＋应用＋应用＋文章写作
2013 地市	传统文化 汉语生态环境	文化语言	8 则 6750 字	5	1900～2100	启示＋概括＋启示＋应用＋文章写作
2012 副省	社会道德问题	社会文化	9 则 5991 字	4	2050～2250	概括＋应用＋解释＋概括＋文章写作
2012 地市	公共安全问题	社会文化	5 则 6356 字	4	2000～2200	解释＋概括＋应用＋应用＋文章写作
2011 副省	传统文化 黄河精神	生态文化	7 则 6890 字	4	2100 左右	解释＋概括＋启示＋应用＋文章写作
2011 地市	文化建设 农村教育	社会文化	7 则 6892 字	4	1950～2150	概括＋解释＋应用＋概括＋文章写作
2010 副省	生态环境 海洋生态保护	经济生态	6 则 6037 字	4	1850～2050	解释＋解释＋启示＋应用＋文章写作
2010 地市	生态环境 海洋污染治理	经济生态	5 则 6218 字	4	1850～2050	概括＋解释＋概括＋应用＋文章写作

3. 申论考核标准：活而有标准

受申论考核形式的影响，很多人认为，申论的考核标准主观性太强，更有人因此认为申论考核标准随意性太强，没有客观化的评判标准。所以，有考生就得出了一个错误的结论：没有什么需要系统准备的，申论并无统一的答案和标准。其实，这个看法明显不妥。

申论的考核确实有着明显的主观性。申论给定资料主体是主观性的文字材料，每个材料都反映了活生生的社会现象和社会问题，而每一个社会问题都可以从不同的角度去分析，也可以用不同的方式去解决。从这个角度来说，申论的考核标准确实有着明显的主观性。但是，这并不意味着申论的考核标准是主观随意的，恰恰相反，我们认为申论考核标准明显趋于客观化。

申论考核标准的客观化趋势，同时体现在“给定资料”和“参考答案”上。

“给定资料”的客观化：每次申论命题，命题者总是先明确考核主题，然后围绕考核主题有计划地选择有代表性的、有说服力的数据、材料、观点等，7000 字左右的“杂乱无章”的“给定资料”背后，其实有着明确的、共性的、客观的主题脉络，是相关社会问题的现象、背景、原因、对策、影响等，而这些材料，无论是问题表现还是对策方案，往往是没有争议的、有代表性的、客观存在的。

“参考答案”的客观化：申论试题是否有标准答案，这是广大考生一直在思考和争论的问题。这个问题并不是可有可无的问题，而是决定着考生应试方向的关键问题。我们认为，申论每一道题都有着相对客观的参考答案，有些题甚至有标准答案，这些参考答案（标准答案）并不是由哪位考生或者评卷员随意确定的，而是由材料决定的。有什么样的材料，就会有什么样的答案。概括表达题的答案，只能遵循材料要点；解释题、概括启示题的答案，出发点、依据正是材料的原意；概括应用题尽管要遵循应用文的一般规范和格式，但主体内容正是来自材料；即便是最后一道概括写作题，考生也不能随心所欲地任选一个主题写作，一篇申论文章的主题往往只有一个，取决于作答要求和材料主题。

4. 申论应试要求：专而有通识

申论的应试要求，建立在专才和通才的基础之上，要求考生全面发展、全面备考。

所谓的“专”，指的是“专业”“专才”。“专”并不是说申论主题、材料和作答要求有某个专业倾向性，这正是申论命题要尽力避免的。“专业”“专才”强调的是要认识到国家公职人员所从事的工作，并不是可有可无的“杂事”，而是涉及调研宣传、规划策划、组织实施、检查提升、管理服务、沟通协调等专业性很强的行政管理与服务工作，考生在平时的备考提升和考时的思考作答中，都要有“专业”“专才”的意识，而不能随心所欲。

所谓的“通”，指的是“通识”“通才”。“通”是因为申论考核往往是围绕公职人员从事行政管理与服务工作的实际而设置作答要求，要完成这些作答任务，考生必须总体上通过国情、政情、社情和民情，与党和国家的法规、政策、方法接轨，与经济社会发展的内在规律和要求接轨，与人民群众的实际需求接轨，如此，考生分析申论材料的角度、高度、方法才不会出现偏差，解决申论材料中的主题问题才有可行性和操作性。

由于考生来自各个学校，所学专业很不相同，所以申论考试中让考生处理加工的材料大都具有普遍性、非专业性。

例如，2000 年国家公务员招考试题，材料中涉及“红星新村居民状告印刷总公司的事”，从表面来看，这似乎是法律专业的强项，实际不然，作答要求其实是考生从处理好“经济发展与环境保护”这一辩证关系入手去分析和解决问题。2014 年国家公务员招考试题，材料中涉及“心理健康、心理疾病、社会心理”等专业话题，从表面来看，这似乎是心理学专业的强项，实际不然，材料其实是从“价值观教育与经济社会发展”的辩证关系来设置作答要求的。2018 年国家公务员招考试题，材料涉及“城市建设、城市规划、土地流转”等多种专业话题和专业术语，从表面来看，这似乎也有明显的专业倾向。其实，2018 年的大主题并没有离我们很远，聚焦的是“全面深化改革与创新、共享发展理念”的辩证关系。

四、对申论认识的误区

对申论认识的误区包含以下几点。

1. 申论不重要或无法提升

很多考生尤其是文科类考生从一开始就没有予以足够的重视，认为申论短时间内就可以解决。众所周知，写作能力是一种需要长期积累才能获得的能力，它无法靠简单的突击训练就能够获得迅速提高。在这样的认知逻辑下，人们便认为申论考试的准备与否无关紧要。对于写作能力和表达能力较差的人来说，准备也是白准备；对于写作和表达能力都较强的人来说，则无须进行刻意的准备。实际上，这正是误解申论考试的两个极端。其结果往往是高行测，低申论，不能不说这是一种遗憾。

2. 写申论文章就是写“策论”

为选拔优秀人才，申论适当地借鉴了我国古代科举应试中“策论”的一些经验与做法，而申论的考核目标最终还是定位于对策方案，也就是要解决问题。因此，很多申论的文章写作，要求或许更合适写“对策性议论文”，即“策论文”。但这并不意味着我们就可以将“申论”等同于“策论”，申论文章写作的一般要求，往往是要求写一篇议论文，这篇议论文，既可以是“政策性议论文”，也可以是“对策性议论文”。因此，我们有着一个基本共识，申论文章一般分为“政论文”和“策论文”。

与此同时，申论中的“策论”比传统意义上的“策论”更具有现实针对性，在形式上更加灵活多变。传统意义上的“策论”大多要求应试者就一些重大问题展开论述，即论证某项国家政策或对策的可行性与合理性，侧重于考查应试者解决问题的能力。申论中的“策论”则要求考生从一大堆反映日常问题的现实材料中去发现问题并解决问题，全面考查考生收集和处理各类日常信息的素质与潜能，充分体现了信息时代的特征，也适应当今国家公务员实际工作的需要。

3. 写申论文章就是写作文

申论考试诞生于 20 世纪 90 年代中期，当时考试的内容就是命题作文，也就是单纯的写作考试。2000 年以后的国家公务员申论考试早已经不再是单纯的写作考试了，而是一种在材料阅读与分析基础上的集概括材料主要内容、分析问题成因、提出问题解决方案或对策于一体的案例分析题。

现在的申论考试是从多个角度、多个层次来考查考生的能力。考查的绝对不是单纯的写作能力，而是包括概括能力、分析能力、执行能力、表达能力在内的综合能力；考查的也绝对不是单纯中文写作方面的积累，而是包括中文写作、管理学、政治学、经济学、哲学等方面综合知识的积累。具体说，现代申论考试的题目主要可以分为四部分：一是概括材料反映的主要问题；二是提出解决问题的主要对策；三是从某个部门或政府的立场撰写公文；四是围绕材料选取某个主题展开论证。这四部分考查的能力和知识储备各有不同。

从这个角度上来说，申论考试取得成功的前提首先不是依靠写作表达能力，而是依靠对材料的阅读概括和综合分析能力。简单来说，申论考试取得成功的关键就是“用材料说话”。根据阅卷的经验来看，如果不能吃透材料，即使具有很好的文字表达能力，也不可能取得一个理想的成绩。这是因为申论考题的答案往往都来自对材料的概括和分析，而不是完全脱离材料的自由发挥。

尽管，当前有很多申论文章的题目在设计时，往往给人以高考作文的错觉，但实际上，申论考查的决不是简单的写作。

例如：2012 年国家公务员考试申论文章写作，要求考生根据材料中讲述的农妇刘女士和李老太太家人之间发生的一段感人故事，自拟题目，写一篇文章。给定资料 7 讲述的是普通农妇刘女士出于好心搭载同村李老太太及其孙女，不料路上三轮车侧翻致李老太太伤情严重，对此，刘女士主动提出给予其经济赔偿却遭对方家属四次坚决拒绝的感人故事。刘女士出于好心做好事，结果却酿成事故，李老太太家属对此表示支持与理解，这是对公民道德建设中社会公德的一种体现，是对社会主义和谐社会中良好道德风尚、和谐人际关系理念的诠释与印证。

因此，考生可从“加强道德建设，构建社会主义和谐社会”处立论。行文脉络可遵从议论文常规结构，首段通过概述给定资料7的内容，引出道德这一话题；第二段可分析我国当前道德范畴内存在的诸多问题及其危害，进而亮明“加强道德建设，构建社会主义和谐社会”的总论点；第三、四、五段则可从教育、法律和制度、公民个人这三个角度切入，给出分论点；结尾总结提升论点。注意行文应联系当前社会实际和自身体会，务必保证观点的明确性，内容上要尽可能做到充实，并力保语言的流畅。

例如：2013年国家公务员考试的申论文章写作，要求考生以“让……大放异彩”为题，写一篇内容充实的文章。本题属于半命题文章写作。这次申论材料的主题是关于文化建设领域中民族文化的传承与保护。文章写作题当然也应该是紧紧围绕着这个主题。因此，必须要了解文化建设的大背景和我国文化发展的方针政策。在选题上可以选择“让中华文化大放异彩”“让民族文化大放异彩”“让基层文化大放异彩”等。

4. 过度热衷于背政策条文和时事热点

每次考前，总有很多考生非常关心申论考什么热点。其实我们认为：猜热点、押主题的心理并不可取。近年来国家公务员考试申论的主题，泛泛而谈，总离不开“四个全面”“五位一体”“全面小康”“民族复兴”等大主题，考生没有必要去猜。

我们认为：申论试题离不开时政热点，但申论热点不等于时政热点。考生在备考的过程中，确实是要时时关注时政热点，关注国家大政方针，其目的就是要让自己在面对申论给定资料所设定的社会现实问题时，能有大局观念，使自己对现实问题的思考和实践，符合国家与社会的实际。但是，我们也认为：考生完全没有必要将申论看成时政热点分析题甚至是时政热点客观选择题。就申论本身而言，有着其本质的规律，如材料的选择与结构规律、材料的阅读与理解规律、材料的分析与运用规律等，考生只要把握了这些基本规律，就能以不变应万变。此时，时政热点与重点就已退而成其次了。

5. 申论文章决定申论成绩

在申论考试中，很多考生都将主要精力放在了最后一道论述题也就是文章写作题上，在平时的申论复习中，也大多以最后一道论述题为中心进行备考，认为这道题分值高。诚然，从分值上来说，大文章写作占到40%的分数，是所有题目里面分数最高的。殊不知，申论考试，前面几道题目的重要性举足轻重。从申论的阅卷情况及历年得分来看，更易得分及拉开分数差距的是前面四道题目。可以这么说，前面的题目的重要性至少占整个申论重要性的2/3甚至更多，最后一题可能仅占1/3。要知道，大多数考生的分数差距就是差在了前面的题目上，而非最后一道论述题。

为什么这么说？我们可以想一想，最后一道文章写作题分值虽然有40分，但是该题的分数差距却不大，正常情况下大家基本能得25分，好一点的能得32分，非常好的得35分以上，这样这道题最多差距在10分左右，然而不可忽视的是，前面的题目分值却可以拉大到10分、20分，甚至30分！因为申论考试中最难的、拉开距离的正是前面那些相对客观的题目，拿大家都觉得简单的概括题（20分）来说，通常有一半以上的人因为不得概括的要领，得分不会超过 10 分，有 30%～40%的人得分不会超过 5 分。这是因为申论前面的题目都是有阅卷参考答案的，也就是说有一个较为明确的标准，只要答案答到点上就得分，评分时相当简单，阅卷老师的主观分值差距很小，可以说非常公平。而最后一道题却是没有明确的标准的，文章各有特色，阅卷老师也有偏好，所以只要你的文章主题明确、层次清晰、结构合理、论证到位、卷面整洁，一般都能得 30 分左右。但很多考生由于没有认识到这个问题，忽视了前面几大题的重要性，在这里栽了跟头。诚然最后一道论述题可能答得很好，也许所得 40 多分基本就是这最后一道题的得分，前面的题目顶多得个 10 来分。这样的差距可想而知。为此，这里不妨先提醒一下考生，大可不必为写作能力一般而苦恼和痛苦，只要能掌握关于解答前半部分相对客观型题目的技巧，申论一样可以得相对高分。明白了这里面的道理，就解开了很多对自己写作自信的考生永远都想不通的谜："为什么身边一些文采平平的人得分会比自己高？" 所以，大家在平时复习以及练习的时候，对于前面的大题应给予高度的重视。

6. 申论是个性化考试

有些人认为公务员考试是选拔个性化人才的考试，需要在申论考试过程中通过独到的观点、华丽的辞藻和旁征博引来展现个性，吸引阅卷老师的注意。其实，这种理解也是对公务员考试的一种极大的误解。不可否认，公务员考试是选拔性考试，但绝对不是个性化考试。

前文已述，申论的考核，本来就是标准化和程序化的考试，绝不是求新求特的个性化考试。另外，从个性化的影响来看，个性化的答卷容易出现过激的言辞和观点，使答卷偏离主题。或是思想偏激，或是立场错位，使答卷有发泄情绪、抵触社会之嫌疑。一旦出现这样的试卷，分数毫无疑问就会特别低。国家不会也不可能让一个对社会有抵触情绪的人来管理政府事务，这样对党、对人民都是非常不负责任的。

第二节　申论考试大纲

学习目标

1. 了解近十年国家公务员招考申论考试大纲的内容;
2. 把握近十年国家公务员招考申论考试大纲对写好申论的启示。

知识链接

公务员招考的考试大纲，是考生确立备考方向、备考重点的根本依据。在各类考试大纲中，历年国家公务员招考的考试大纲又是根本，它决定着各省、自治区、直辖市，各行业公务员招考相关科目的考试大纲。

2010 年，申论考试大纲全面升级，基本确立了近十年来申论命题的基本分类，也明确描述了不同类型的申论试题的考核要素。2014 年，申论考核大纲有了一个明显的变化，就是考试时间从150分钟延长到180分钟。2016年，申论考核大纲出现了一个新的变化，考试岗位（试题类型）的描述更为准确。

一、国考申论考试大纲（2016年以来）

国考申论考试大纲如下。

1. 时间与总分

考试时限180分钟，满分100分。

2. 作答要求

报考者务必携带的考试文具包括黑色字迹的钢笔或签字笔、2B铅笔和橡皮。报考者必须用2B铅笔在指定位置上填涂准考证号，用钢笔或签字笔在答题卡指定位置上作答。在非指定位置作答或用铅笔作答一律无效。

3. 申论介绍

申论是测查从事机关工作应当具备的基本能力的考试科目。申论试卷由注意事项、给定资料和作答要求三部分组成。申论考试按照省级以上（含副省级）职位、地（市）级以下职位的不同要求，设置两套试卷。

省级以上（含副省级）职位申论考试主要测查报考者的阅读理解能力、综合分析能力、提出和解决问题能力、文字表达能力。

阅读理解能力——要求全面把握给定资料的内容，准确理解给定资料的含义，准确提炼事实所包含的观点，并揭示所反映的本质问题。

综合分析能力——要求对给定资料的全部或部分的内容、观点或问题进行分析和归纳，多角度地思考资料内容，做出合理的推断或评价。

提出和解决问题能力——要求借助自身的实践经验或生活体验，在对给定资料理解分析的基础上，发现和界定问题，做出评估或权衡，提出解决问题的方案或措施。

文字表达能力——要求熟练使用指定的语种，运用说明、陈述、议论等方式，准确规范、简明畅达地表述思想观点。

地（市）以下职位申论考试主要测查报考者的阅读理解能力、贯彻执行能力、解决问题能力和文字表达能力。

阅读理解能力——要求能够理解给定资料的主要内容，把握给定资料各部分之间的关系，对给定资料所涉及的观点、事实做出恰当的解释。

贯彻执行能力——要求能够准确理解工作目标和组织意图，遵循依法行政的原则，根据客观实际情况，及时有效地完成任务。

解决问题能力——要求运用自身已有的知识经验，对具体问题做出正确的分析判断，提出切实可行的措施或办法。

文字表达能力——要求熟练使用指定的语种，对事件、观点进行准确合理的说明、陈述或阐释。

二、国考申论考试大纲分析

2010年以来，申论考试大纲基本成熟稳定，其中关于省级以上、市级以下试题的考核要点的描述没有出现变化，只是分别于2014年、2016年就考试时间、岗位类别等非核心大纲内容进行了更新和完善。2016年以来，国家公务员考试申论大纲一字未变。

1. 考试时间不变

2014年起，国考申论时间调整为180分钟，为考生阅读给定材料和作答相应题目提供了较为充裕的时间，表明国家公务员考试命题日臻科学之境。之所以调整考试时间，最根本的原因是为了体现国家公务员考试的区分度，是国家公务员考试更具科学性，更加人性化和精英化的表现。

一是申论考试更具科学性。国家公务员公共科目笔试内容分为行政职业能力测验和申论两个部分，行政职业能力测验为客观性试题，申论为主观性试题，这从根本上决定了申论相较行测而言，更具难度。往年150分钟的作答时间，无论是报考副省级类职位的考生还是报考地市级类的考生，一般均需要阅读7000字左右的给定材料，并作答4～5道申论题目，作答字数为1850～2300。这对于考生而言，两个半小时的时间，既需要吃透材料，又需要抓住要点，快速书写，还要时刻提醒自己保持卷面整洁，紧凑的考试时间无疑使考生的能力发挥面临巨大的挑战。因此，综合考虑申论这一主观性极强的笔试科目的特殊性，2014年起，国考申论时间调整为180分钟，为考生阅读给定材料和作答相应题目提供了相对较为充裕的时间，表明国家公务员考试命题日臻科学之境。

二是申论考试日益人性化。公务员考试坚持以人为本的根本原则。申论考试时间的调整体现了命题人对广大考生细致而又周全的考虑和照顾。在往年的公务员考试中，经常会有考生反映时间紧、题目多，难以答完所有题目，申论文章写作只写了一半或小部分的大有人在。而2014年国家公务员考试申论时间调整至180分钟，则给广大考生大开方便之门，为考生更好地作答申论题目提供了充足的时间保障，是尊重考生、服务考生的体现，也表明国家公务员考试命题日益人性化。

三是申论考试更加精英化。国家公务员考试科目向来是以能力为导向，反映在笔试中，则通过行测和申论来考量，行测“主要测查与公务员职业密切相关的、适合通过客观化纸笔测验方式进行考查的基本素质和能力要素”，而申论是“测查从事机关工作应当具备的基本能力的考试科目”。鉴于申论全部为主观性试题，其对能力的考查完全需要通过文字作答来呈现，在有限的时间内，阅读7000字左右的材料就需要40分钟左右的时间，再加上需要规范书写出来的2300字左右的作答字数，150分钟的时间显得捉襟见肘，短暂而紧凑的时间无疑使考生能力的发挥受到影响。而2014年国考申论时间调整至180分钟，则使考生拥有较为充裕的时间来阅读并透彻理解材料以及材料背后所包含的观点、所反映的本质问题等，同时也拥有较为宽松的时间来更好地表达自己的所思所想，以更为理想的语言书写出答案，给考生提供一个更好展现个人能力和水平的发挥空间，更好地彰显了国考申论命题的能力导向，增加了区分度，更加能够选出优秀人才。

2. 测查的重点没有变化

2016年大纲依旧强调：“申论是测查从事机关工作应当具备的基本能力的考试科目”，

同往年相比，关于能力的阐述一字未变，可见申论仍是能力与素质并重的考试。文案工作能力是每个公务员应对机关工作不可或缺的能力，申论测查的重点恰恰是考生的文案工作能力。

1）阅读理解能力

作为五大能力之首，考生的阅读理解能力应达到如下要求。

第一，准确理解。即能够把握给定资料的内容、含义及各部分的关系。如 2012 年国家公务员考试（地市级）给定资料 3，重点考查考生能否正确理解“现代城市运行中的脆弱性”这一应急管理的重要概念；2013 年国家公务员考试（副省级）给定资料 6，考查考生能否领悟“岁月失语，惟石能言”的深刻含义。2016 年国家公务员考试（副省级），重点考查考生对给定资料 6“中国教育技术层面已经走得太快了，‘灵魂’跟不上了”的含义。2018 年国家公务员考试（副省级），重点考查考生对材料 3 中“借用人的‘慧’，打造物的‘智’”含义的理解。

第二，把握本质。即能够抓住给定资料的本质，精准地领悟命题人透过材料传达的意图、主旨或精神。2013 年国家公务员考试（地市级）给定资料 5 谈到了美国利用强大的语言优势达到的目的，也谈到了世界其他国家为了保护本民族的语言安全而采取的措施，其隐藏的命题人意图包括两个层面：一是说明我国对汉语的保护政策还不够；二是说明维护国家文化安全的重要性及必要性。考生如果不能理解第二个层面，对材料主题的把握就会出现偏差，流于肤浅。2018 年国家公务员招考（地市级）试题中，总体涉及农村土地流转和月亮湾地下综合管廊建设等社会问题，这两大问题从形式上来看，并无连贯之处。但如果考生能透过现象看本质，就会发现这两个问题的本质都是要体现在全面深化改革背景下的共享发展理念，该套题的申论文章，正是要求考生运用老子哲学中的“有”和“无”的辩证关系，去客观而深刻地分析这一本质问题。

2）综合分析能力

综合分析能力是申论必考能力，考生应该做到如下两点。

第一，观点鲜明。即按照题干要求，综合给定资料中命题人的意图，准确提炼观点且观点鲜明。如 2013 年国家公务员考试（副省级）第一题：“谈谈对‘从某种意义上说，这些无形的非物质文化遗产是比长城、故宫还要重要的财富。’这一说法的见解”，要求考生能够精准提炼出“非物质文化遗产是活的文化，一旦毁灭则无法再生，保护非物质文化遗产迫在眉睫”这一主题。2013 年以来，每一套申论试题中，至少有一道题是综合分析题。

第二，理据结合。理，就是理论和政策，考生应能够恰当地运用党中央、国务院重大理论和政策，对给定资料的现象进行分析、推理和判断。2016 年国考（地市级）试题第三题有两问，均是对 T 县政府出台的规定引发社会热议的现象和原因进行理解与分析。解答此题，既要基于试题，对给定资料进行准确而客观的概括，更要结合实际来展开适当的分析，否则答案必定会有所欠缺。近年来，无论是副省级还是地市级，都重视考查考生的政策分析水平，因此考生应对政策分析予以重视，辅助自己综合分析能力的提高。据，就是恰当运用给定资料里提供的各种案例、事实、数据等论据，以辅助论证自己的观点。

3）贯彻执行能力

要求能够准确理解工作目标和组织意图，遵循依法行政的原则，根据客观实际情况，及时有效地完成任务。

在此项能力考查中，一方面是理解工作目标与组织意图，另一方面是贯彻执行与落实。对于贯彻执行能力的考查，主要可能涉及两种题型：一种是结合传统的对策题型考查，另一种是结合公文型题目考查。贯彻执行能力贴近实际，近几年命题均以应用文写作为载体对该能力进行考查，且考查比重有增无减。

2016年国考（副省级）试题史无前例地加大了机关事务应用文的考查，集中对工作建议、导言、讲话稿进行了考查，涉及总分高达55分！而2017、2018年的申论试题，均保持了1～2题为应用文写作题，讲话稿、建议书、解说词、说明书等应用文，仍是考核的重点。

4）解决问题能力

此项能力考查方面，一是能够借助自身的实践经验或生活体验，二是发现和界定问题，做出评估或权衡，三是提出解决问题的方案或措施。一般结合对策题型考查，但与针对问题提出对策的传统对策题型相比，难度增加很多。需要考生在平时备考中，善于发现和总结问题，并提出解决措施。

解决问题能力曾经是申论题型，虽然2013年、2014年国家公务员考试连续两年未出现解决问题能力的题目，但是并不能排除出题的可能。因此考生还是应提高警惕，掌握如下要求。

第一，角度正确。解决问题时，考生要明确自身立场，一般题干未明确说明时，均应以“政府角度”作答，即思考作为政府工作人员，会如何着手解决问题。如果题干明确限定身份，考生便可按照题目要求转换身份，提出解决方案。

第二，对策具体。申论考试切忌使用对策模板，或提出“假、大、空”一类令阅卷者深恶痛绝的对策，一定要保证对策的具体可行、切合实际。

5）文字表达能力

要求熟练使用指定的语种，运用说明、陈述、议论等方式，准确规范、简明畅达地表述思想观点。

此项能力考查是综合性的，贯穿于整个申论考试的始终，尤其是在最后的文章写作论证中体现最为明显。需要考生能够掌握申论考试的基本语言规范，全面、准确、流畅地表达和论述自己的观点。

文字表达能力最能体现考生的文案工作能力，考生务必重视该能力的训练。

第一，简洁流畅。由于申论考试严格的字数要求，因此考生必须保证用语简洁，这不仅能节省作答字数，也可以向阅卷者展现自身的逻辑思维能力及语言把控能力。概括写作题均会出现“语言流畅”等要求，因此考生要恰当选用关联词语，保证作答语句畅通。

第二，规范生动。规范指考生应避免使用口语、网络用语，而应使用书面语、机关常用语、惯用语，以求达到大纲要求。在规范的基础上，考生应使用恰当的修辞手法及名言警句，为作答增添文采的同时获得阅卷者青睐。

第三节 申论考试题型

学习目标

1. 把握申论考试题型划分的原则；
2. 了解申论的基本题型和应对方法。

知识链接

有一种比较流行的说法，认为申论试题类型可分为归纳概括题、综合分析题、提出对策题、应用文写作题和文章论述题五大基本题型，我们认为这种题型划分方法有一定的道理。但是，对于考生而言，划分题型的目的是要明确备考任务、提升备考效率。申论考试题型可以划分为概括表达题、概括解释题、概括启示题、概括应用题和概括写作题。

一、申论试题的流行划分

任何考试试题的划分，最重要的依据就是命题方、招考方制定并公开发布的《考试大纲》。对用人单位而言，《考试大纲》是对拟招聘人才的希望、要求，一般坚持“做什么事，招考什么人，考什么内容”的原则。对命题专家而言，《考试大纲》是命制试题的依据、标准，一般坚持“命题以大纲为基准，创新以大纲为先导”的原则。对应试考生而言，《考试大纲》明确了考生的备考重点和备考方向。

国考申论大纲介绍，省级以上（含副省级）职位申论考试主要测查报考者的阅读理解能力、综合分析能力、提出和解决问题能力、文字表达能力，地（市）级以下职位申论考试主要测查报考者的阅读理解能力、贯彻执行能力、解决问题能力和文字表达能力。这些介绍和描述，自2000年以来就未曾变化过，这说明申论的考核要点已经趋于成熟与稳定，主要是通过阅读材料、回答问题来测查考生的阅读理解能力、概括分析能力、方案对策能力等，历年国家公务员招考的试题也正是围绕这些能力的测试任务来命制的。因此，那些认为申论题型可以划分为归纳概括题、综合分析题、提出对策题、应用文写作题和文章论述题五大题型的说法，是有一定的道理的。

1. 归纳概括题

归纳概括题多以概括、归纳资料内容的形式出现，字数、分值和难度都较低，多为试卷的第一题，是申论比较传统的试题。

如2016年国考申论（地市级）第三题第2小题：

根据“给定资料3”，回答下列问题。……2. 对于T县政府出台的规定，网友们有的赞成，有的反对。请你对网友们的意见进行梳理，概括他们赞成和反对的主要理由。（10分）

要求：紧扣材料，全面准确，条理清晰。不超过300字。

如2017年国考申论（副省级）第1题：

根据“给定资料1”，概括S市为建设美丽水系、打造优美环境实施了哪些主要措施？（10分）

要求：（1）分条归纳概括；

（2）表述准确、完整；

（3）不超过150字。

如2018年国考申论（副省级）第1题：

根据给定资料1，对调研组的调研材料，从成绩、问题和建议三方面进行概述。（15分）

要求：（1）准确、全面；

（2）恰当提炼，条理清晰；

（3）不超过350字。

2. 综合分析题

综合分析题要求考生对给定资料中深层的、隐含的意义做出理解，多角度地思考，并做出自己的推理和评价。

如：2012年国考（副省级）第2题：

“给定资料5”中提到，某网站曾组织网民进行了一场讨论。请你根据“给定资料”，反驳“网民A”的观点。（20分）

要求：（1）观点明确，分析透彻，论据充实；

（2）语言流畅，层次清楚，有说服力；

（3）不超过400字。

如：2017年国考申论（副省级）第3题：

“给定资料3”中划线句子写道“我们只有通过‘水’的意象，才能最真切地体味到‘儒’之‘柔’。”这句话内涵丰富。请你根据“给定资料3”，谈谈对这句话的理解。（15分）

要求：（1）准确、全面，逻辑清晰；

（2）不超过300字。

如：2018年国考申论（副省级）第4题：

根据给定资料4，谈谈你对“想象力经济”的理解。（10分）

要求：（1）准确、全面；

（2）不超过200字。

3. 提出对策题

提出对策题主要测查考生提出和解决问题的能力。这种题型要求考生在全面理解给定资料内容的基础上，发现资料中的问题，然后提出合理、有效的解决对策。

如：2014年国考申论（地市级）第4题：

某地方报纸根据“给定资料4”和“给定资料5”的内容做了一版关于“跟风”的专栏，请你以“告别跟风，走向成熟”为题，为这个专栏写一篇短评。（20分）

要求：（1）观点明确，简明深刻；

（2）紧扣材料，重点突出；

（3）语言流畅，有逻辑性；

（4）不超过500字。

如：2016年国考申论（（副省级））第1题：

阅读“给定资料 2”，概括全国“两会”代表委员们所关注的若干问题，及其所给出的具体建议。（15 分）

要求：全面、准确、简明，不超过 200 字。

如：2017 年国考申论（地市级）第 4 题：

假如你是 L 市水务部门的相关工作人员，请根据“给定资料 4”，就 L 市构建城市生态水系的规划特点及其可行性，写一份材料，供领导参阅。（15 分）

要求：（1）紧扣资料，内容全面；

（2）层次分明，有逻辑性；

（3）不超过 400 字。

4. 应用文写作题

应用文写作题（有的也称贯彻执行题）主要测查考生的提出和解决问题能力及贯彻执行能力。这类题型通常要求准确理解上级的工作目标或组织意图，及时有效地完成任务。具体形式包括宣传提纲、检查提纲和公开信等。

如：2016 年国考申论（地市级）第 1 题：

请你根据“给定资料 1”的内容，将与会人员关于“好政策”的有关见解，汇总整理成一份简报。（20 分）

要求：（1）内容全面，紧扣材料；

（2）观点明确，简明扼要；

（3）语言流畅，条理清晰；

（4）不考虑格式要求，不超过 400 字。

如：2017 年国考申论（副省级）第 2 题：

假如你是随团秘书，请根据“给定资料 2”，把代表团团长的考察笔记，归纳整理为一份《国外城市水系建设考察报告》提纲。（15 分）

要求：（1）提炼准确，归纳合理；

（2）层次分明，分条表述；

（3）不超过 350 字。

如：2018 年国考申论（地市级）第 4 题：

S 市将举办“城市样板工程展示会”，请你根据给定资料 5，就其中地下管廊建设情况撰写一份讲解稿。（20 分）

要求：（1）紧扣资料，内容全面；

（2）逻辑清晰，语言准确；

（3）不超过 400 字。

5. 文章论述题

文章论述题是对《考试大纲》中规定的文字表达能力的集中测查。无论是省级还是市级，它都是压轴出场。分值最高、字数最多、难度最大是它的特点。从历年国家公务员考试来看，文章论述题，分值为 40 分，字数要求一般在 1000 字左右。

如：2016 年国考申论（副省级）第 5 题：

“给定资料3”引用了《论语》中的话：“不学礼，无以立。”请以这句话为中心议题，联系社会现实，自拟题目，写一篇文章。（35分）

要求：自选角度，见解深刻；参考“给定资料”，但不拘泥于“给定资料”；思路清晰，语言流畅；总字数1000～1200字。

如：2017年国考申论（地市级）第5题：

请深入理解“给定资料5”结尾划线句子“只要我们能静下心来向水学习，我们的智慧和情操就一定能得到提高”，联系实际，自拟题目，写一篇文章。（40分）

要求：（1）自选角度，立意明确；

（2）参考“给定资料”，但不拘泥于“给定资料”；

（3）思路明晰，语言流畅；

（4）总字数1000～1200字。

如：2018年国考申论（副省级）第5题：

给定资料6中提到了老子关于“有”和“无”的观点。请你围绕给定资料反映的城市建设理念中的问题，联系实际，以“试谈‘有’与‘无’”为题写一篇文章。（40分）

要求：（1）自选角度，见解深刻；

（2）参考给定资料，但不拘泥于给定资料；

（3）思路清晰，语言流畅；

（4）总字数1000字左右。

二、申论试题的改进划分

尽管上述题型划分的方法有一定的合理性，也有一定的依据，但我们认为，上述题型划分存在“题型区分不明显、解题要素不突出，不利于考生分类训练备考”等问题。这些问题具体体现在以下两点。

其一，不能突出作答的关键：概括是作答申论每一类试题的前提，是作答的关键。无论是概括题，还是分析题、对策题，包括文章写作题，都不能离开对材料的概括。

其二，不能突出试题的个性：以“综合分析”与“对策方案”为例，这两者的分类标准并不统一，试题类型描述并不清晰。事实上，申论试题中，没有哪一道题是纯粹的分析题，也没有哪一道题是纯粹的对策题，这两者本来就是相互融合的。

基于大纲的考核要求和考生备考复习的实际需要，我们建议将申论基本题型划分为：概括表达题、概括解释题、概括启示题、概括应用题、概括写作题五类。如此题型分类，明确突出了概括材料的地位，将综合分析题型精细区分为解释和启示两类。

1. 概括表达题

概括表达题往往强调的是“对材料的……进行概括”，或者要求“概括材料的……”，相对于其他试题而言，这种题型比较直接、简单，往往是前两题。此类试题是基础得分题，考生只要严格遵循试题并尊重材料原意义，在规定的范围内全面、准确、简要地抽取相关信息即可。

例1：2018年国考（地市级）申论第1题

给定资料1和给定资料2反映了改革开放以来我国农村土地承包政策的发展过程，请

你概述这一发展过程。（10分）

要求：（1）准确、全面、有条理；

（2）不超过200字。

例2：2017年国考（副省级）申论第1题

根据“给定资料2”，阐述城市水系所具有的功能。（15分）

要求：（1）准确、精练，条理清晰；

（2）不超过150字。

例3：2016年国考（副省级）申论第1题

请你根据“给定资料1”的内容，将与会人员关于“好政策”的有关见解，汇总整理成一份简报。（20分）

要求：（1）内容全面，紧扣材料；

（2）观点明确，简明扼要；

（3）语言流畅，条理清晰；

（4）不考虑格式要求，不超过400字。

2. 概括解释题

概括解释题强调的是解释材料中的某一个概括、某一句话的内涵，鉴于解释内涵的基础是材料、方法是概括，为突出解决此类试题的特质，特将此类试题命名为概括解释题。

例1：2018年国考（地市级）申论第2题

给定资料2中，L村村支书面对村民土地调整的要求，发出感慨：“这样一来，我们的压力很大，看来村里的土地调整也不是一个简单的事。”请根据给定资料2，分析他为什么感到压力很大。（10分）

要求：（1）全面、准确、有条理；

（2）不超过200字。

例2：2017年国考（地市级）申论第2题

依据“给定资料2”，阐述划线句子“城市的水系就像城市的指纹”的意思。（10分）

要求：（1）准确、全面，有逻辑性；

（2）不超过200字。

例3：2016年国考（地市级）申论第3-1题

T县政府出台的规定引发了社会热议。请你分析引发热议的主要原因有哪些。（10分）

要求：全面，准确，简明。不超过150字。

3. 概括启示题

概括启示题强调的是从材料中的某一个现象（观点）、原因和对策、意义等出发，谈该现象（观点）、原因和对策、意义所带来的启示和借鉴。谈启示似乎与概括无关，其实不然。要回答好申论中的启示题，首先要通过概括来提取现象（观点）、原因和对策、意义等基本信息，这是谈启示的出发点，出发点错了，结论当然也是错误的。

例1：2018年国考（地市级）申论第3题

给定资料4提到，“城市建设与管理的目的如果仅仅是为满足经济或某种美观诉求，

显然是片面的，甚至是短视而危险的。”请根据给定资料3和给定资料4，谈谈你对这句话的理解。（20分）

要求：（1）观点明确，分析全面，有逻辑性；

（2）不超过300字。

例2：2017年国考（地市级）申论第3题

假如你是某报社记者，请根据“给定资料3”，以“打造‘水清、水活、水美’的‘活力水城’”为题，写一篇报道。（20分）

要求：（1）内容具体、全面；

（2）语言流畅，有逻辑性；

（3）不超过500字。

4. 概括应用题

概括应用题指的是应用文写作题，鉴于申论中的应用文写作题，在遵守应用文写作的格式规范的前提下，要从材料提取问题、分析问题并获得解决问题的方向，特将此题命名为“概括应用题”。每套申论试题，一般都有1～2题的概括应用题，考生应重视此类试题。

例1：2018年国考（地市级）申论第2题

S市将举办“城市样板工程展示会”，请你根据给定资料5，就其中地下管廊建设情况撰写一份讲解稿。（20分）

要求：（1）紧扣资料，内容全面；

（2）逻辑清晰，语言准确；

（3）不超过400字。

例2：2017年国考（地市级）申论第4题

假如你是L市水务部门的相关工作人员，请根据“给定资料4”，就L市构建城市生态水系的规划特点及其可行性，写一份材料，供领导参阅。（15分）

要求：（1）紧扣资料，内容全面；

（2）层次分明，有逻辑性；

（3）不超过400字。

例3：2016年国考（副省级）申论第4题

某区一所中学举办“文明素养教育主题宣传周”活动，假如你是该区文明办的负责人，校方请你在这次活动的开幕式上讲话。请结合“给定资料5”，写一篇题为“素质养成，从学会道谢和应对致谢开始”的讲话稿。（20分）

要求：内容具体，符合实际；对象明确，切合题意；语言生动，有感染力；不超过500字。

5. 概括写作题

概括写作题指的是一般意义上的概括写作题。一套申论试题的申论文章写作，并不能随心所欲地任选主题写作。申论文章的写作往往有相对明确的写作方向。一是因为申论文章写作的表达方式一般以叙述、说明和议论为主，二是因为申论文章写作的主题、主要观点和典型论据，或直接或间接地都在材料之中，概括成为写好文章的关键。

例 1：2019 年国考（副省级）申论第 5 题

“给定资料 5”结尾写道，“城市文明和乡村文明，人造文明和自然文明，都是应该而且可以互补的；理想的生活状态可能还是在城、乡之间自由游走。”请结合你对这句话的思考，自选角度，联系实际，自拟题目，写一篇文章。（40 分）

要求：（1）观点明确，见解深刻；

（2）参考“给定资料”，但不拘泥于“给定资料”；

（3）思路明晰，语言流畅；

（4）总字数 1000～1200 字。

例 2：2019 年国考（地市级）申论第 5 题

“给定资料 5”提到“跟着时代的大潮往前走，尽到我所有的力量，做好我要做的事情”，请深入思考这句话，自选角度，联系实际，自拟题目，写一篇文章。（40 分）

要求：（1）观点明确，见解深刻；

（2）参考“给定资料”，但不拘泥于“给定资料”；

（3）思路清晰，语言流畅；

（4）字数 1000～1200 字。

例 3：2016 年国考（副省级）申论第 4 题

“给定资料 3”引用了《论语》中的话：“不学礼，无以立。”请以这句话为中心议题，联系社会现实，自拟题目，写一篇文章。（35 分）

要求：自选角度，见解深刻；参考“给定资料”，但不拘泥于“给定资料”；思路清晰，语言流畅；总字数 1000～1200 字。

第四节　申论应用要点

学习目标

把握申论应试的基本要点，提升应对申论的能力。

知识链接

申论考试中的一些细节问题看似不重要，实际上却会直接影响阅卷专家对答卷的直观感觉，直接关系到申论的得分。我们根据评卷教师参与阅卷的经验，为考生整理出以下一些细节问题，供大家参考。

一、保持卷面格式清爽

保持卷面格式清爽要做到以下几点。

1. 要保持清洁的文面和工整的文字

清洁的文面和工整漂亮的文字能够让评卷教师赏心悦目，也便于他们清楚地阅读和理解，能保证在答题要点准确和文章内容质量过关的基础上帮助考生获得较好成绩。所以考试时，一定要想好了再写，字不漂亮不是问题，关键的是字迹要清晰，书写要工整，写的过程中尽量少修改或不修改。

2. 要使用精简的语言和清晰的逻辑

除文章写作题外，其他几题基本上都是要点式，书写时最好是分点，并另起行，而不应该写成一整片，否则在快速阅卷的情况下，极不利于阅卷老师准确找到答案要点。

2010年国家公务员考试（地市级）申论试题第三题：

A市市政府准备大力宣传推进对近海水域的污染整治工作，请你结合给定资料，以市政府工作人员的身份，草拟一份宣传纲要。（20分）

要求：1. 对有关宣传内容的要点进行提纲挈领地陈述；

2. 体现政府精神，使全市各界关心、支持污染整治工作；

3. 通俗易懂。不超过400字。

概括应用题。身份是A市政府工作人员，只要陈述宣传内容的要点，要求紧扣政策，发动民众，共同参与。主要内容应包括：一是背景与现状；二是政策与举措；三是鼓励和号召。

1、我市在宋代就享有“东海明珠”美誉，近年来，我市经济取得了较快发展，但是海洋生态环境遭到污染，海洋生物生存面临困难。

2、为治理近海水域污染，市人大通过《关于加强近海水域环境污染治理的决议》，确定将“A市近海水域的污染整治”列为政府必须无条件完成的一项“铁任务”。

3、市政府通过了《A市近海水域污染专项整治方案，最令人鼓舞的是“西滨镇电镀集中控制区”项目已被市政府彻底否决，控制污染源。加大了投入，建设了环保的基础设施，加大了监测和处罚力度；落实了领导责任制。

4、希望全体市民和企业积极参与到治理我市近海污染的工作中来，为实现我市碧水蓝天的宏伟目标而共同奋斗！

1、我市在宋代就享有“东海明珠”美誉，近年来，我市经济取得了较快的发展，但是海洋生态环境遭到污染，海洋生物生存面临困难。2、为治理近海水域污染，市人大通过《关于加强近海水域环境污染治理的决议》，确定将“A市近海水域的污染整治”列为政府必须无条件完成的一项“铁任务”。3、市政府通过了《A市近海水域污染专项整治方案》，最令人鼓舞的是“西滨镇电镀集中控制区”项目已被市政府彻底否决，控制污染源。加大了投入，建设了环保的基础设施，加大了监测和处罚力度；落实了领导责任制。4、希望全体市民和企业积极参与到治理我市近海污染的工作中来，为实现我市碧水蓝天的宏伟目标而共同奋斗！

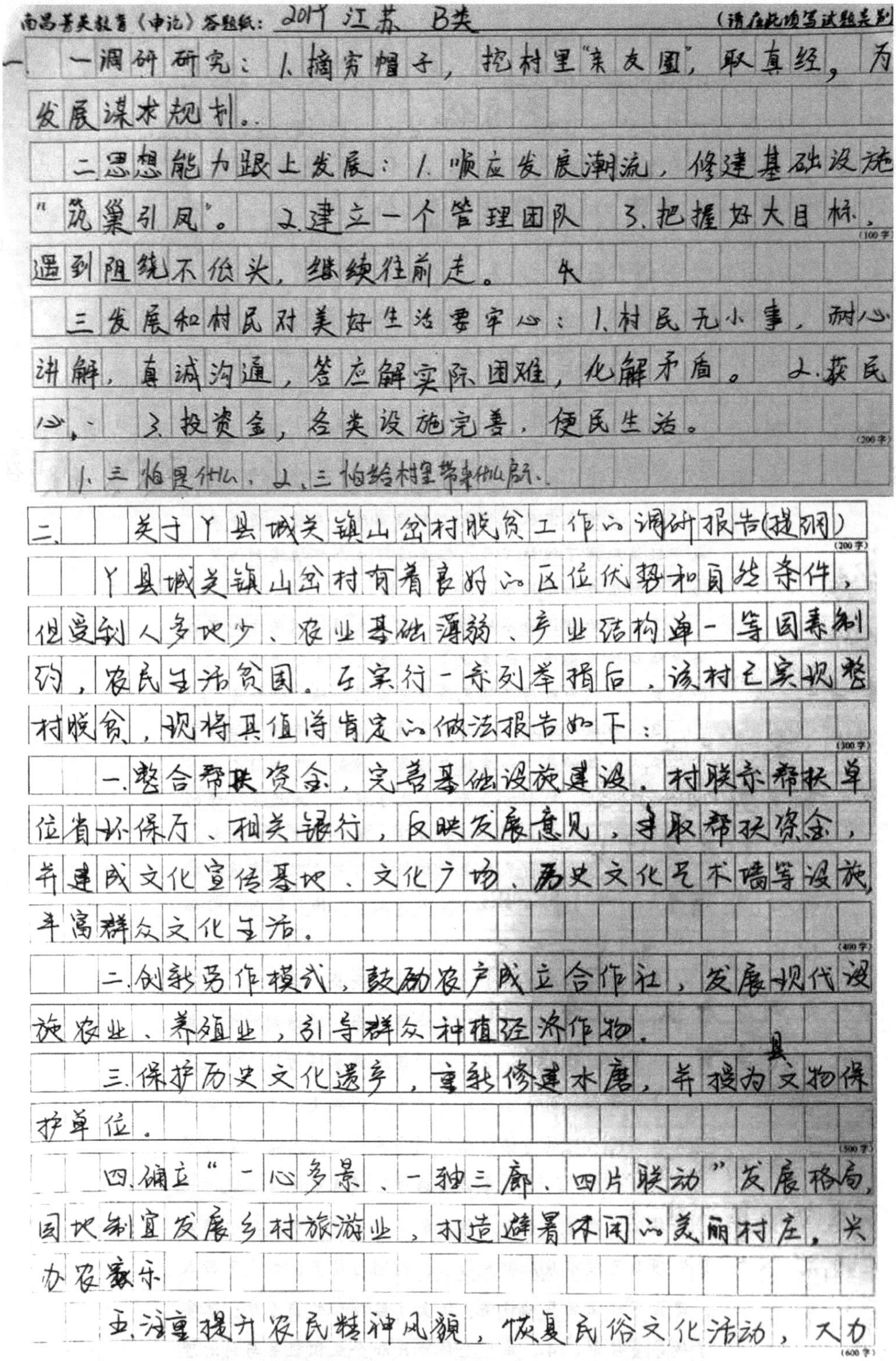

南昌菁英教育《申论》答题纸：2017 江苏 B类　（请在此填写试题类别

一、一调研研究：1.摘穷帽子，挖村里"朋友圈"，取真经，为发展谋求规划。

二思想能力跟上发展：1.顺应发展潮流，修建基础设施"筑巢引凤"。2.建立一个管理团队 3.把握好大目标，遇到阻挠不低头，继续往前走。

三发展和村民对美好生活要守心：1.村民无小事，耐心讲解，真诚沟通，答应解实际困难，化解矛盾。2.获民心、3.投资金，各类设施完善，便民生活。

1.三怕是什么，2.三怕给村里带来什么后。

二、关于Y县城关镇山岔村脱贫工作的调研报告(提纲)

Y县城关镇山岔村有着良好的区位优势和自然条件，但受到人多地少、农业基础薄弱、产业结构单一等因素制约，农民生活贫困。在实行一系列举措后，该村已实现整村脱贫，现将其值得肯定的做法报告如下：

一、整合帮扶资金，完善基础设施建设。村联系帮扶单位省环保厅、相关银行，反映发展意见，争取帮扶资金，并建成文化宣传基地、文化广场、历史文化艺术墙等设施，丰富群众文化生活。

二、创新合作模式，鼓励农户成立合作社，发展现代设施农业、养殖业，引导群众种植经济作物。

三、保护历史文化遗产，重新修建水磨，并提为县文物保护单位。

四、确立"一心多景、一轴三廊、四片联动"发展格局，因地制宜发展乡村旅游业，打造避暑休闲的美丽村庄，兴办农家乐

五、注重提升农民精神风貌，恢复民俗文化活动，大力

3. 要避免文字上的错误和语法的不规范

答题时需要特别注意的是，错字、别字是要扣分的。一般错字或别字每出现一个扣 1

分，扣满 5 分为止。很多考生认为，教师阅卷速度很快，也发现不了错字、别字，这种侥幸心态是绝对要不得的。

更为严重的是，答题中一旦出现错别字和语法错误，会直接影响评卷教师对考生语言功底和总体水平的认知，甚至会直接影响申论成绩。

二、运用数字格式规范

运用数字格式规范包括以下几点。

1. 字数问题

申论的每一个题目都规定了字数限制，一般表述为“不超过×××字”。规定字数限制其实是对考生概括能力的考查，要求所给出的答案准确、精练、全面、规范。对于这个问题，很多考生十分在意，这是没有必要的，事实上，一般作答所提供的空格是和字数要求相同或者是略大于这个字数的，如不超过 200 字，那给你的方格也不会多出很多，大概有一个 10%的幅度，一般略超过字数要求，是不会扣分的，但过少会适当扣分，文章写作时每少 50 字扣 1 分，扣满 5 分为止。

2. 规范问题

书写的规范要求，一定要按照政府行文的规范性要求，千万不要受字数的影响，该空两格的空两格，该占两格的占两格，该另起行的另起行。具体来说要注意以下规范。

（1）在横行书写的文稿中，句号、问号、叹号、逗号、顿号、分号和冒号都占一个字的位置，放句末的右下角。这七种符号通常不能放在一行的开头，因为这些符号表示语气的停顿，应该紧跟在一句话的末尾。如果一行的最后的一个格正好被文字占用了，那么这个标点就必须点标在紧靠文字的右下角。

（2）引号、括号、书名号的前一半和后一半都各占一个字的位置，它们的前一半可以放在一行的开头，但不出现在一行的末尾，后一半不出现在一行的开头。

（3）破折号和省略号都占两个字的位置，可以放在一行的开头，也可以放在一行的末尾，但不可以把一个符号分成两段。连接号和间隔号一般占一个字的位置。这四种符号的位置都写在行次中间。

（4）着重号和专名号标在字的下边。

另外，正式答题时要不要写“答:”字？对于这个问题，教师在阅卷中一般根本不在意，考生可以根据自己的书写习惯决定写不写，即使你没有写，阅卷教师也知道你是在作答，并不会因此而影响你的得分。

三、突出作答问题要点

申论评分的一个基本准则是“踩点给分”。其中，一般性概括题、概括启示题、概括解释题和概括应用题等试题均有其踩分要点，严格依据“踩点给分”的原则评分。

根据阅卷中的经验，“多写不一定得分，但不扣分，但少写一定不得分”，所以在你不能确定某些要点该不该写或者你的概括能力不够的时候，坚持这样一个原则：“油多不坏菜”，只要在字数允许的范围内，尽可能将你想到的都写上去。

三、变化：

①转变了以自我为中心的思想，忌过度表现，站在群众角度思考问题，懂得了换位思考，摆正了自己的位置

②掌握了工作方法，融入了群众生活，和大家干在一起

③懂得了群众语言，努力学习说方言，与群众唠家常

④懂得了沟通技巧，能想办法跟群众把理说通，能调和矛盾纠纷

⑤树立了“为民服务”的宗旨，吃苦耐劳，帮着群众办实事

⑥发挥了自己的专业优势，创建了本村优质杂粮品牌并打入南方市场，开辟了增收致富新路。

四、避免材料采用雷同

照抄材料的问题一般会出现在概括应用题和文章写作题中。在阅卷规则中已经把抄材料过多直接列为最大的扣分要素。根据抄材料的程度，一般只在一半以下的分数考虑给成绩。有的阅卷规则直接把只知道抄材料的定为最差的答卷。

如中央机关及其直属机构2011年度公务员录用考试申论市（地）以下真题第2题：

L县政府拟进一步宣传寄宿制学校的办学模式，以期更好地提高办学效益和质量。请根据“给定资料3”，以县教育局的名义草拟《给各村中小学生家长的一封信》。（20分）

要求：（1）内容具体，符合实际；

（2）用语得体，通俗易懂；

（3）不超过400字。

以下是一位考生的卷面：

给各村中小学家长的一封信

致各村中小学家长：

近年来，各村办学校生源减少，导致办学条件、效益日益下滑。对此，县教育局提出了“调整一些不合理校点布局，逐步推进寄宿制办学”的工作思路，以解决部分适龄儿童入学难，交通不便等问题。由县教育局、乡镇政府牵头，开展了调整中小学布局，兼并教学点，重点建设了一批试点寄宿学校，学生统一到校寄宿就读，实行封闭式管理，几年来，L县共投入4379万元，建设了教学用房56幢，学生宿舍89幢，学生食堂79幢等教育设施，使得L县各乡镇学校布局更加合理，办学条件进一步改善，办学效益明显提高。随着水口中学、彬桥中学等寄宿制办学的成功，L县在将教育资源的合理配置作为中心工作来抓的同时，将致力发动社会各界共同关心和扶持，努力把寄宿制学校办成群众满意、家长放心，学生“进得来、留得住、学得好”的学校。

县教育局

2010年12月5日

解析：

这份考卷最终得分是 3 分！最大的问题是大量抄袭了原材料，没有抓住答题的要点，只能象征性地给分了。千万要注意，申论考试是一场选拔赛，而不是水平测试，只要把有水平的、高分的考生选拔出来就行，而处于较低层次的如上面这份试卷，是得 3 分，还是 5 分，已经无关紧要了。

有考生可能会问，阅卷教师怎么能发现是抄材料呢？其实这个很简单。一是阅卷教师经过了 1～2 天的熟悉材料、答题要点和试评，对材料和要点都已经相当熟悉了。二是每一位阅卷教师身边都有一份原始试卷，随时都可以翻找、确认。

在申论命题中，为了避免考生一味地抄材料，在文章写作的命题上做了很多技术处理。这种技术处理的手法主要有三种。

第一，将申论文章写作与材料进行切分，使文章写作的要求脱离材料。

如 2016 年的申论试题材料，给出来的都是经济社会的发展问题、国民素养问题、教育问题、政策制定与实施问题等，而副省级试题是："给定资料 3"引用了《论语》中的话："不学礼，无以立。"请以这句话为中心议题，联系社会现实，自拟题目，写一篇文章。（35 分）地市级试题是："给定资料 4"中提到："从某种意义上说，好的政策不仅仅是对公民意愿的满足，更是对公民理性乃至德性的滋养。"请你从对这句话引发的思考说开去，写一篇文章。（40 分）

第二，严格划定写作范围。就是在申论文章写作中只要求考生严格根据给定材料的一个小的部分来展开，写作的内容不能超出这个范围去抄别的材料，否则就是偏题。如在 2011 年国家考试地市级的题目中要求考生围绕农村人身上的"文化失根"来写文章，在所有材料中只有一个材料在谈失根问题，其他材料和失根没有直接的关系。

第三，在题目设计中明确规定"不得摘抄原文"字样。如 2013 年国家公务员考试申论试题真题（地市级）第四题：假如你是 H 县文化局的干部，要在有村官和社区工作人员参加的培训班上做一次关于繁荣和发展社会主义文化的讲座，综合"给定资料 8"中提供的信息，你认为应该重点讲几方面的内容？要求：紧扣"给定资料"，分条作答，观点明确，有针对性，不得摘抄原文。不超过 300 字。

思考与练习

1. 申论的内涵和本质是什么？
2. 申论的类型划分依据是什么？类型有哪些？
3. 申论的应对要点有哪些？
4. 申论的考试大纲对我们有何启示？

科学出版社

教师教学服务指南

为了更好服务于广大教师的教学工作，科学出版社打造了“科学 EDU”教学服务公众号，教师可通过扫描下方二维码，享受样书、课件、会议信息等服务。

样书、电子课件仅为任课教师获得，并保证只能用于教学，不得复制传播用于商业用途。否则，科学出版社保留诉诸法律的权利。

关注微信公众号“科学 EDU” → 点击“教学服务”-“样书、课件申请” → 审核（1 个工作日） → 样书 7 工作日寄出、课件 3 工作日发送！

关注科学 EDU，获取教学样书、课件资源

面向高校教师，提供优质教学、会议信息

分享行业动态，关注最新教育、科研资讯

科学 EDU

学生学习服务指南

为了更好服务于广大学生的学习，科学出版社打造了“学子参考”公众号，学生可通过扫描下方二维码，了解海量经典教材、教辅信息，轻松面对考试。

面向高校学子，提供优秀教材、教辅信息

分享热点资讯，解读专业前景、学科现状

为大家提供海量学习指导，轻松面对考试

学子参考

教师咨询：010-64033787　QQ：2405112526　yuyuanchun@mail.sciencep.com

学生咨询：010-64014701　QQ：2862000482　zhangjianpeng@mail.sciencep.com